Christina Buchner

Neues Lesen
Neues Lernen

Vom Lesefrust zur Leselust

Verlag Bruno Martin

© Christina Buchner 1991
Deutsche Erstveröffentlichung 1991
Verlag Bruno Martin GmbH
D-2121 Südergellersen

Titelgestaltung:
Design Team Lübeck, Hamburg-Bergedorf
Satzkonvertierung und Druck:
Fuldaer Verlagsanstalt GmbH, Fulda

1. Auflage 1991

ISBN 3-921786-70-3

Inhaltsverzeichnis

Inhalt

Vorwort

Am 11.11.1988 war im »Münchner Merkur« folgende Notiz zu lesen:

3 Millionen können nur schlecht lesen. Bis zu drei Millionen Bundesbürger können nur unzureichend lesen und mit einem geschriebenen Text kaum etwas anfangen. Dies wurde gestern auf der Generalversammlung des Verbandes Deutscher Zeitschriftenverleger (VDZ) in Köln bekannt.

Schon zwei Jahre vorher, am 8.9.1986, hatte die »Frankfurter Allgemeine« über den »Analphabetismus in der Bundesrepublik« berichtet und sich dabei auch auf Pressemeldungen aus dem Jahre 1975 bezogen, nach denen die Zahl der erwachsenen Analphabeten in der Bundesrepublik auf drei Millionen geschätzt wurde.

Diese beiden Zeitungsmeldungen stellen die Verbindung her zu dem gedanklichen Hintergrund, vor dem das vorliegende Buch entstanden ist: Sprache sowohl in geschriebener als auch in gesprochener Form scheint in unserem Leben an Bedeutung zu verlieren und deshalb auch immer weniger erlernt und beherrscht zu werden. Treibt unsere Zivilisation in eine Zeit der sprachlosen Abhängigkeit von Bild, Technik und Computer, wie Neil Postman befürchtet?

Ich meine, daß die Zahl der erwachsenen »Schreib-Unkundigen« noch erheblich höher ist als die der »Lese-Unkundigen«, wobei ich unter ersteren jene Menschen verstehe, die nicht in der Lage sind, einen zusammenhängenden Text, welcher Art auch immer, verständlich zu formulieren und niederzuschreiben. Auf alle Fälle kann der Lehrer im Unterricht feststellen, daß die Schüler im allgemeinen immer weniger zuhören können, schlechter lesen und mehr Mühe haben, sich schriftlich auszudrücken.

Was ist hier zu tun?

Und: Können die einzelnen **Lehrer, Eltern und betroffenen Erwachsenen** überhaupt etwas tun?

Dieses Buch verfolgt sehr deutlich einige Absichten und es verfolgt sehr deutlich einige Absichten **nicht**.

Es will einzelnen Lehrern, Eltern und allen, die sich mit der Problematik von Lesestörungen befassen, zeigen, welche Möglichkeiten es **hier und jetzt**, sei es im Rahmen einer Schulklasse, in der Einzelbetreuung, bei der Förderung im Rahmen der Familie oder auch für die Selbstbehandlung, gibt, um dem »Trend« entgegenzuwirken.

Es will nicht durch fruchtlose und einseitige Systemkritik an der Schule den Leser, vor allem Eltern und Lehrer, entmutigen und ihnen das Gefühl geben, »ja doch nichts machen« zu können.

Es will alle Menschen, die beruflich mit Kindern zu tun haben, ermutigen, eingefahrene Wege kritisch zu überprüfen und möglichst viele Anregungen aus dem Buch in die Tat umzusetzen.

Es will nicht den Eindruck erwecken, nur die Verfasserin könne eine Leseförderung betreiben, wie sie hier beschrieben wird.

Es will durch viele praktische und ganz konkrete Vorschläge erreichen, daß der Leser in der Lage ist, aus der Lektüre unmittelbaren Nutzen für sich und seine Arbeit zu ziehen.

I. ALLGEMEINES ÜBER DAS LESENLERNEN

1. Über- oder Unterforderung?

Eine Lanze für kindgerechte Lesetexte

Wenn wir Kinder im Vorschulalter fragen, was sie denn in der Schule einmal lernen wollen, so bekommen wir sehr häufig – eigentlich immer! – die Antwort: »Das Lesen!«

Es scheint hier also die für den Lehrer sehr glückliche – und auch äußerst seltene! – Konstellation vorzuliegen, daß die Kinder das, was wir sie lehren, tatsächlich auch **lernen wollen**! Wie kommt es dann aber, daß immer wieder Meldungen durch die Presse geistern, die von der zunehmenden Zahl erwachsener Analphabeten in unserem Land berichten, daß an den Volkshochschulen in Großstädten Leselern-kurse für Erwachsene angeboten werden, daß verschiedene Wissen-schaftler – wie z.B. der »Lesespezialist« Prof. Bamberger aus Wien – düstere Prognosen stellen über das weitere Absinken der Lesefähig-keit und die rapide anwachsende Zahl erwachsener Analphabeten? Und wie kommt es schließlich und endlich dazu, daß ältere Schüler – wie ich während der zehn Jahre, die ich an der Hauptschule unterrich-tete, feststellen konnte – immer schlechter lesen?

Ich kann mir natürlich nicht anmaßen, auf derart komplexe Fragen eine umfassende Antwort geben zu können. Da ich die gesellschaftli-chen und familiären Komponenten dieses Problems nicht beeinflus-sen, ja, nicht einmal genau überblicken kann, muß ich mich auf den Teilbereich beschränken, der mir diagnostisch und therapeutisch zugänglich ist: auf die Schule.

Demgemäß lautet die Frage, die in diesem Zusammenhang für mich als Lehrerin relevant ist: Was kann ich als Einzelperson hier und jetzt und mit den mir zur Verfügung stehenden Mitteln tun, um aus den begeisterten ABC-Schützen begeisterte und fähige Leser zu machen?

Mit dieser Frage sind die beiden zentralen Themen angesprochen, die den Leselernprozeß in den verschiedensten Varianten begleiten: **Leselust** und **Lesefähigkeit**.

Die Leselust nenne ich dabei mit Absicht an erster Stelle, denn sie ist eine Triebfeder von so ungeheurer Kraft, daß es geradezu zwingend ist, sie in den Mittelpunkt unserer Bemühungen zu stellen.

Der folgende Abschnitt wird sich daher mit der Leselust im allgemeinen befassen und einen ersten Überblick darüber geben, wie man sie erzeugen, nutzen und steigern kann.

Es ist jedoch von so ungeheurer Wichtigkeit, den Leselernprozeß – wie übrigens jeden anderen Lernprozeß auch! – lustbetont zu gestalten, daß sich dieses Anliegen nicht auf einige wenige Seiten zusammengedrängt vermitteln läßt, sondern vielmehr wie ein musikalisches Thema immer wieder auftauchen wird, auch wenn vordergründig von etwas anderem die Rede ist.

Die Faszination, die Lernen an sich für mich persönlich besitzt, schwingt immer mit, wenn ich mit Kindern arbeite, Seminare halte oder Bücher schreibe. Und so wünsche ich mir sehr, daß sich etwas davon auf Sie, die Sie dieses Buch lesen, überträgt und daß Sie sich voller Begeisterung und kopfüber in Ihr eigenes Lernabenteuer stürzen und alles, was Ihnen bisher den Spaß am Lernen – und vielleicht auch am Lehren – verdorben hat, beiseite lassen oder noch besser ganz einfach vergessen.

Was man gerne macht, macht man besser. Das leuchtet eigentlich jedem ein. Dennoch wird die Konsequenz aus dieser Erkenntnis eher selten in die Tat umgesetzt. Für die Schulanfänger heißt das ganz konkret, daß es zwei Möglichkeiten gibt: **Leselust oder Lesefrust**

Die Entscheidung hierüber fällt früh, und sie ist meist endgültig. Versetzen wir uns einmal in die Lage der Erstkläßler, die strahlend und lernbegierig in die Schule kommen. Endlich geht es los! Endlich werden sie das Lesen lernen.

Dabei bildet die Erwartung, bald selber schöne Geschichten lesen zu können, nur einen Aspekt dieser Vorfreude. Viele Kinder haben gar keine genaue Vorstellung davon, was ihnen eigentlich durch das Lesenlernen erschlossen wird und sind dennoch begierig darauf.

Ich meine, daß für sie das Entziffern der Buchstaben zuerst und in der Hauptsache eine magische Bedeutung besitzt, einem Bereich angehörend, zu dem nur die »Großen« Zugang haben und den sie sich durch das Lesenlernen zu erschließen hoffen.

So wurden auch die Runenzeichen von den Germanen nicht benutzt, um etwas »aufzuschreiben«, sondern für magische Handlungen, für Orakel und Beschwörungen.

Vielleicht lebt im Kind, das ja den dunklen und mythischen Wurzeln unserer Herkunft noch viel nähersteht als wir, die geheime, unbewußte Hoffnung, daß es durch das »Beherrschen« der Buchstabenschrift auch mehr Macht und Einsicht über Welt und Leben erlangen kann.

Doch wie auch immer: Mit Sicherheit erwartet sich das Kind vom Erwerb einer Fähigkeit, der soviel Bedeutung beigemessen wird wie dem Lesen, etwas Großes, oder, um in der Vorstellungswelt des Kindes zu bleiben, etwas Wunderbares.

Es ist sicher für die Schule nicht leicht – vielleicht sogar unmöglich – derart hohen Erwartungen gerecht zu werden.

Das kann jedoch keine Entschuldigung sein für die nicht nur langweiligen, sondern geradezu verdummenden Texte, die den Schulanfängern vorgesetzt werden.

Was bekommen nämlich unsere Kinder in der Schule wirklich zu »lesen«? Ich möchte hier Beispiele aus einigen Fibeln zitieren:

ich bin Evi
ich bin Uli
ich bin Rudi
ich bin Ina

Uli sucht Ina
Ina sucht Rudi
Rudi sucht Evi
Evi sucht Uli

Otto ruft
Peter Evi Uta
wir spielen

Dieser Unsinn könnte beliebig lange fortgesetzt werden. Alle Beispiele sind Fibeln entnommen, die derzeit immer noch benutzt werden. Und nicht genug damit, daß den Kindern zugemutet wird, sich motiviert und allen Ernstes mit diesen Satzfragmenten zu beschäftigen, als seien es echte »Geschichten«, gibt meistens auch der Lehrer nicht klar zu erkennen, was er wirklich vom Unterhaltungswert dieser Geschichten hält.

Ich meine, daß es für das Kind einen gewaltigen Unterschied macht, ob der Lehrer ehrlich sagt: »Weißt du, ich finde diese Geschichten ja ziemlich langweilig, aber wir brauchen sie jetzt zum Üben, und bald kannst du dann selber richtig tolle Geschichten lesen!« oder ob er wirklich »so tut, als ob«.

Als ob eine Fibelseite mit folgendem Text:
»Mutter ruft
ist Evi da
ist Uta da
ist Otto da
Mm rufen Evi und Uta
Mm rufen Otto und Peter«,
illustriert mit einem Foto von sechs Kindern, die an einem gedeckten Tisch sitzen, bei einem normalbegabten Kind von 6 oder 7 Jahren, das ja unbedingt etwas lernen **will**, – vergessen wir das nicht! – echtes Interesse erwecken könnte.

Nun wird das Hochgefühl der ersten Schultage freilich die Enttäuschung über derart banale Texte noch etwas aufschieben, aber über kurz oder lang muß sich den Kindern die Erkenntnis aufdrängen, daß es sich **dafür** nicht lohnt, die Mühen des Lesenlernens auf sich zu nehmen. Und nachdem ihnen niemand deutlich sagt, daß die Fibeltexte bestenfalls ein Mittel zum Zweck, aber auf keinen Fall wirklichen Lesestoff darstellen, müssen sie ja glauben, die Fähigkeit, »Geschichten« wie die oben zitierten zu entziffern, sei alles, was beim Lesen herausspringe. Nun könnten Sie mir entgegenhalten, das sei vielleicht für die Anfangsmonate in der ersten Klasse zutreffend, aber spätestens nach einem Jahr wüßten doch die Kinder, daß es auch etwas anderes zu lesen gäbe als diese simplen Fibeltextchen. Das ist sicher richtig. Doch was ist in diesem einen Jahr aus der Begeisterung, der Lernfreude und den hohen Erwartungen, die sich daran knüpften, geworden? Wenn Schule erst einmal als etwas Langweiliges, als etwas, das »mir persönlich« nichts zu sagen hat, eingestuft ist, dann ist es sehr schwer, meistens unmöglich, den angerichteten Schaden wiedergutzumachen.

Glücklich sind da jene wenigen Kinder, denen bereits zu Hause viel vorgelesen wurde, so daß sie wissen, daß nicht alle Bücher so langweilig sein müssen wie ihre Fibel. Die meisten Kinder jedoch haben mit wirklichen Büchern noch keine Bekanntschaft gemacht, sondern kennen nur Bilderbücher oder die Kurzformen der Kinderliteratur: Geschichten, Verse, vielleicht noch einige Märchen.

Figuren wie Pippi Langstrumpf, Heidi oder der Räuber Hotzenplotz sind zwar allgemein bekannt, aber nur aus dem Fernsehen. Daß so aufregende, lustige und traurige Geschichten, wie sie im Fernsehen gezeigt werden, auch und zuallererst in Büchern stehen, **wissen** viele Kinder gar nicht.

Wie man Kindern, auch wenn sie fast noch gar nichts lesen können, gleich von Anfang an interessante Texte und Geschichten bieten kann, werde ich weiter unten konkret ausführen. An dieser Stelle möchte ich noch von der **Über**forderung sprechen, der die Schulanfänger begegnen und die in einem krassen und geradezu grotesken Widerspruch zu der geistigen **Unter**forderung steht, der sie durch die mangelnde Qualität der Lesetexte ausgesetzt sind.

Im Turnunterricht, bei gemeinsamen Spielen, beim Verlassen oder Betreten des Schulhauses, beim Herausnehmen von Arbeitsmaterial und bei vielen, vielen anderen Gelegenheiten konnte ich immer wieder feststellen, daß zunehmend mehr Kinder sich mit geradezu kopfloser Hast in jede Aktivität stürzten, als gälte es das Leben. Daß so etwas nur selten sinnvoll ist, liegt auf der Hand:
Wenn zehn Kinder zu gleicher Zeit auf eine 80 cm breite Tür zustürzen, wird das Hinaus- oder Hereinkommen wahrscheinlich länger dauern, als wenn sie ruhig und nacheinander hindurchgehen.

Wenn irgendwelche Hefte und Mappen aus der Schultasche gerissen werden, kaum daß das Wort »herausnehmen« gefallen ist, ist es sehr unwahrscheinlich, daß wirklich verstanden wurde, was genau gemacht werden soll.

Ich habe deshalb einen Spruch geprägt, der den Kindern einleuchtet und uns in vielen Situationen hilft, unsere »Raser« von sinnlosen und für die Gemeinschaft störenden »Blitz-Aktivitäten« abzuhalten: **Nicht der Schnellste ist der Sieger, sondern der, der es richtig macht.** Diesen Satz möchte ich gerne den Lehrern entgegenhalten, die sich im ersten Schuljahr beachtlichen Streß aufladen lassen, weil sie unbedingt genauso schnell beim Buchstabenlernen vorgehen wollen wie die Kollegin in der Parallelklasse, der Lehrer an der Nachbarschule oder der Leselehrgang in der Fibel. Ich meine, daß das einzige Kriterium, an dem wir uns orientieren dürfen, die Schüler selbst sind.

Für mich gilt die Regel: Ein neuer Buchstabe wird erst dann gelernt, wenn **alle** Kinder die vorhergehenden sicher kennen. Gibt es Schwierigkeiten, wird das Tempo eben verlangsamt.

Das klingt doch ganz einfach und logisch, nicht wahr? Trotzdem wagen viele Lehrer es nicht, sich nach diesem Maßstab zu richten. Fairerweise muß gesagt werden, daß das zunächst auch nicht ganz leicht ist und einigen Mut erfordert.

Da sind einmal die Eltern, die Vergleiche ziehen mit anderen Erstkläßlern. Wenn das eigene Kind an Weihnachten erst 13 Buchstaben gelernt hat und der Sohn der Freundin schon 23, dann braucht man natürlich Vertrauen zur Lehrkraft des eigenen Kindes.

Doch gerade dieses Problem kann vergleichsweise leicht gelöst werden, wenn Sie bereits auf dem ersten Elternabend vor Beginn des Schuljahres erklären, wie und in welchem Tempo Sie vorgehen werden, und warum so und nicht anders. Viele Eltern sind ausgesprochen erleichtert, wenn sie dann in der Praxis erleben, wie schön und streßfrei Schule für ihr Kind ist. Wenn sie noch dazu von Bekannten oder Verwandten Klagen hören über den Schulstreß, und daß andere Erstkläßler es sich kaum leisten könnten, krank zu werden, weil sie sonst zuviel versäumten, bildet sich schnell eine »Elternlobby«, die entschieden hinter Ihrem Unterrichtsstil steht.

Freilich soll hier nicht verschwiegen werden, daß es immer wieder auch Eltern gibt, die dieses Abrücken von der »Norm« als Vorwand für Kritik benutzen, aber: Allen Leuten recht getan, ist eine Kunst, die niemand kann! Außerdem habe ich die Erfahrung gemacht, daß immer mehr Eltern sich alternativen Schulmodellen zuwenden und ein echtes Interesse an einer Regelschule bekunden, die reformerische Impulse aufgreift und verwirklicht.

Und noch ein Gesichtspunkt muß hier unbedingt erwähnt werden: Wenn Sie das Tempo Ihres Leselehrgangs nach den Kindern ausrichten, so sind Sie allenfalls während des ersten Halbjahres im »Hintertreffen«, wenn man das überhaupt so nennen will. Bereits in der zweiten Jahreshälfte beginnen »Ihre« Kinder dann aufzuholen, stetig und unaufhaltsam, und es dauert nicht lange, so haben Sie andere Klassen sogar »überholt«. Ich will Ihnen gerne auseinandersetzen, wie es dazu – allem vordergründigen und scheinbaren Widerspruch zum Trotz – kommen kann.

In diesem Zusammenhang ist der Ausspruch einer Kollegin interessant, den ich auch in meinen Vorträgen immer wieder zitiere, weil er am besten verdeutlicht, daß es sehr fragwürdig ist, so »sinnlos« durch das Alphabet zu hasten, wie die oben erwähnten Kinder durch die Schulhaustür.

Diese besagte Kollegin antwortete mir einmal im Gespräch auf meinen Einwand, daß es doch zu gar nichts führe, sich mit dem Einführen der einzelnen Buchstaben so zu beeilen, wo man doch laut Lehrplan für den ganzen Leselernprozeß bis zum Ende der **zweiten** - wohlgemerkt der zweiten, nicht der ersten! – Klasse Zeit habe:

Ja, weißt du, aber wenn ich an Weihnachten mit allen Buchstaben durch bin, dann habe ich das ganze zweite Halbjahr Zeit zum Wiederholen!

Zum Wieder-Holen! Achten Sie auf die eigentliche Bedeutung dieses Wortes! Was muß ich denn **wieder** holen? Doch nur etwas, das schon einmal da war und dann verlorengegangen ist! Wäre es nicht viel klüger, alles gleich so zu lernen, daß es dableibt und nicht verlorengeht? Dann muß es auch nicht wiederholt – wieder geholt! – werden!

Wenn nun das zweite Halbjahr der ersten Klasse nicht damit vergeudet werden muß, alle Buchstaben noch einmal durchzuackern – ich verwende mit Absicht dieses umgangssprachliche, sehr lautmalerische Wort –, dann werden natürlich Energien frei für andere Dinge. So machen meine Klassen im Regelfall viel schnellere Fortschritte beim Erlernen der Schreibschrift als die »konventionell« unterrichteten. Auch ist deutlich zu beobachten, wie die »Lesewut« um sich greift und immer mehr Kinder regelrecht lesesüchtig werden.

Und schließlich und endlich das eigentlich Wichtigste von allem: Das Schulegehen macht eben wesentlich mehr Spaß, wenn die Buch-

staben zuerst auf lustbetonte Weise gelernt wurden und die erworbe-
nen Kenntnisse dann auch sinnvoll als »Mittel zum Zweck« angewendet und nicht nur als »Selbstzweck« noch einmal und noch einmal
wiederholt werden.

Lernen mit zwei Gehirnen oder: Welchen Sinn macht es, 50 Prozent der Lernfähigkeit brachliegen zu lassen?

Während meiner eigenen Schulzeit – das ist ja nun schon einige
Jahrzehnte her – war die »Welt noch in Ordnung«. Niemand machte
sich Gedanken darüber, warum manche Kinder um so vieles leichter
lernten als andere. Eine Klasse war ganz klar eingeteilt in gescheite,
durchschnittlich begabte und »dumme« Kinder. Während der Lehrer
sich mit den ersten beiden Gruppen beschäftigte, war es völlig klar,
daß bei der dritten alle Bemühungen ohnehin vergeblich wären. Deshalb saßen die »Dummen« in den letzten Bänken, wo sie in erster
Linie allerlei Unfug trieben, weil sie es aufgegeben hatten, den unver-
ständlichen Vorgängen an der Tafel folgen zu wollen.

Die Zahl derjenigen Kinder, die mit dem Lernen Probleme haben,
hat sich allerdings in den letzten Jahrzehnten so drastisch erhöht, daß
eine Vorgehensweise wie die oben geschilderte kaum noch denkbar
wäre. Dennoch bleiben genügend Kinder »auf der Strecke«, bei denen
das nicht so sein müßte. Ich will hier niemandem die Schuld zuweisen,
sondern Möglichkeiten aufzeigen, um negativen Entwicklungen ent-
gegenzuwirken.Das halte ich für den entschieden fruchtbareren
Ansatz. In jeder Schulklasse gibt es drei verschiedene Spezies von
Schülern, die sich natürlich zahlenmäßig nicht gleich aufteilen:

Die erste braucht – etwas überspitzt ausgedrückt – überhaupt keinen Lehrer, um zu lernen, ja, der Lehrer kann es gar nicht **verhindern**,
daß sie lernt!

Die zweite lernt zwar in einem anschaulichen, engagierten und
kindgerechten Unterricht leichter und lieber, auch mehr und besser,

schafft aber – mit vermehrter Anstrengung – ihr »Pensum« auch unter schwierigeren Bedingungen.

Die dritte jedoch bleibt, wenn es schlecht »läuft«, auf der Strecke.

Nun richtet sich gottseidank das Augenmerk der Fachwelt gerade auf jene zunehmend mehr. Aber man weiß ja, wie das geht: Bis die Erkenntnisse aus dem Olymp der Wissenschaft hinunter in die alltägliche Praxis gelangen, dauert es im Regelfall ziemlich lange. Und wenn endlich einmal etwas – sozusagen als »letzter pädagogischer Schrei« – in die Praxis umgesetzt wird, dann ist es oft schon wieder überholt, und es gäbe inzwischen weit Besseres.

Ich finde es sehr schade, daß in der Lehrerausbildung noch immer darauf verzichtet wird, den künftigen Lehrern einige grundlegende neurophysiologische Zusammenhänge beizubringen, deren Kenntnis ihnen weit hilfreicher wäre als das meiste von dem, was sie lernen müssen. Aber das hängt damit zusammen, daß unser ganzes Schulsystem – angefangen von der Grundschule über die Gymnasien bis hinauf zu den Universitäten – einseitig »linkshirnig« orientiert ist.

Welche unerhörten Potentiale dabei in manchen Schülern brachliegen können, ohne daß ein Mensch auf die Idee käme, da etwas Überdurchschnittliches zu vermuten, beweisen die Lebensläufe einer Reihe von Koryphäen aus Kunst und Wissenschaft. Am beeindruckendsten ist für mich die Geschichte Albert Einsteins, der für seine Umwelt ein introvertierter Spätentwickler und Schulversager war. Als Sechzehnjähriger bestand er die Aufnahmeprüfung auf das Polytechnikum in Zürich nicht. Als Vierunddreißigjähriger wurde er dort Professor. Mit 42 Jahren bekam er den Nobelpreis für Physik.[1]

Einstein ist ein Beispiel für den intuitiven, rechtshirnigen Denker, der Erkenntnisse einfach »hat«. Gerade das ist für viele Lehrer aber sehr schwer nachzuvollziehen, weil es meist der eigenen Art zu denken diametral entgegengesetzt ist.

Rechtes und linkes Hirn –
ein unzertrennliches Zwillingspärchen

Wenn ich im folgenden von Gehirn spreche, so meine ich damit den Neocortex, das jüngste Gehirn, dessen Ausprägung den Menschen erst zum Menschen gemacht hat. Es ist ein klassisches Doppelorgan, und deshalb wäre es weit angebrachter, nicht von »dem« Gehirn, sondern von »den« Gehirnen zu sprechen. In seinem Aussehen hat es ziemlich viel Ähnlichkeit mit einem Walnußkern. Es besteht aus zwei Hälften, die durch das Corpus Callosum − ein Bündel von Nervensträngen − verbunden sind und so auch miteinander kommunizieren können.

Roger Sperry und sein Student Michael Gazzaniga[2] haben in den sechziger Jahren faszinierende Erkenntnisse aus der Arbeit mit Patienten gewonnen, deren Corpus Callosum − also die »Leitung« zwischen den beiden Gehirnhälften − in einer sogenannten Split-Brain-Operation unterbrochen wurde, um die Neigung zu epileptischen Anfällen einzudämmen. Dabei konnte erstmals experimentell nachgewiesen werden, welche Funktionen zu welcher Gehirnhälfte gehören.

Ich möchte Ihnen hier das klassische Experiment mit solchen Split-Brain-Patienten schildern:

Sperry und Gazzaniga bauten einen Apparat, der es ihnen ermöglichte, mit den beiden Gehirnhemisphären ihrer Patienten getrennt zu kommunizieren. Die Person wurde vor einen Bildschirm gesetzt, auf den Worte oder Bilder projiziert werden konnten. Der Bildschirm war auf einen Tisch montiert, auf den verschiedene Gegenstände gelegt werden konnten, die die Versuchsperson greifen, aber nicht sehen sollte. Deshalb wurden sie von einer Abdeckplatte verborgen. Um den Versuch verstehen zu können, müssen Sie sich noch vor Augen halten, daß Hände und Gesichtsfeld jeweils mit der gegenüberliegenden Hemisphäre durch Nerven verbunden sind: das rechte Gesichtsfeld mit der linken, das linke Gesichtsfeld mit der rechten Hemisphäre. Ebenso ist es bei den Händen.Auf den Bildschirm wird nun links ein Wort oder Bild projiziert, zum Beispiel »Löffel«. Nur im linken Gesichtsfeld beider Augen kann dieses Wort gesehen werden, das bedeutet: Die rechte Hemisphäre ist »am Ball«. Die Versuchsperson ist auch in der Lage, mit der **linken** Hand unter mehreren Gegenständen den gewünschten, nämlich einen Löffel, herauszusuchen, wohlgemerkt, ohne die Gegenstände sehen zu können. Sie sind ja abgedeckt. Und nun kommt das Verblüffende: Obwohl die Versuchsperson offensichtlich das Wort oder Bild auf dem Bildschirm gesehen und danach auch den richtigen Gegenstand herausgesucht hat, antwortet sie auf Befragen, sie habe nichts gesehen und nichts ertastet.

Die Schlußfolgerung aus diesem und vielen ähnlichen Versuchen lautete: Das rechte Gehirn kann nicht verbalisieren.

Wird nun ein Wort auf die rechte Seite des Bildschirms projiziert, so kann es vom **rechten** Gesichtsfeld, also vom **linken** Gehirn, gesehen werden. Die Versuchsperson kann den Gegenstand mit der rechten − und **nur** mit der rechten! − Hand heraussuchen und ihn auch **benennen.**

Die Schlußfolgerung hieraus − und natürlich noch aus einer Vielzahl weiterer Versuche: Das linke Gehirn kann verbalisieren.

Einen weiteren Versuch möchte ich Ihnen nicht vorenthalten, weil er uns die total unterschiedlichen Prozesse verdeutlicht, die beim »Denken« in den beiden Hemisphären ablaufen:

Die Versuchsperson mußte eine Reihe von Wörtern auswendiglernen. Auf dem Bildschirm erschien dann − rechts oder links − jeweils ein Wort, und die Versuchsperson mußte auf einen Knopf mit »Ja« oder »Nein« drücken, sobald sie wußte, ob das betreffende Wort in der Gruppe der auswendiggelernten enthalten war oder nicht.

Die Zahl der memorierten Wörter wurde nach und nach erhöht. Auch hier zeigte sich wieder etwas geradezu Faszinierendes: Wurde das Wort, das mit den memorierten verglichen werden sollte, auf die **rechte** Bildschirmseite projiziert − und **rechtes** Gesichtsfeld heißt **linke** Hemisphäre! − dann erhöhte sich die Reaktionszeit, wenn sich die Gruppe der auswendiggelernten Wörter vergrößert hatte.

Erschien es hingegen auf der **linken** Bildschirmseite − **linkes** Gesichtsfeld heißt **rechte** Hemisphäre! − , dann blieb die Reaktionszeit **gleich**, auch wenn sich die Menge der Wörter, mit denen es verglichen werden sollte, verdoppelte oder verdreifachte!

Während mit dem linken Gehirn anscheinend Wort für Wort im Geiste abgefragt wurde − daher die verlängerte Reaktionszeit bei vergrößerter Wörtermenge! -, schien das rechte Gehirn sozusagen »auf einen Blick« zu entscheiden, ob das entsprechende Wort in der Vergleichsmenge vorkam oder nicht.

Die Schlußfolgerung aus dieser Art von Versuchen: Die linke Hemisphäre arbeitet linear, nacheinander. Die rechte Hemisphäre arbeitet ganzheitlich, analog!

Über diese Problematik gibt es eine Reihe von interessanten Veröffentlichungen.[3] Was hier angeführt wurde, genügt aber, um Ihnen eine

Vorstellung davon zu geben, wieso man so genau sagen kann, wie die beiden Hemisphären arbeiten.

Beim gesunden Menschen besteht eine harmonische Partnerschaft der beiden Gehirne: Jedes arbeitet in seinem Spezialgebiet, und keines ist der »Chef«, sondern es führt immer das für die jeweilige Aufgabe gerade besonders geeignete Gehirn, das dabei von seinem »Partner« unterstützt wird.

Wir müssen also in der Unterichtspraxis davon ausgehen, daß wir es mit zwei Spezialisten zu tun haben. Natürlich wollen wir sie beide beschäftigen und nicht nur einen von ihnen. Das wäre ja höchst unökonomisch!

Und das sind die Fachgebiete und Arbeitsweisen unserer beiden Spezialisten:

Linke Hemisphäre:	Rechte Hemisphäre
	ganzheitlich
linear	empfindsam
logisch	einfühlsam
analytisch	weiblich
männlich	synthetisch
angespannt	ganze Bilder
Sprache	Gesamteindruck
Logik	Visualisation
Mathematik	Musik
abstrakte Symbole	Rhythmus
Zahlen	Tanz
Buchstaben	Kinästhetik
Regeln	Raumgefühl
Sequenzen	Tastsinn
Rechtschreiben	Gerüche
	Entspannung

Wenn Sie nun diese Gegenüberstellung aufmerksam durchgelesen haben, dann ist Ihnen sicher sofort »ein Licht aufgegangen«, welchen der beiden Gehirnspezialisten wir in unseren Schulen für gewöhnlich fast ausschließlich beschäftigen, ja, geradezu überstrapazieren, und welchen wir andererseits sträflich vernachlässigen. Richtig: Die Fähigkeiten der linken Hemisphäre sind es, die in erster Linie und fast ausschließlich gefragt sind. Nun ist es ja durchaus nichts Schlechtes, Wert auf logisches Denken, analytisches Vorgehen und die Kenntnis von Regeln und Gesetzmäßigkeiten zu legen. Aber auch hier gilt, wie in der Medizin, daß es von der Dosierung abhängt, ob etwas Heilmittel oder Gift ist! Es gibt ja auch einen Lerntyp, der gerade »linkshirnigen« Anforderungen besonders gut gewachsen ist: Es ist der Schüler mit einem sogenannten »uniformen« Dominanzmuster. Dabei gehören dominantes linkes Gehirn und dazupassend dominante rechte Hand, rechtes Gesichtsfeld und rechtes Ohr zusammen. Über diese Problematik ließe sich ein eigenes Buch schreiben. Hier sei nur soviel gesagt, daß diese »uniforme« Dominanz, die an unseren Schulen mit Erfolg und guten Noten belohnt wird, auf keinen Fall zu kreativen, erfinderischen oder gar genialen Menschen gehören kann. Nun seien Sie aber nicht enttäuscht, wenn Sie sich selber im Verdacht haben sollten, dieses Muster zu besitzen. Es ist nämlich nicht so, daß man dieses oder jenes Dominanzmuster einfach »hat« und damit basta – diese Denkweise ist ja auch schon wieder von den Vorstellungen geprägt, die man uns während unserer Ausbildung vermittelt hat. Nein – es ist im Gegenteil so, daß diese »Patterns« sehr häufig wechseln und für unterschiedliche Bereiche und Tätigkeiten auch ganz unterschiedlich aussehen.

Das bedeutet für unsere praktische Arbeit, daß wir es eben nicht mit »dem« Schüler zu tun haben, sondern mit einer vielgestaltigen Persönlichkeit, quasi einem Prisma, mit vielen verschiedenen Facetten.

Wenn ich nun daraus die Forderung ableite, möglichst viele Aspekte in unseren Schülern anzusprechen und möglichst viele Saiten in ihnen zum Schwingen zu bringen, so ist das doch eigentlich nur eine zwingende Schlußfolgerung, finden Sie nicht?

Langsam gewinnt zwar die Erkenntnis an Boden, daß wir unserem Gehirn weit mehr an Leistung »abluchsen« können, wenn wir es so behandeln, wie es seiner Eigenart zukommt. Ein Beispiel hierfür ist die rasche Ausbreitung und der beachtliche Erfolg, den die Methode des Lernens in der Entspannung, die Suggestopädie, in den letzten Jahren hatte.

An den Montessori-Schulen wird ebenfalls der ganze Mensch mit allen seinen Bereichen angesprochen. Und wer die Entwicklung aufmerksam verfolgt, wird festgestellt haben, daß gerade sie sich eines immer stärkeren Zulaufs erfreuen – aus gutem Grund, meine ich.

Die Konsequenz, die nun aus dem dargestellten Sachverhalt für die Schulpraxis zu ziehen wäre, ist denkbar einfach:

Wir müssen »gehirn-freundlich« arbeiten – brain-friendly sagt der Amerikaner. Nichts einfacher als das! Verbinden Sie einfach »linke« und »rechte« Tätigkeiten!

Erfüllen Sie die abstrakten Buchstabensymbole mit bildhaften Inhalten und Bedeutungen, heißt das im Klartext für unser Thema, das Lesenlernen!

Außerdem kann der Lernprozeß noch unterstützt werden durch Rhythmen und Reime, Entspannungsübungen, Farben, Bewegungen u.s.w. Davon wird später ausgiebig die Rede sein. Jetzt ging es mir erst einmal um das »Warum«.

Zusammenfassung

Bevor wir nun zum »Wie« kommen, zur konkreten Durchführung eines erfolgreichen Leselehrgangs, möchte ich noch einmal die Punkte anführen, die ich an einem herkömmlichen Unterricht kritisiere und auch die theoretischen Schlußfolgerungen, die sich daraus ergeben:

1. Das Lesematerial ist wenig attraktiv, meist langweilig, oft geradezu dumm!
Also: Interessante, ansprechende Texte sind gefordert, die der Intelligenz des Kindes gerecht werden und sie nicht beleidigen!
2. Es besteht keine Notwendigkeit, so zu tun, als sei Lernen völlig ohne Anstrengung möglich. Das führt nur dazu, daß die Schüler sich irgendwann hereingelegt fühlen, wenn sie dahinterkommen, daß das nicht stimmt.
Also: Das Kind soll ehrlich und ohne falsche Motivation lernen und üben dürfen.

3. Der Unterforderung durch die einfältigen Texte steht eine krasse Überforderung durch viel zu schnelles Einspeichern der abstrakten Buchstabensymbole gegenüber.

Also: Das Tempo des Leselernprozesses muß sich ausschließlich am »Kunden«, dem Schüler, orientieren. Ihm wollen wir gerecht werden und nicht irgendwelchen fragwürdigen Anforderungen von dritter Seite!

4. Die herkömmliche Vorgehensweise berücksichtigt gar nicht oder völlig unzureichend die Arbeitsweise unseres Gehirns und richtet sich einseitig in erster Linie an die linke Hemisphäre.

Also: Unser Gehirn muß besser behandelt werden! Deshalb werden Tätigkeiten der linken Gehirnhälfte mit solchen der rechten kombiniert!

II. Die Praxis des Lesenlernens

Grau, teurer Freund, ist alle Theorie, doch grün des Lebens goldner Baum! oder: Wie wende ich das eben Gelernte in der Praxis an?
Nun möchte ich zeigen, wie Sie die Forderungen, die sich aus den oben angeführten drei Kritikpunkten ergeben, in die Praxis umsetzen können.
Befassen wir uns zuerst einmal mit dem ersten Punkt. Hier heißt es:

1. Interessante, ansprechende Texte sind gefordert, die der Intelligenz des Kindes gerecht werden und sie nicht beleidigen!

Faszination durch Geschichten

Alle Kinder lieben Geschichten. Leider ist die Großmutter, die Muße und Phantasie genug hat, um ihren Enkeln stundenlang die schönsten Märchen und Geschichten zu erzählen, selbst schon Bestandteil von solchen. Kurz: Es gibt sie nicht mehr. Sie ist eine ausgestorbene Spezies. Und es ist nicht nur jene »schöne, verzauberte Welt« der Märchen, zu der unsere modernen Kinder immer weniger Zugang haben, es ist auch ihr magisch-mythischer Hintergrund, der zunehmend in Vergessenheit gerät.

Jedem, dem Zweifel daran kommen, ob es richtig sei, Kinder mit dem Stoff der Märchen zu konfrontieren, empfehle ich die Bücher Bruno Bettelheims, hier besonders: Kinder brauchen Märchen. Gerade Bruno Bettelheim hat immer wieder betont, wie wichtig es für die Kinder sei, daß ihnen ihre Mythen gelassen würden. Dabei spricht er auch ganz klar von solchen Figuren wie dem Nikolaus und ihrer Bedeutung für die kindliche Psychohygiene.

Es ist auch völlig falsch, immer wieder zu versichern, daß das alles »natürlich gar nicht wahr« sei. Märchen haben ihre eigenen Wahrheiten: Eine davon ist es, daß **innere** Vorgänge nach **außen** verlegt und so erlebbar und nachvollziehbar werden.

Nun bilden die Märchen aber nur **einen** Teil der Geschichtenwelt, die ich den Kindern erschließen möchte. Den zweiten Teil bildet gute Kinderliteratur und schließlich einen dritten alles das, was wir im engeren Sinn zum Lesenlernen benutzen.

Wie ich weiter oben bereits erwähnt habe, wissen viele der Schulanfänger gar nicht, daß die bei ihnen so beliebten Figuren wie z.B. Pippi Langstrumpf, Heidi oder der Räuber Hotzenplotz ursprünglich die »Helden« von **Büchern** sind, weil sie ja das alles nur aus dem Fernsehen oder von Kassetten kennen.

Meine erste »Amtshandlung« in bezug auf Märchen und Kinderliteratur besteht also darin, daß ich die Kinder damit »füttere«. Ich lese ihnen vom zweiten Schultag an täglich 10 bis 15 Minuten vor. Nun höre ich schon den entsetzen Aufschrei so mancher vom Stoffdruck geplagter Kollegen: Woher soll man denn dafür die Zeit nehmen!

Abgesehen davon, daß es sich hier um etwas derart Wichtiges handelt, daß ihm meines Erachtens ohnehin der Vorrang vor vielen anderen Aktivitäten gegeben werden müßte, läßt sich die tägliche Vorleseviertelstunde sehr gut in den Vormittag integrieren. Bei mir gibt es immer eine großzügig bemessene Frühstückspause, die länger dauert als die vorgesehenen 10 Minuten. Die Kinder kommen mit ihrem Pausenbrot nach vorne, setzen sich im Kreis auf den Boden und verzehren es gemütlich, während ich ihnen vorlese.

Dieses Vorgehen bietet mehrere Vorteile auf einmal: Die Kinder können wirklich in Ruhe essen, weil sie sich ja nebenbei nicht unterhalten, sondern »nur« zuhören. Die zweite Pause, die im Freien verbracht wird, kann dann auch wirklich zum Spielen und Herumlaufen benutzt werden. Außerdem kostet das Vorlesen auf diese Weise absolut gesehen nur wenig Zeit, und die ist es bestimmt wert!

Wenn ich mir vorstelle, wie viele wirklich gute Kinderbücher ich einer Klasse im Laufe der ersten zwei Schuljahre auf diese Weise nahebringe, dann wünsche ich mir, daß viele Kollegen diese Anregung aufgreifen, denn da können wir unseren Schülern wirklich etwas »fürs Leben« mitgeben, und – Hand aufs Herz! – von wie vielen Lerninhalten läßt sich wirklich und allen Ernstes behaupten, sie seien etwas »fürs Leben«?

In diesem Zusammenhang möchte ich unbedingt das nette Erlebnis erzählen, das ich vor einigen Jahren mit einer Mutter hatte, deren Sohn bei mir zwei Jahre zur Schule gegangen war. Als sie am letzten Schultag der zweiten Klasse kam, um sich von mir zu verabschieden, sagte sie im schönsten Bayrisch: »Also, dös mit dene Büacher, dös werd von Eahna bleibn!«

Für Nicht-Bayern sei dieser köstliche Ausspruch übersetzt:»Also, das mit diesen Büchern, das wird von Ihnen bleiben!«

Um nun noch einmal darauf zurückzukommen, **wie sehr** es sich doch summiert, wenn **täglich** vorgelesen wird, führe ich hier eine Auswahl aus den Büchern an, die ich im Laufe eines Turnus – also erste und zweite Klasse – **vollständig** vorlese. Es handelt sich wohlgemerkt um eine Auslese, weil ich alle Bücher gar nicht mehr auswendig weiß.

Das hat meine jetzige zweite Klasse bis jetzt – im Januar der zweiten Klasse – unter anderem zu hören bekommen:

Otfried Preussler: Der Räuber Hotzenplotz
  Neues vom Räuber Hotzenplotz
  Hotzenplotz 3
  Der kleine Wassermann
Christine Nöstlinger: Die feuerrote Friederike
Josephine Siebe: Kasperle auf Reisen
  Kasperle auf Burg Himmelhoch
Barbara Bartos-Höppner: Schnüpperle
Astrid Lindgren: Pippi Langstrumpf
  Pippi Langstrumpf geht an Bord
  Pippi in Taka-Tuka-Land
  Michel in der Suppenschüssel
  Michel muß mehr Männchen machen
  Die Kinder aus der Krachmacherstraße

Das ist doch eine beeindruckende Liste, finden Sie nicht? Zur Zeit lesen wir gerade den dritten Band der Michel-Geschichten von Astrid Lindgren: Michel bringt die Welt in Ordnung.

Und das steht für dieses Schuljahr noch ganz fest »auf dem Programm«:
Christine Nöstlinger: Wir pfeifen auf den Gurkenkönig
Josephine Siebe: Kasperles Schweizerreise
Astrid Lindgren: Die Brüder Löwenherz.
Aber das wird sicher nicht alles sein. Die Kinder sind so »wild« auf das Vorlesen, daß gerade diese Viertelstunde einen Höhepunkt des Schultages bildet. Mir wird dann oft von Müttern erzählt, daß ihr Sohn oder ihre Tochter eines der vorgelesenen Bücher selbst besitzen will und es sich ganz dringend zum Geburtstag, zu Weihnachten oder zu sonst einer Gelegenheit wünscht.

Als ich meiner vorletzten Klasse die Brüder Löwenherz vorlas, waren natürlich alle sehr beeindruckt von dem tapferen Kampf der Kinder um die Freiheit des Heckenrosentals. Immer wieder berichtete mir dann einer meiner Schüler in der Folgezeit, daß er jetzt endlich das Buch »habe«. Bemerkenswert fand ich, wie Michael seine Freude artikulierte. Ich zitiere wieder im bayrischen »Originalton«: »Woaßt, Fräulein, wenn i's a scho kenn, aber dann steht's in mei'm Regal, und dann schau i's o, und dann freu i mi!« (Weißt du, Fräulein, wenn ich es auch schon kenne, aber dann steht es in meinem Regal und dann schaue ich es an und dann freue ich mich!)

Gerade an diesem Ausspruch wird deutlich, daß sich den Kindern durch das Vorlesen nicht nur eine Welt erschließt, sondern daß auch bei so manchen der Grund gelegt wird für die Freude am Buch, an seinem Besitz und dem Umgang damit.

Wenn Sie Ihren Schülern oder Kindern den Zugang zu Märchen, Mythen, schönen Geschichten und guter Literatur eröffnen, dann haben Sie schon sehr viel mehr getan als üblich. Vor so einem Hintergrund können selbst die langweiligen Fibeltexte nicht mehr den gewohnten Schaden anrichten, besonders dann nicht, wenn Sie klar zu erkennen geben, daß sie auch nicht gerade begeistert von ihnen sind.

Am besten wäre es natürlich, auch zum Lesenlernen interessante Geschichten zu benutzen.

Aber wie soll das gehen? Die Kinder können ja zunächst einmal nur mühsam einige Wörter entziffern. Ich »kreise« dieses Problem sozusagen »von mehreren Seiten« ein:

- Zu jedem neuen Buchstaben erzähle ich eine Buchstabenge-schichte.
- Für die Lesemappe gibt es ein Blatt mit einem Lied, Gedicht oder mit einer Kurzfassung der Geschichte.
- Wir erheben zunächst gar nicht den Anspruch, die Leseblätter wirklich zu lesen, sondern wir machen nur »Jagd« auf einzelne bekannte Buchstaben oder Wörter.
- Die Buchstabengedichte lernen wir auswendig. Auch hier wird nicht »so getan« als würden wir sie lesen.
- Die Lesefertigkeit üben wir an Wörterlisten, die nur Wörter aus bekannten Buchstaben enthalten. Hier wird auch gar nicht der Anschein erweckt, diese Listen sollten außer einem »Mittel zum Zweck« irgendetwas bedeuten.
- Sehr bald schon werden dann Leseblätter angeboten, mit denen sich die Kinder selber beschäftigen können.

Nun will ich wieder ausführlich und der Reihe nach auf die einzelnen Punkte eingehen. Das Folgende ist übrigens nicht nur für Lehrer gedacht, sondern es gibt auch den Eltern manche Hinweise, wie sie mit den Kindern lustbetont und sinnvoll üben können. Zunächst zu meinem »liebsten Kind«, zu den Buchstabengeschichten.

Buchstabengeschichten

Auch dazu kann ich ein amüsantes Erlebnis berichten: Vor etwa einem Jahr besuchte ich in Tutzing eine Tagung der Evangelischen Akademie. Es ging um multikulturelle Erziehung. An der Tagung nahmen auch Schüler der Kollegstufe eines Gymnasiums teil, die zusammen mit ihrem Lehrer ein Entwicklungshilfeprojekt vorstellten, an dem sie beteiligt waren. Abends saßen die Tagungsteilnehmer gemütlich in den schönen Salons des Schlosses Tutzing zusammen, und ich kam mit einem der Gymnasiasten ins Gespräch. Als er hörte, was ich beruflich mache, interessierte er sich sehr für meine Arbeit, und ich erzählte ihm von meiner Leselernmethode. Da meinte er: »Sagen Sie, ist das nicht eine etwas archaische Methode?« Mir fiel darauf eine sehr gute Antwort ein, deretwegen ich in erster Linie diese Begebenheit auch erzähle. Ich sagte: »Ja, archaisch schon, aber **so archaisch,** daß es bereits **wieder fortschrittlich** ist!« Und – das überzeugte den jungen Mann!

Was ich damit sagen will, ist, daß der sogenannte »Fortschritt« oft nichts anderes als einen Rückschritt bedeutet und daß es deshalb an uns liegt zu entscheiden, was wir für sinnvoll halten. Ich finde es ja sehr symptomatisch für eine steigende Sensibilität vieler Menschen gegenüber diesem Problem, daß allenthalben ein vermehrtes Interesse an »alternativer Lebensführung« – ich drücke mich jetzt einmal absichtlich so ungenau aus – zu beobachten ist. Und das bedeutet im Endeffekt ja eine Hinwendung zu Weisheiten, die jahrhundertelang in Vergessenheit geraten waren. Auch hier ist der vordergründige Rück-Schritt in Wirklichkeit ein großartiger Fort-Schritt.

Haben Sie also keine Angst vor der »archaischen« Methode des Lernens durch Geschichten. Es ist die schlechteste nicht.

Wie gesagt, gibt es für jeden Buchstaben eine Geschichte, die ich mir selber ausgedacht habe. Damit Sie sich eine Vorstellung davon machen können, werde ich Ihnen nun einige davon erzählen. Doch ist es nicht der Sinn dieses Buches, Ihnen anstelle der Fibel einen anderen kompletten Leselehrgang vorzustellen. Vielmehr möchte ich Sie mit den Hintergründen vertraut genug machen, daß Sie Lust bekommen, Ihre eigenen Geschichten zu erfinden. Deshalb wähle ich hier nur exemplarisch aus. Sie werden bemerken, daß ich den Kindern durchaus eine anspruchsvolle Erzählsprache zumute, denn auch das gehört zu meiner »Anti-Verdummungs-Strategie«. Ich habe bisher noch nie festgestellt, daß eine der Geschichten nicht verstanden worden wäre. Außerdem kann bei Verständnisproblemen nachgefragt werden. Das ist einer der vielen Vorteile, die das Vorlesen und Erzählen jedem technischen Medium voraushaben: Es kann in direkter Kommunikation eine Frage immer dann, wenn sie auftaucht, geklärt werden. Dadurch werden die Kinder natürlich zum Mitdenken und Nachfragen angeregt, und das ist wiederum eine Grundbedingung für jedes geistige Wachstum. Welchen Sinn hat aber das Mitdenken beim Fernsehen, wenn auftauchende Fragen ohnehin nicht beantwortet werden? Außerdem läuft der Film ja weiter, und so bleibt gar keine Zeit, innezuhalten, zu denken und zu fragen.

Nun erzähle ich Ihnen die Geschichte von **Anton mit dem langen Arm**. In ihr geht es um ein bekanntes Kinderproblem: um den Wunsch, groß zu sein und alles Mögliche schon zu können.

Anton mit dem langen Arm

Ihr könnt euch sicher gut vorstellen, wie das ist, wenn ein Kind sich denkt: »Wäre ich doch schon groß!« oder »Könnte ich doch schon alles so gut wie die Erwachsenen!«

Ein Junge, der sich das oft und oft gedacht hat, war Anton. Er mochte sich gar nicht gerne helfen lassen und wollte immer alles allein und selbständig machen. Dabei war er gerade eben erst sechs Jahre alt geworden und noch nicht einmal besonders groß für sein Alter. Deshalb mußte er sich auch fast täglich so verhaßte Sätze anhören wie: »Warte, Anton, da kommst du alleine noch nicht hoch!« oder »Komm, laß dir helfen, ich bin ja doch ein ganzes Stück größer als du!«

Eines Tages – Anton hatte sich an diesem Tag besonders oft über dieses alberne Gerede ärgern müssen – ging er wütend und trotzig ins Bett. Beim Einschlafen wünschte er sich fest, so fest, wie er sich noch nie etwas gewünscht hatte – ja, was wohl?

Er wünschte sich: Hätte ich doch nur keine so kurzen Arme. Hätte ich doch einen Arm, mit dem ich überall hinreichen kann, damit es nie mehr heißt: Dafür bist du zu klein.

Von dem vielen Ärger war Anton allerdings so müde geworden – denn Ärger macht ziemlich müde, wie du vielleicht weißt – daß er gar nicht mehr ordentlich zu Ende wünschen konnte. Er schlief auf einmal ein und hatte einen seltsamen Traum:

Es erschien ihm ein Zauberer, aber nicht so einer, wie er in seinem Märchenbuch auf dem Bild zum »Gestiefelten Kater« zu sehen war. Nein – der Traum-Zauberer sah überhaupt nicht böse oder gefährlich aus. Er wirkte eher gemütlich, wie ein lieber Onkel, mit seinen runden Backen und den freundlichen Augen hinter blanken Brillengläsern. Dennoch war er ganz unverkennbar ein Zauberer, denn er trug einen nachtblauen Mantel, bestickt mit allerlei magischen Zeichen, einen hohen, spitzen Hut und hielt in der Hand einen Zauberstab.

Nun fing er an zu reden: »Anton, wie ernst ist es dir mit deinem Wunsch? Willst du wirklich einen Arm, so lang, daß du überall hinreichen kannst?«

Anton, dem bei dieser Frage der ganze Ärger wieder einfiel, nickte eifrig.

»Überlege dir gut, was du sagst«, warnte der Zauberer, »denn nicht immer gehen unsere Wünsche so in Erfüllung, wie wir uns das vorstellen!« Doch Anton, der sich jetzt hellwach fühlte, sagte schnell: »Ich will wirklich einen ganz, ganz langen Arm, so lang, daß ich überall hinreichen kann.« Der Zauberer runzelte die Stirn und entgegnete ernst: »Nun gut, aber denke morgen daran, daß du selber es so wolltest.«

Damit verschwand er. Anton aber schlief fest weiter und erwachte erst am Morgen von der Stimme seiner Mutter, die rief: »Anton, was hast du denn vor deine Tür gestellt? Rück es bitte weg, damit ich hereinkann!« Völlig schlaftrunken und benommen wußte er zunächst gar nicht, wo er überhaupt war. Langsam erinnerte er sich an seinen Traum. Er wollte seine Arme heben, um sich zu räkeln, da war er mit einem Schlag hellwach. Grundgütiger Himmel – sein rechter Arm! Der war ja so lang, daß er aus dem Bett auf den Boden hing und quer durch das Zimmer bis hin zur Tür lag, wo sich der letzte halbe Meter noch zu einer Art Knäuel eingerollt hatte. Deshalb ging seine Zimmertür nicht auf.

Anton sprang aus dem Bett und schob seinen Arm von der Tür weg. Nun konnte die Mutter hereinkommen. Ihr könnt euch vielleicht vorstellen, wie entsetzt sie war, als sie die Bescherung sah! Das war ja nun wirklich eine schöne Geschichte! Es war völlig klar, daß Anton an diesem Tag nicht in den Kindergarten gehen konnte. Doch nicht nur das – er konnte überhaupt nichts machen, denn das Ungetüm von Arm war ihm immer im Weg: beim Malen, beim Legobauen, beim Essen, beim Ballspielen – es war nicht auszuhalten!

Als dieser schreckliche Tag zu Ende war, schlief Anton nicht wütend und verärgert, sondern traurig und völlig erschöpft ein.

Doch wie ich euch ja schon sagte, war der Traum-Zauberer ein lieber und guter Zauberer, dem es bestimmt nicht einmal »im Traum« eingefallen wäre, unseren Anton so in der Patsche sitzenzulassen. Deshalb erschien er ihm auch schleunigst wieder und fragte ihn mit seinem freundlichen Lächeln:»Nun, wie ist es? Willst du deinen langen Arm noch einen Tag behalten?« Ihr könnt euch sicher denken, was Anton ihm geantwortet hat. Richtig! Er bat den Zauberer inständig, seinen Arm nur ja wieder so zu machen wie vorher.

Am nächsten Morgen gab es in der ganzen Stadt – was sage ich? – im ganzen Land, nein, auf der ganzen Welt! – keinen glücklicheren Jungen als Anton, der mit zwei ganz gewöhnlichen Armen durch die Gegend hüpfte und gar nicht wußte, was er vor lauter Freude alles anstellen sollte.

Und was das Schönste an der Geschichte ist: Anton und seine Mama haben durch sie etwas gelernt:

Anton, daß er sich nicht gleich so schrecklich ärgert, wenn er für etwas wirklich noch zu klein ist, und seine Mama, daß sie sich nicht immer sofort einmischt, wenn Anton etwas nicht auf das erste Mal kann, sondern daß sie wartet, bis er sie bittet, ihm zu helfen.

Nun sind aber nicht alle Buchstabengeschichten so lang wie die von Anton. Das ist ganz unterschiedlich, wie Sie selbst feststellen können, denn eine Auswahl solcher Geschichten finden Sie im ANHANG 1.

Sollten Sie Bedenken wegen des Zeitaufwandes bekommen, der mit dem Selbererfinden von Geschichten und einer Neugestaltung des Leseunterrichts Ihrer Ansicht nach verbunden ist, so lassen Sie diese einstweilen ruhig beiseite und warten Sie ab, bis Sie weiter unten auf meinen »Dreistufenplan zur Reformierung des Leselehrgangs« (siehe Seite 128 ff.) stoßen.

Exkurs über das Thema: Das kann ich ja doch nicht!

Eine interessante Deutung dieser Haltung:»Ich kann es ja doch nicht!« oder »Das wird mir zuviel!«, die uns so oft davon zurückhält, etwas Neues und Erfolgversprechendes anzufangen, möchte ich Ihnen jedoch gleich jetzt noch vermitteln. Denn es ist für jeden Lernerfolg von grundlegender Bedeutung, daß wir das bisher Unbekannte überhaupt an uns herankommen lassen und offen dafür sind. Fangen aber solche Sätze wie die oben angeführten erst einmal an, in unserem

Gehirn herumzugeistern, dann sind wir gar nicht mehr in der Lage, das Neue unvoreingenommen zu prüfen, weil unser Blickwinkel bereits zu eingeengt dafür ist.

Also: Wie kommt es, daß wir uns selber so oft bremsen und im Wege stehen?

Auch hier haben wir es mit den fatalen Auswirkungen der bei uns – ich denke da wieder an unser Schulsystem – so sehr geschätzten Linkshirnigkeit zu tun. Es ist sicher bereits weiter oben klargeworden, daß ich keineswegs die Bedeutung der »linken« Fähigkeiten abstreite. Das wäre ja dumm und das genaue Pendant zu dem von mir beklagten Extrem.

Es geht mir immer nur um das Vermeiden der Eingleisigkeit. Und genauso wie uns das rechte Gehirn im Weg sein kann, wenn wir nicht in der Lage sind, es auf seinen Platz zu verweisen, ist uns auch sein »Partner« gelegentlich mehr schädlich als nützlich.

In diesem Fall geht es um die bereits gemachten Erfahrungen, die links – im AIZ: Allgemeines Integrationszentrum – verarbeitet werden. Ich nenne das AIZ gelegentlich auch unseren Spaßverderber. Denn so notwendig es oft ist, auf bereits gemachte Erfahrungen zurückzugreifen, so hemmend wirkt es auch zur rechten – oder besser unrechten! – Zeit!

Dazu möchte ich Ihnen eine Geschichte erzählen, mit der Gordon Stokes[5] diesen Sachverhalt illustriert:

Von Verhaltensforschern wurden Versuche mit Haien gemacht. Diese waren in einem großen Becken untergebracht, das in der Mitte durch eine Glasscheibe in zwei Hälften abgeteilt wurde. Auf der einen Seite des Beckens schwammen die Haie, auf der anderen Seite gab es Nahrung für sie, gut sichtbar durch die Glasscheibe. Die Haie versuchten nun, an die Nahrung heranzukommen, jedoch vergeblich! Denn in der Mitte des Beckens stießen sie sich an der Scheibe und konnten nicht weiter. Einige Zeit probierten sie es immer wieder, etwas zum Essen zu erwischen, doch dann gaben sie auf.

Bis hierher ist die Geschichte noch nichts Besonderes. Doch jetzt kommt der Clou, das Exemplarische und durchaus auf den Menschen Übertragbare:

Als die Haie resigniert hatten, entfernten die Forscher die Glasscheibe.

**Und kein Hai unternahm nochmals einen Versuch, auf die andere
Seite zu gelangen! Sie hatten »gelernt«, daß sie es nicht konnten!**

Wenn nun in unserem Kopf die besagten Sätze »herumgeistern«, dann
sollten wir zuerst doch einmal nachsehen, **ob die Glasscheibe überhaupt noch da ist!**

Sehr viele der einengenden Erfahrungen werden ja in der Kindheit
gemacht. Und da wir inzwischen erwachsen und weit unabhängiger
geworden sind, ist es gar nicht mehr so leicht, uns irgendwelche Glas-
scheiben vor die Nase zu setzen.

Jedem meiner Leser aber, der sich selber immer wieder Grenzen
setzt, weil er meint, er könne etwas nicht, möchte ich zurufen,
nicht:»Sei kein Frosch!«, sondern:»Sei kein Hai!«

Lesen Sie also offen und unvoreingenommen weiter und lassen Sie
sich nicht den Spaß verderben!

2. *Das Kind soll ehrlich und ohne falsche Motivation lernen und üben dürfen.*

Ich habe bereits gesagt, daß es meiner Ansicht nach geradezu ver-
hängnisvoll ist, dem Kind die unattraktiven Fibelgeschichten vorzusetzen und dann auch noch so zu tun, »als ob«.

Das ist jedoch nicht das einzige Beispiel von Unehrlichkeit seitens
der Erwachsenen, mit dem der Schulanfänger konfrontiert wird. So
gut wie jedes Kind – und eigenartigerweise auch gerade diejenigen,
die später beim »echten« Lesen massive Schwierigkeiten bekommen -,
kann die simplen Geschichtchen, die ja nur aus wenigen Sätzen beste-
hen, schnell auswendig. Es wird aber auch hier »so getan, als ob«: Als
könne jedes Kind die Fibelseiten **echt lesen!**

Und hier steckt die Tücke des Objekts in mehrfacher Hinsicht:

● Eltern und Lehrer merken es erst sehr spät, wenn ein Kind nicht
lesen kann. Wertvolle Monate werden vergeudet, ohne spezifische

Fördermaßnahmen einzuleiten. So wird der Abstand des leseschwachen Kindes vom Klassendurchschnitt immer größer und daher auch immer schwerer aufzuholen.

● Irgendwann werden die Texte länger und komplexer, so daß sie nicht mehr so leicht fotografisch gespeichert werden können. Nun beginnt die Arbeit des »Ent-Zifferns«. Das bedeutet für viele Kinder ein zusätzliches Moment der Demotivation. Bisher war ihnen vorgegaukelt worden, das Lesen sei ganz einfach, ohne Mühe und Anstrengung zu erlernen. Es gibt auch Stimmen, die allen Ernstes behaupten, es sei doch »so motivierend«, wenn die Kinder schon »nach einigen Tagen« lesen könnten. Nun frage ich Sie: Was ist eine Motivation wert, die im Zeitraum von »Tagen« rechnet? Der Mensch soll **ein ganzes Leben lang** freudig arbeiten und lernen. Und gerade zu Beginn des ersten Schuljahres ist ja das Zur-Schule-Gehen alleine schon Motivation genug! Später wird das leider anders. Wozu soll ich schließlich und endlich Kindern, die **arbeiten wollen**, vormachen, in der Schule bräuchten sie nicht zu arbeiten? Das halte ich nicht nur für töricht, sondern auch für verantwortungslos. Ich meine im Gegenteil, daß wir kein Hehl aus der Tatsache zu machen brauchen, daß hier gelernt und gearbeitet wird, und daß das schön und befriedigend ist. Wenn wir einerseits Arbeit und Anstrengung als etwas Unangenehmes, unbedingt zu Vermeidendes hinstellen, brauchen wir uns andererseits nicht zu wundern, wenn so viele Jugendliche daran nicht interessiert sind. Es gibt also erstens keinen wirklich überzeugenden Grund dafür, »so zu tun, als ob« Lernen ohne Einsatz möglich sei und es ist zweitens auch gar nicht möglich, diese Behauptung über einen längeren Zeitraum aufrechtzuerhalten.

Welche Schlußfolgerung können und müssen wir also aus dem eben Gesagten ziehen?

Wohl die, daß Arbeit ruhig als solche deklariert werden darf, und daß es nicht darauf ankommt, sie zu vermeiden, sondern darauf, den Kindern Zugang zu der damit verbundenen Befriedigung zu verschaffen.

Nun sind verschiedene Postulate unter einen Hut zu bringen:

- Der Lesestoff soll anregend sein.
- Die Kinder sollen nicht glauben, auswendig Gelerntes sei gelesen.
- Die neuen Buchstaben sollen gelernt und geübt werden.
- Dem Lehrplan, der – zumindest in Bayern, wahrscheinlich aber auch in anderen Bundesländern – ein gemischtes ganzheitlich-synthetisches Leselernverfahren vorschreibt, soll Genüge getan werden.

Dieses nur scheinbare Dilemma kann sehr leicht gelöst werden.

Durch das Erzählen der Buchstabengeschichten steht uns ein kindgemäßer, interessanter Lesestoff zur Verfügung.
Zu jeder Geschichte gibt es ein Gedicht, gelegentlich auch ein Lied. Das betreffende Blatt kommt in die Lesemappe. Das Gedicht lernen alle Kinder auswendig. Ich betone ihnen gegenüber auch, daß wir die Verse vorläufig auswendig lernen müssen, weil wir natürlich am Anfang noch nicht alles lesen können.

Arbeit mit Ganzwörtern

Ein oder zwei Wörter aus dem Gedicht werden jeweils ganzheitlich gespeichert. Das möchte ich an einem Beispiel verdeutlichen:
Zu der Geschichte von »Anton mit dem langen Arm« lernen wir das Ganzwort »Anton«. Ich schreibe nun für jedes Kind ein Wortkärtchen.

```
┌─────────────────────────┐
│                         │
│        Anton            │
│                         │
└─────────────────────────┘
```

Dafür nehme ich farbigen Fotokarton, den ich mir vom Buchdrucker im Format 10 x 5 cm zuschneiden lasse. Auf die Rückseite des Kärtchens wird ein passendes Bild gemalt, hier also der Anton mit seinem langen Arm. Im Lauf der ersten Schulmonate bekommt jedes Kind insgesamt ca. 30 – 40 solcher Kärtchen: rot für die Substantive, gelb für die Verben, grün für die Adjektive und lila für alle übrigen Wortarten. Bilder werden nur auf die roten gemalt. Das Entziffern dieser Kärtchen heißt bei uns aber wohlweislich nicht »lesen«, sondern »auswendig lesen«. Warum, ist nach den obigen Ausführungen sicher jedem klar.

Mit diesen Lesekärtchen können nun verschiedene Aktivitäten verbunden werden:

- Ich sage ein Wort und die Kinder halten die entsprechende Karte hoch.
- Ich zeige eine Karte, und die Kinder suchen die selbe und halten sie hoch.
- Ich zeige eine Karte, und die Kinder nennen mir das Wort, das darauf steht.
- Zwei Kinder bearbeiten den Kärtchenstoß. Eines zeigt die Karte, das zweite liest. Richtig gelesene Kärtchen bekommt der Leser, die falschen werden nochmal geübt.
- Die Wörter auf den Kärtchen werden abgeschrieben, mit den Buchstabenklötzen zusammengesetzt oder mit dem Stempelkasten gestempelt.
- Die auswendig gelesenen Ganzwörter werden mit Hilfe der Karten auf einem Übungsblatt mit verschiedenen Wörtern identifiziert und farbig nachgefahren oder ausgemalt.
- Eine einfache Bingo-Variante kann damit gespielt werden: Jeder der Spieler legt auf seinen Platz drei Reihen mit je drei Kärtchen untereinander, so daß sich ein Spielfeld aus 3x3 = 9 Kärtchen ergibt.

Der Spielleiter mischt seinen eigenen Kärtchenstoß und liest dann ein Wort. Wer von den Spielern dieses auf seinem »Spielfeld« sieht, legt eine Linse (oder ein gefärbtes Reiskorn oder einen Spielchip usw.) darauf. Es kann vorkommen, daß ein Kind das Wort »Maus« zwar hat, aber nicht entdeckt, und dann hat es sich um diesen Spielpunkt gebracht. Der Spieler, der zuerst eine waagrechte oder senkrechte oder diagonale Reihe von drei Linsen voll hat, ist der Sieger.

Obwohl ich so gut wie nie mit den Kindern Gewinnspiele mache, finde ich doch dieses Wörter-Bingo empfehlenswert, weil hier nicht immer der Beste gewinnt, sondern auch der, der eben »Glück« hat. Das Spielfeld aus den 3x3 Kärtchen ist ja nicht bei jedem Kind gleich aufgebaut und angeordnet. Es liegen auch nicht bei jedem Spieler die gleichen Wörter auf dem Platz . Wenn es also heißt »Maus«, so muß nicht jeder diese Karte haben. Und je mehr das Wörter-Bingo geübt wird, desto seltener übersehen die Kinder ein aufgerufenes Wort, das heißt, daß es immer mehr zu einem Glücksspiel wird, bei dem das Gewinnen nicht von der Lesefähigkeit abhängt.

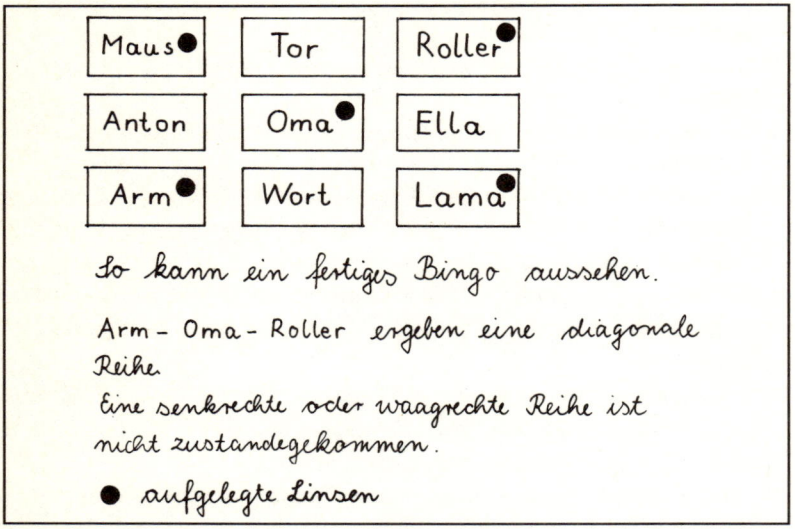

Später kann das Spielfeld auf 4x4 oder 5x5 Karten erweitert werden. Es ist auch möglich, nur Karten von einer Farbe, z.B. nur die roten, aufzulegen.

Wenn der Spielleiter die Wörter von einer Liste statt von seinen eigenen Kärtchen abliest, sehen die Spieler nicht gleich, welche Farbe das gesuchte Wort haben muß.

Ein praktischer Tip:
Ich lasse immer auf die Rückseite der Kärtchen den Namen des Besitzers schreiben. Das ist sehr wichtig, denn sonst kommt es beim Spielen bald zu Verwicklungen, weil nicht mehr geklärt werden kann, welche Karte wem gehört.

Arbeit mit einzelnen Buchstaben

Die Buchstabengeschichte ist erzählt, alle Kinder wissen, wie das Aa, Ee, Mm oder was auch immer aussieht. Das dazupassende Gedicht wurde gelernt und gemeinsam aufgesagt. Die Blätter für die Lesemappe sind ausgeteilt.

Und nun sollen die Kinder mit dem Blatt arbeiten. Besonders beliebt ist immer wieder die **Buchstabenjagd.** Das ist eine Übung, die trotz oder wahrscheinlich gerade wegen ihrer Einfachheit von allen meinen Schülern mit Begeisterung gemacht wird. Wir brauchen dazu Buntstifte und gefärbten Reis.

Das Färben von Reis geht ganz einfach. Sie rühren Lebensmittelfarbe aus der Tube mit etwas Wasser an, legen Reiskörner hinein, verrühren alles gut und lassen es über Nacht trocknen.

Auf jeden Gruppentisch stelle ich einen Behälter mit gefärbten Reiskörnern — am liebsten nehme ich die kleinen runden Camembertschachteln dafür her. Nun wird »Jagd« auf den neuen Buchstaben, z.B. das »T t«gemacht. Überall, wo er in dem Gedicht vorkommt, wird ein Reiskorn hingelegt. Danach werden alle »T t« farbig nachgefahren.

So sieht das dann beispielsweise bei dem T-Gedicht von Tom Trampeltier aus:

Tom Trampeltier

Tom Trampeltier,
der trampelt hier
von eins bis vier
so wie ein Stier.
Von vier bis sieben ist er still,
weil er nicht mehr trampeln will.
Dann macht er brav die Augen zu:
Tom Trampeltier gibt endlich Ruh'!

Wenn das aktuelle Gedicht »durchgejagt« ist, können auch die bereits früher gelernten bearbeitet und nach dem neuen Buchstaben durchsucht werden. Die Kinder sehen, wie ihre Blätter immer bunter werden. Bald sind dann schon einzelne Wörter vollständig nachgefahren, das heißt, sie können »richtig« gelesen werden.

Wie die verschiedenen Buchstaben noch durch rechtshirnige Tätigkeiten und auch kinesiologisch gesichert werden, führe ich in den Abschnitten über das gehirnfreundliche Lernen und die Propylaxe von Lernstörungen aus.

An dieser Stelle möchte ich, nachdem von der Arbeit mit Ganzwörtern und einzelnen Buchstaben die Rede war, folgerichtig zum »echten« Lesen übergehen.

Übungen zum »echten« (synthetischen) Lesen

Da hier die Übungsmöglichkeiten von der Zahl der bereits gelernten Buchstaben abhängen, beginnen wir das »richtige« Lesen sehr einfach, nämlich mit **Wörterlisten.**

Diese werden dann bald ergänzt durch **kleine Erzähltexte** - teils zu den Buchstabengeschichten, teils aber auch unabhängig von diesen, und durch kurze **Eigentexte der Kinder.**

Ebenfalls sehr bald, genaugenommen schon ab dem zweiten Schultag, biete ich den Kindern die Möglichkeit der **Lese-Freiarbeit.**

Und wenn so gut wie alle Buchstaben bekannt sind, kommt der »Hit« unseres Leselehrgangs: eine Sammlung von **Kindergeschichten,** in erster Linie über die Kinder aus der jeweiligen Klasse, aber auch über welche, die ich früher einmal unterrichtet habe.

Doch nun gehen wir systematisch und der Reihe nach vor und beginnen mit den

Wörterlisten

Ich teile Blätter aus, auf denen eine Reihe von Wörtern steht, die erlesen werden sollen. Während alle mit ihrer Freiarbeit (siehe dazu auch S. 53 ff.) beschäftigt sind, gehe ich herum und lasse mir die Liste von einzelnen Kindern vorlesen. Wer das kann, bekommt auf sein Blatt ein Herz gemalt. Das ist das Zeichen für »erledigt«. Ein Bildstempel oder etwas Ähnliches erfüllt natürlich den gleichen Zweck. Das Namenszeichen allein erscheint mir allerdings als zu wenig, zu sachlich.

Ich habe mit meiner jetzigen Klasse in dieser Reihenfolge begonnen, die Buchstaben zu lernen:

A M O R T W E L K N I D S U F usw.

Bei dieser Anordnung kann nach vier Buchstaben eine erste, kleine Liste zusammengestellt werden.

A M O R

Mama

Oma

Arm

Rom

Moor

Omo

Marmor

Rama

Die nächsten drei Buchstaben brachten in meinem Leselehrgang keine nennenswerte Erweiterung der Kombinationsmöglichkeiten. Aber ab dem »L« – der Nummer acht – standen uns jede Menge Übungswörter zur Verfügung, und die Arbeit mit den Wörterlisten wurde für einige Zeit zu einem festen Bestandteil unseres Lesetrainings. Ich hatte übrigens nie den Eindruck, daß die Kinder diese Übungen als etwas Unangenehmes oder Langweiliges betrachteten, sondern vielmehr den, daß sie es als eine Art »Sport« ansahen, möglichst viele richtig erlesene Wörter zu »sammeln« und »abzuhaken«.

Und da nach der ersten Liste jeder genau wußte, was zu tun war, gab es auch keine Notwendigkeit für lange Erklärungen, so daß die zur Verfügung stehende Zeit wirklich voll zum Arbeiten benutzt werden konnte.

Denn gerade die unnötige Vielfalt der Aufgaben, die sich in den fertigen Arbeitsheften zu den verschiedenen Fibeln findet, erschwert das Vorgehen, weil oft mehr Zeit zum Erklären der Aufgaben benötigt wird als hinterher zum Bearbeiten selbst. Außerdem halte ich es nicht nur für verwirrend, sondern auch schlicht für überflüssig, die Tatsache, daß das Lesen geübt werden soll, so raffiniert zu »tarnen«. Meine Gründe hierfür habe ich bereits ausführlich erläutert.

Schließlich muß auch hier – wie immer! – besonders an die **schwächeren Schüler** gedacht werden, für die ja nicht nur das **Durchführen**, sondern auch das **Erfassen** von Arbeitsaufträgen ein Problem darstellt. Ihnen ist am besten gedient, wenn sie wenige, klare Anweisungen erhalten. Denn auch sie, die in so vielen Klassen Disziplinschwierigkeiten verursachen, weil sie mit den ihnen gestellten Aufgaben nicht zurechtkommen und ihre Aktivitäten dann ganz folgerichtig in anderen Bereichen entfalten, **wollen** meiner Erfahrung nach arbeiten, aber sie müssen eben wissen, **was** und **wie**!

Und noch eine interessante Beobachtung möchte ich Ihnen nicht vorenthalten: Ich habe bemerkt, daß die ängstlichen und weniger selbstbewußten Kinder von zu vielen Arbeitsmöglichkeiten auf dem engen Raum einer einzigen Seite abgeschreckt werden. Ein Mädchen, an das ich mich aus der Zeit, als ich noch mit einer Fibel arbeitete, besonders erinnere, wollte sich bei jeder neuen Übung vergewissern, daß sie wirklich alles richtig verstanden habe und fing immer erst zu arbeiten an, wenn sie mein »Placet« eingeholt hatte. Doch war sie nicht der einzige derartige »Fall«, sondern nur ein besonders eindeutiger.

Haben Sie also keine Scheu, mit einfachen, »ungetarnten« Übungen zu arbeiten! Hier liegt die Attraktion in der Lust am Können.

Weitere Beispiele für Wörterlisten finden Sie im ANHANG 2.

Kleine Erzähltexte

Sie sollen in erster Linie »Lesespaß« machen. Zunächst gibt es Texte, die in wenigen kurzen Sätzen die Handlung aus der Buchstabengeschichte oder einen Teil davon zusammenfassen.

Mit steigender Lesefertigkeit werden den Kindern auch andere Texte angeboten, zum Beispiel einfache Nacherzählungen von Märchen oder aus einem Kinderbuch.

Brauche ich dafür einen Buchstaben, den wir »offiziell« noch nicht gelernt haben, so verwende ich ihn trotzdem, kennzeichne ihn aber durch einen daruntergesetzten Punkt. Die Kinder wissen dann, daß sie ihn nicht zu kennen brauchen und fragen mich danach. Wenn der Lesevorgang als solcher beherrscht wird, spielt es ja keine Rolle, ob ein einzelner Buchstabe erfragt wird oder schon bekannt ist. Gerade die Kinder, denen in der Schule nicht die Lust am Lesen von vornherein vergällt wird, **wollen** lesen und holen sich dazu auch Bücher (die bei uns in der Klasse immer ausliegen). Da kommt es sehr häufig vor, daß irgendwer, mit dem Finger auf einen unbekannten Buchstaben zeigend, zu mir kommt, fragt:»Wie heißt denn **der**?« und nach erhaltener Antwort zufrieden weiterliest.

Nun möchte ich Ihnen einige konkrete Textbeispiele bringen.

Zu der Geschichte von Fredi Frosch, der in seinem Einweckglas sitzt und davon träumt, ein verzauberter Prinz zu sein, gibt es folgendes Leseblatt:

Fredis Traum

Fredi hört, wie die Mutter ein Märchen liest.
Er will ein Prinz sein.
Er will, daß ihn die Kinder küssen.
Fredi ruft: Quak, quak!
Die Kinder rufen: Fredi, sei still!

Besonderen Spaß haben alle an der Geschichte von der hopsenden Hilda, die nur denken kann, wenn sie sich bewegt und ganz dumm wird, wenn sie stillsitzen muß:

Wer ist denn das?

Hilda kann toll hopsen.
Sie will auch immer nur hopsen.
Sie hopst sogar im Bett.
Alle fragen: Was ist denn das?
Ist das ein Ball oder ein Kind oder ein Hund oder **was**?
Das ist Hilda!

In diesem Text sind B, p, au und ch als unbekannte Buchstaben gekennzeichnet.

Als wir das Sch sch lernten, kochten wir in der Schule Schokoladen-fondue. Das Rezept hierfür kam dann in unsere Lesemappe.

Warum das Essen neben einer Reihe anderer »sinnesbetonter« Aktivitäten so wichtig ist, wird in dem Abschnitt über »gehirnfreundliches Lernen« genauer ausgeführt.

Und hier das Rezept:

Schokoladen-Fondue

Schokoladen-Fondue schmeckt schrecklich gut.
Es geht ganz einfach:
Du mußt die Schokolade mit etwas Sahne schmelzen.
Dann kannst du Obststücke in die Schokolade tauchen:
Apfel, Banane oder Orange.
Das schmeckt!

Hier sind z, p und ß als unbekannt gekennzeichnet.

Großer Beliebtheit erfreuen sich auch die Texte, die sich mit unserem Vorlesestoff befassen.

So kopierte ich aus der »Pippi Langstrumpf« das Bild, auf dem Pippi gerade die beiden Kinder aus dem brennenden Haus rettet und schrieb einige Sätze dazu (siehe Abbildung).

Eine Zusammenfassung des Andersen-Märchens vom Däumelinchen
teilte ich auf drei Leseblätter auf:

Däumelinchen 1

Es war einmal ein kleines Mädchen, das war nur so groß wie ein
Daumen.
Es hieß Däumelinchen. Sein Bett war eine halbe Nuß.
In der Nacht kam eine Kröte. Die Kröte nahm Däumelinchen mit.
Der Sohn der Kröte sollte sie heiraten.
Däumelinchen wollte weg. Aber sie konnte nicht.
Sie saß auf einem Seerosenblatt. Die Fische nagten den Stengel ab.
Da schwamm das Blatt weg.

Gelegentlich gibt es zu den Geschichten auch Arbeitsblätter, auf
denen Fragen beantwortet, Lücken ausgefüllt oder Bilder gezeichnet
werden sollen. Eine Fülle von Anregungen hierzu finden Sie in dem
Abschnitt über die Lese-Freiarbeit (S. 53 ff.).

Hier möchte ich ein Beispiel zur Däumelinchen-Geschichte bringen.

Arbeitsblatt zu **Däumelinchen 1:**

Fülle ein und antworte:
Das Mädchen war so groß wie ein . . . .
Sein Bett war eine halbe . . . .
Wer nahm Däumelinchen mit?
. . . .
Wer wollte Däumelinchen heiraten?
. . . .
Wo saß Däumelinchen?
Auf einem . . . .
Wer nagte den Stengel ab?
. . . .
Male, wie die Fische den Stengel abnagen:

Däumelinchen 2

Der Maikäfer raubt Däumelinchen. Sie gefällt ihm so gut.
Aber die anderen Maikäfer mögen das schöne Mädchen nicht.
Im Herbst kommt Däumelinchen zu der Feldmaus.
Die Feldmaus will, daß Däumelinchen den grantigen
Maulwurf heiratet.

Däumelinchen 3

Däumelinchen war so froh, daß es mit der Schwalbe in den Süden
fliegen durfte.
Sie sahen wunderbare Landschaften.
Sie sahen weiße Schlösser und herrliche Blumen.
Eines Tages kamen sie auf eine Blumenwiese. In jedem Blütenkelch
saß ein Blumenelf.
Der Elfenkönig nahm Däumelinchen zur Frau. Er setzte ihr seine
Krone auf und nannte sie Maja.
Nun war Däumelinchen glücklich.

Zum ersten April findet sich eine kurze Geschichte im alten Bayerischen Lesebuch[6] für das 2.Schuljahr (Erscheinungsjahr 1954!), die ich
für unsere Lesemappe abschreibe und die bei den Kindern sehr gut
ankommt und mit Begeisterung gelesen wird.

Hier kann ich auf einen weiteren Exkurs über die Qualität von Lesetexten nicht verzichten.

Alte Lesebücher – und mit alt meine ich jetzt solche aus den 50er
Jahren – bilden eine unschätzbare Fundgrube für einfache, kindgemäße Geschichten, die nicht – wie oft in den »modernen« Fibeln –
problemüberfrachtet sind, sondern »nur« zum Spaß gelesen werden
können.

Ich erinnere mich heute noch gern an meine Lesebücher mit ihren
schönen Illustrationen und kann mir gar nicht vorstellen, daß zu

deren »modernen« Nachfolgern ebensolche emotionalen Beziehungen aufgebaut werden können.

Wie Ihnen sicher aufgefallen ist, habe ich das Wort »modern« zweimal in Anführungszeichen gesetzt. Wundern Sie sich darüber? Nun, ich will damit sagen, daß das scheinbar Moderne so modern gar nicht ist. Denn wenn man den gegenwärtigen Trend aufmerksam verfolgt, so kann man eine eindeutige Flucht vor der Regelschule hin zu den freien Schulen feststellen. Und diese wiederum − seien es nun Waldorf-, Montessori- oder Freinetschulen − haben eben mit diesem vordergründig »Modernen« sehr wenig im Sinn, sondern pflegen das »altmodisch« Kindgemäße und legen auch Wert auf manche anderen »altmodischen« Fähigkeiten, wie in der einschlägigen Fachliteratur[7] nachgelesen werden kann.

Ich plädiere nun zwar nicht dafür, die Schule der 50er Jahre wieder zum Leben zu erwecken. Wohl aber meine ich, daß im Zuge mancher Neuerungen, die einige der Praxis entfremdete »Experten« am grünen Tisch aushecken, auch Sinnvolles wegreformiert wurde, und daß der Erfolg, den beispielsweise die Montessorischulen haben, unter anderem auch darauf beruht, daß ihnen niemand ihre schönen, sinnvollen, ganzheitlichen Arbeitsweisen weggenommen hat.

An den Regelschulen beginnt jetzt auch langsam die Be-Sinnung, das heißt: ganzheitliches Arbeiten wird wieder »modern«, der Wert der musischen Fächer immer weniger bestritten.

Um nun wieder zu den Lesebuchtexten zurückzukommen, von denen ich ausgegangen bin: Es paßt zu dem paradoxen Nebeneinander von Über- und Unterforderung, daß den allzu simplen Texten der Anfängerfibeln viel zu lange Geschichten in den Zweitklaßfibeln folgen. Deshalb mein Loblied auf alte Lesebücher. Sie beinhalten einfache, kurze Erzählungen, die sich mit kindgemäßen Themen befassen und deshalb weit eher zum gründlichen Lesen animieren.

Nun möchte ich Ihnen aber die »altmodische« Geschichte, deretwegen ich so viele Worte gemacht habe, nicht länger vorenthalten. Hier ist sie:

Erster April

Es war der erste April. Lore saß still in ihrem Puppenwinkel. Draußen regnete es, und dann schneite es immer wieder, sie konnte nicht in den Garten hinaus.

Da kam Onkel Wilhelm ins Zimmer. Hast du es schon gesehen, Lore? rief er. Auf der Straße sitzen sechs Spatzen, und jeder hat einen Regenschirm aufgespannt.

Wo, wo? rief Lore und lief zum Fenster. Ich sehe keine Spatzen mit Regenschirmen.

Ich auch nicht, sagte der Onkel. Dafür ist heute der erste April, wo man alle Leute anführen darf.

Daran hatte Lore gar nicht gedacht. Zum zweiten Male lasse ich mich gewiß nicht in den April schicken, meinte sie.

Als aber der Vater nach Hause kam und rief: Lore, du hast ja einen großen Tintenfleck auf der Nase, lief sie doch schnell zum Spiegel, um nachzusehen.

Alle lachten. Die Mutter aber sagte: Jetzt laßt mein kleines Mädel in Ruhe! Nächstes Jahr, wenn sie größer ist, wird sie euch alle in den April schicken. Gebt nur acht!

Helene Stökl[8]

Für mich ist bei allen diesen Texten die ausschlaggebende Frage: Sind sie so spannend, ansprechend, lustig, interessant oder was auch immer, daß sie **gerne** gelesen werden? Wenn nein, verzichte ich lieber darauf.

Gerade auf diese Weise – weil Lesebereitschaft und Aufnahmefähigkeit nicht so schnell abgenutzt werden – gelingt es mir dann auch, den Kindern ausgefalleneren Lesestoff in Form von Lyrik verschiedenster Art schmackhaft zu machen. Nun gehört die Beschäftigung mit Gedichten im Zusammenhang mit dem Lesenlernen eigentlich zum Bereich »gehirnfreundliches Arbeiten« und wird im entsprechenden Abschnitt auch näher betrachtet. Doch da es ohnehin nicht möglich ist, die einzelnen Gebiete sauber zu trennen, weil sie – genauso wie unser Gehirn ja auch – durch vielfache Beziehungen untereinander verbunden und vernetzt sind, möchte ich im Anschluß an die Lesetexte noch einige Verse bringen, die sich so »ganz nebenbei« aus dem Unterricht ergeben haben und deren Lektüre uns allen viel Spaß machte. Der umgangssprachliche Wortschatz, der hier völlig legaliter verwendet wurde, übte auf die Kinder einen besonderen Reiz aus und sie fanden es toll, so flotte Sprüche selber lesen zu können.

Sei kein Blödel, iß die Knödel!

Hört der Frosch nicht auf zu quaken, mußt du ihn am Halse packen!

Grisel, grasel, grusel! Die Geister trinken Fusel!
Grusel, grasel, grimm! Das ist doch nicht so schlimm!

Nur nicht hudeln, heut gibt's Nudeln!

Mein Anliegen ist sicher auch hier wieder klargeworden: Lesen muß zuallererst einmal Spaß machen! Das ist die Grundlage, auf der alles andere gedeiht! Ich weiß, daß ich das bereits an anderer Stelle gesagt habe, halte es aber für so außerordentlich wichtig, daß ich es mir einfach nicht verkneifen kann, gelegentlich darauf zurückzukommen. Auch eine gewisse Redundanz ist ein Kennzeichen gehirnfreundlichen Vorgehens.

Weil aber gerade vom Spaß am Lesen die Rede war, möchte ich im Hinblick darauf gleich noch eine Variante von Lesetexten wärmstens empfehlen. Es sind dies die

Eigentexte von Kindern

Diese Bezeichnung ist eigentlich irreführend, wenn wir vom konventionellen Unterricht ausgehen. Denn sie erweckt bestimmt gleich die Vorstellung von Kindern, die selber Geschichten schreiben als Lesestoff für ihre Mitschüler. Ganz so kann es natürlich zu Beginn der ersten Klasse noch nicht sein, aber so ähnlich ist es schon.

Also: Wer mag, kann − zu Hause oder in der Schule − ein Bild malen, auf dem Gegenstände oder Situationen abgebildet sind, über die er sich gerne äußern möchte. Ich schreibe dann nach Diktat des Kindes einen oder mehrere Sätze auf das Blatt.

Diese Texte setzen wir nun auf verschiedene Weise ein:

● Wir kopieren das betreffende Blatt und teilen es für alle Kinder als Lesestoff aus

oder

● das Blatt bleibt in der Lesemappe als individueller Übungstext für den Verfasser

oder

• mehrere – immer die aktuellen – Geschichtenblätter werden an der Pinn-Wand ausgestellt, so daß die Kinder sie dort lesen und sich auch gegenseitig vorlesen können.

Nachdem sie abgenommen wurden, können die Blätter in einem Ordner gesammelt werden, der auf dem Lesetisch bei den Büchern liegt und so auch allen Kindern zugänglich ist. So eine Geschichtenmappe kann übrigens auch leicht zu Hause angelegt werden.

Und nun, nachdem so oft schon davon die Rede war, sollen Sie etwas erfahren über unsere

Freiarbeit

Es geht an dieser Stelle natürlich nur um **den** Teil der Freiarbeit, der sich mit dem Lesen befaßt. Was hier aber Grundsätzliches gesagt wird, ist selbstverständlich auf andere Bereiche übertragbar.

Ich lege großen Wert darauf, daß die Kinder sich bereits in den ersten Schultagen daran gewöhnen, sich selber Arbeitsmaterial zu nehmen und dieses weitgehend allein zu bearbeiten. Getreu meinem Grundsatz, daß es besser ist, zum Lernen zu verlocken als es anzuordnen, lege ich auf einer Extra-Bank vom zweiten Schultag an besonders motivierende Arbeitsblätter aus. Da ich es für wichtig halte, daß ohne große Erklärungen gleich mit sinnvoller Beschäftigung begonnen werden kann, sind an das Material gewisse Anforderungen zu stellen:

Es muß nicht nur »verlockend« gestaltet sein, sondern auch leicht verständlich.

Deshalb warte ich mit gezielten Lese-Übungen noch, bis die grundlegenden Arbeitsweisen bekannt sind, und lege in den ersten beiden Schulwochen hauptsächlich Mal- und Schreibblätter aus. Besonders empfehlen kann ich für diesen Zweck das »Marburger graphomotorische Training«[9] und den »Mandala-Malblock«[10] von Rüdiger Dahlke. Beides läßt sich auch ohne Vorkenntnisse sehr gut zu Hause einsetzen! Das Mandala-Malen ist außerordentlich konzentrationsfördernd.

Nach und nach biete ich auf der Freiarbeits-Bank dann auch Leseblätter an. Es handelt sich aber wohlgemerkt immer um ein Angebot, das heißt, jeder entscheidet selbst, womit er sich beschäftigen möchte.

Aus dem Mandala-Malblock
v. Rüdiger Dahlke

Aus den Marburger graphomotorischen Übungen

Wenn die Kinder morgens in die Klasse kommen, dürfen sie sich also eines der bereitliegenden Blätter aussuchen und bearbeiten. So wird es für sie bereits von Anfang an völlig selbstverständlich, sich selbständig Arbeit zu holen. Und gerade die Einführung der Freiarbeit gleich von Anfang an und so ganz nebenbei ist so wirkungsvoll, wie es später — wenn sich erst einmal andere Verhaltensweisen eingeschliffen haben — kaum noch möglich ist.

Ich werde bei Vorträgen manchmal gefragt, ob »das alles« denn nicht ungeheuer arbeitsaufwendig und organisatorisch schwierig sei. Andererseits beklagen sich immer mehr Kollegen über Disziplinschwierigkeiten. Ich weiß auch aus eigener Anschauung, daß in vielen Klassen vor dem Unterricht bis zum Läuten herumgetobt wird und es dann den Lehrern natürlich schwerfällt, erst einmal alle zur Ruhe zu bringen. Wenn ich nun daran denke, um wieviel angenehmer das Arbeiten in einer ruhigen, ausgeglichenen Atmosphäre ist, wie sie sich sehr schnell einstellt, wenn alle Kinder ihrer Beschäftigung nachgehen, so meine ich, daß auch ein größerer Arbeitsaufwand als der tatsächlich erforderliche sich dafür lohnen würde.

Und auf die Frage, ob denn die Einführung von Freiarbeit nicht sehr aufwendig sei, kann ich nur mit nein antworten. Sicher müssen Sie sich nach geeignetem Material umsehen, Blätter schreiben, vervielfältigen und kopieren.

Aber erstens gibt es eine ordentliche Auswahl an fertigen Vorlagen (siehe Bibliographie) und zweitens muß ja hier Rom nicht an einem Tage erbaut werden. Wenn Sie erst einmal »Blut geleckt« haben, werden Sie ohnehin nie mehr so arbeiten wollen wie früher. Das behaupte ich jetzt nicht nur aus eigenem Erleben, sondern ich beziehe mich hier auch auf die Feedbacks von Kolleginnen, die ich mit dem Virus des »alternativen Lesenlernens« bereits angesteckt habe, und die mir ebenfalls berichten, das alles sei nun, verglichen mit der Plackerei von früher, ein »Kinderspiel«.

In den ersten Schulwochen gibt es Mal- und Schreibblätter, später abwechselnd mit Leseblättern. Auch die Simile-Serie[11] aus dem Jugend und Volk Verlag in Wien steht zur Verfügung.

Simile-Serie: Spiel, bei dem gleiche und ähnliche Bilder unterschieden werden müssen.

Nach ungefähr 6 Schulwochen – so ganz genau kann ich das nicht sagen, denn ich richte mich da immer nach meiner jeweiligen Klasse – lege ich nur noch Schreib- und Leseblätter aus. Und nach dem ersten Schuljahresdrittel – das ist bei uns in Bayern ab den Weihnachtsferien – führe ich richtige Freiarbeitsphasen ein, in denen gelesen, gerechnet oder geschrieben wird.

Außer dem Lesekurs, auf den ich jetzt gleich näher eingehen werde, gibt es dann auch noch Lesepuzzles und die MiniLük Lesehefte (siehe Bibliographie).

Der Lesekurs

Er wird – zusätzlich zu Leseblättern, die von allen im gemeinsamen Unterricht bearbeitet werden – in der Freiarbeit angeboten.

Zur Zeit besteht er bei mir aus 90 numerierten Blättern mit steigendem Schwierigkeitsgrad. Die Art der Arbeitsaufträge, die dort gestellt werden, lassen sich wieder in einige wenige und überschaubare Kategorien einordnen, die ich jetzt der Reihe nach aufzählen werde. Genauere Hinweise zu den Arbeitsblättern finden Sie im ANHANG 3.

- **Welches Wort paßt zum Bild?**
- **Welcher Satz paßt zum Bild?**
- **Zu einem Wort wird das passende Bild gemalt**
- **Zu einer Wortgruppe wird das passende Bild gemalt**
- **Zu einem Satz wird das passende Bild gemalt**
- **Stimmt das? Schreibe ja oder nein!**
- **Angefangene Bilder werden fertiggemalt.**
- **Streiche die falschen Sätze durch!**
- **Beantworte Fragen zu der Geschichte!**
- **Lies! Male die Bilder fertig! Wie geht die Geschichte aus?**
- **Lies! Male alles, was in der Geschichte steht.**

Die Blätter dieses Lesekurses werden von den Kindern sehr gerne bearbeitet. Ich bewahre sie – jeweils einen Klassensatz von einer

Welches Wort paßt zum Bild? Kreuze an! ⊗

○ Esel
○ Ente
○ Emil

○ Lampe
○ Laterne
○ Ampel

○ Tasse
○ Tasche
○ Tante

○ Wolle
○ Welle
○ Wolke

○ Kasten
○ Katze
○ Karte

○ Sattel
○ Soße
○ Sonne

○ Bart
○ Balken
○ Ball

○ Leiter
○ Leim
○ Leinen

○ Vase
○ Vater
○ Vogel

Nummer in einer Klarsichthülle — in einem Leitzordner auf, der in unserem Freiarbeitsregal steht und immer zugänglich ist.

Ich biete allerdings nicht alle 90 Blätter auf einmal an, das wäre ja viel zu unübersichtlich und würde gerade die schwächeren Schüler sicher davon abhalten, sich mit diesem Material zu beschäftigen. Nein — am Anfang kopiere ich erst einmal 5 Nummern und erweitere dann das Angebot immer wieder um einige Blätter. Da kommt es dann natürlich schon vor, daß die Leseratten zwischendurch warten müssen, bis ihnen wieder Arbeit zur Verfügung steht. Nachdem es jedoch genügend andere Beschäftigungsmöglichkeiten gibt, ist das sogar eher ein Vorteil, weil die Kinder, die schon alles »aufgelesen« haben, sich dann eben etwas anderes holen müssen.

Ich achte zwar schon darauf, daß in den Freiarbeitsphasen mit verschiedenen Materialien aus allen Lernbereichen gearbeitet wird.

Ich finde es aber besser, wenn die Lesefans sich aus sachlichen Gründen — sozusagen »mangels Masse« — auch einmal mit Rechen- und Schreibarbeiten beschäftigen müssen und nicht, weil ich es sage. Deshalb also halte ich es auch für besser, mit dem Lesematerial nur nach und nach herauszurücken.

Wie begehrt es ist, merke ich, wenn ich einmal einige Zeit versäumt habe, für Nachschub zu sorgen. Dann werde ich sehr hartnäckig ermahnt: »Jetzt mußt aber wieder Leseblätter machen!« Das freut mich, denn es stellt eigentlich eine schulische Idealsituation dar: Der Schüler sitzt dem Lehrer solange auf, bis er wieder etwas zu arbeiten bekommt!

Im Regelfall ist es ja umgekehrt: Der Lehrer sitzt den Schülern auf, damit sie arbeiten.

Diese Idealsituation ist aber für die Freiarbeit generell typisch, denn die Kinder sind wirklich ganz wild darauf, arbeiten zu dürfen, und sie werden viel zu oft im konventionellen Unterricht von den Lehrern abgehalten, das zu tun. Das klingt grotesk, aber so ist es. Schüler brauchen motivierendes Material und eine gewisse Freiheit, sich ihre Arbeit einzuteilen. Dann sind sie — und das ist meine mit vielen Klassen gemachte Erfahrung — einfach nicht zu bremsen!

MiniLük — Lesehefte

Neben den Leseblättern werden auch sie sehr gerne bearbeitet.
Es gibt die Leseübungen 1, 2 und 3, außerdem noch Märchen, Tierge-
schichten, Spaßgeschichten usw.

Zu den Heften gehören Kontrollkästen — sie passen zu allen Mini-
Lük-Heften, unabhängig vom Inhalt — die jeweils 12 numerierte qua-
dratische Plastikplättchen enthalten.

Der Boden des Kontrollkastens ist in 12 Felder unterteilt, die
genauso groß wie die Plastikplättchen und mit schwarzen Zahlen
numeriert sind.

Hier die Gebrauchsanweisung, wie sie im Heft »Leseübungen 1« von
Sieglinde Baumgartl und Heinz Vogel[12] steht:

*»Das Kind öffnet den Kasten und legt die Plättchen so in den unbedruckten
Deckel, daß die roten Zahlen zu sehen sind.*

*Das Kind nimmt irgendein Plättchen in die Hand (z.B. das Plättchen Nr. 6)
und sucht nun die dazugehörige rote Aufgabennummer. Es sieht sich die Aufgabe an — hier das Bild vom Auto — und sucht rechts daneben in der Wör-
terauswahl das richtige Wort. Hinter diesem richtigen Wort steht eine
schwarze Zahl — hier 12 — . Das Kind soll also das Plättchen Nr. 6, welches
es gerade in der Hand hält, auf das Feld 12 der Kontrollplatte legen. Die Zahl
6 muß nach oben zeigen.*

*Danach wählt das Kind die anderen Plättchen in beliebiger Reihenfolge und
macht es ebenso. Wenn alle 12 Plättchen auf den Feldern der Kontrollplatte
liegen, will das Kind natürlich wissen, ob es richtig gearbeitet hat.*

*Das ist leicht zu prüfen: Das Kind schließt den Kasten, wendet ihn geschlos-
sen um und öffnet ihn von der Rückseite. Wenn jetzt das auf der Seite abge-
bildete Muster zu sehen ist, dann ist alles richtig.*

*Passen jedoch einige Plättchen nicht in das Muster, so hat das Kind dort Feh-
ler gemacht.*

*Es wendet diese Plättchen um, schließt den Kasten, legt ihn herum und öffnet
ihn wieder.*

*Die Aufgaben zu den umgewendeten Plättchen müssen noch einmal gelöst
werden. Dann kontrolliert das Kind wie vorher.*

*Das Verfahren ist — bei wechselnden Übungsformen — auf allen Seiten das-
selbe: Die roten Zahlen geben die Aufgabennummern an und entsprechen
immer den Nummern der Plättchen.*

*Die schwarzen Zahlen hinter dem Lösungswort oder -bild sagen dem
Kind, auf welches Feld der Kontrollplatte es das Plättchen legen soll.«*

Das Material kann über den Wehrfritz Versand (Adresse bei der Literaturliste) bezogen werden.

Der Kontrollkasten kann für alle MiniLük-Übungshefte benutzt werden, deren es allein für den Deutschunterricht über 40 gibt, und er kostet ca. 18 DM. Die Übungshefte kosten ca. 8 DM.

Ich sehe immer wieder, daß die Arbeit mit den MiniLük-Heften von den Kindern als ausgesprochen lustvoll erlebt wird, obwohl es sich um einfache, sich in der Art wiederholende Aufgaben handelt.

Doch gerade dieses einfache, leicht zu begreifende Hantieren mit den Plättchen und die Art der Kontrolle üben ihren Reiz aus.

Es sind übrigens auch die MiniLük-Rechenhefte sehr zu empfehlen.

Lesepuzzles

Lesepuzzles kann man leicht selbst herstellen nach den Vorlagen von Heiner Müller:

Bergedorfer Kopiervorlagen Band 19
Heiner Müller: Lesepuzzles und Lesedominos
Verlag Sigrid Persen, Horneburg/Niederelbe

Sie sind ebenfalls leicht von Eltern einzusetzen. Wie mit den Puzzles gearbeitet werden kann, sehen Sie aus der Abbildung.

Ein praktischer Tip zur Herstellung von Puzzles:
Nachdem die – auf Karton geklebte – Arbeitsplatte mit selbstklebender Folie bezogen wurde und die – ebenfalls auf Karton geklebten – Puzzleteile, die auf die Arbeitsplatte aufgelegt werden sollen, ausgeschnitten sind, empfiehlt es sich sehr, alles, was zu einem Puzzle gehört, auf der Rückseite zu numerieren.

Also: Bei Lesepuzzle Nr.1 schreiben Sie auf die Rückseite der Arbeitsplatte und jedes einzelnen Puzzleteilchens:
Lpu 1, das heißt: Lesepuzzle 1.

Auf diese Weise ersparen Sie sich die Schwierigkeiten, die sonst unweigerlich entstehen, wenn Puzzleteile hinunterfallen oder wenn

Heiner Müller: Lesepuzzles und Lesedominos – 1./2. Schuljahr
© Verlag Sigrid Persen, Horneburg/Niederelbe 1984

Seite 28

Vergleiche!   28

1	2	3
Eine Birne ist so groß wie ein . . . . Apfel (13) Kirschkern (4)	Ein Schwamm ist so weich wie ein . . . . Brett (1) Bett (9)	Ein Hammer ist so schwer wie eine . . . . Giraffe (11) Zange (5)

4	5	6
Ein Schrank ist größer als ein . . . . Stuhl (2) Haus (8)	Ein Fahrrad ist größer als ein . . . . Flugzeug (10) Roller (1)	Eine Katze ist größer als eine . . . . Kuh (5) Maus (11)

7	8	9
Ein Schwein ist dicker als ein . . . . Hund (12) Bus (3)	Ein Hund ist schneller als ein . . . . Huhn (10) Motorrad (15)	Ein Kind ist größer als eine . . . . Kirche (12) Maus (4)

10	11	12
Ein Busch ist höher als eine . . . . Blume (3) Tanne (2)	Ein Buch ist dicker als ein . . . . Heft (7) Schulranzen (13)	Ein Flugzeug ist schneller als eine . . . . Rakete (6) Straßenbahn (14)

13	14	15
Ein Hammer ist so groß wie eine . . . . Leiter (9) Zange (8)	Eine Schnecke ist so leise wie eine . . . . Ameise (15) Bohrmaschine (7)	Die Feder ist so leicht wie ein . . . . Affe (14) Blatt (6)

Banknachbarn ihre Puzzles durcheinanderbringen. Bei numerierten Einzelteilen ist sofort klar, wozu was gehört.

Es hat sich auch als sehr praktisch erwiesen, die Puzzleteile mit einem Gummi zu bündeln.

Noch etwas zur Organisation der Freiarbeit:
Es ist mein Anliegen, Ihnen in diesem Buch nicht nur einen theoretischen Hintergrund darzustellen, sondern auch die praktischen Konsequenzen, die sich daraus für die tägliche Arbeit ergeben, so genau zu beschreiben, daß Sie alles, was Sie lesen, auch tatsächlich gleich in die Tat umsetzen können.

Deshalb genügt es auch nicht, wenn ich Ihnen einerseits Appetit mache darauf, einen Teil der Leseübungen den Kindern in Freiarbeit zu überlassen, ohne andererseits darauf hinzuweisen, wie wichtig **gerade in diesem Bereich** eine durchdachte Organisation ist.

Denn so erstrebenswert und legitim es ist, Schule so zu gestalten, daß die Kinder und auch wir selber Spaß daran haben, so unabdingbar notwendig ist es auch, den trivialen Erfordernissen des Alltags ihren Tribut zu zollen.

Was will ich damit sagen?

Der Lehrer muß den Überblick haben darüber, was einzelne Schüler bereits erledigt haben.

Es muß dafür gesorgt werden, daß nicht immer wieder die gleichen Aufgaben bearbeitet werden.

Der Schüler selbst muß sehen können, was er schon gemacht hat.

Hier möchte ich Sie noch einmal an das erinnern, was ich weiter oben über die Funktionen der beiden Gehirnhemisphären gesagt habe: Wir brauchen beide, um wirklich in der Lage zu sein, unser Bestes zu geben, und das heißt in diesem Fall:

Der rechtshirnige Spaß an motivierenden Aufgaben muß ergänzt werden durch die linkshirnige Buchführung und Kontrolle.

»Nur Spaß« ohne Ordnung, Struktur und Disziplin bedeutet Chaos, und »nur Ordnung und Disziplin« ohne Spaß bedeutet Knechtschaft und sinnloses Sich-Plagen.

Deshalb gilt es auch hier wieder, das Nützliche mit dem Angenehmen zu verbinden.

Damit wir alle einen Überblick über schon geleistete und noch zu erledigende Arbeiten haben, führen wir ein »Arbeitsbuch«, das ist ein DIN A 4 – Heft , von dessen Seiten die oberen Kanten so abgeschrägt sind, daß beim Aufschlagen drei Abteilungen sicht- und greifbar sind: eine rote für Lesen, eine grüne für Schreiben und eine blaue für Rechnen.

Dann gibt es »Kontrollstreifen« in den jeweiligen Farben: rosarote für Lesen, hellgrüne für Schreiben und hellblaue für Rechnen.

Ich kopiere diese Streifen auf farbiges Schreibmaschinenpapier und lege sie im Klassenzimmer aus.

Um nun beim Lesen zu bleiben: Wenn ein Kind Leseblätter, Lesepuzzles oder ein MiniLük-Heft bearbeiten will, schneidet es sich einen rosaroten Streifen von einem DIN A 4-Blatt herunter, füllt in das große Feld ein, um welche Art Aufgabe es sich handelt und in die kleineren quadratischen Felder die fünf Nummern, die jetzt gerade »dran« sind, also entweder von 1 bis 5 oder, wenn es diese schon erledigt hat, von 6 bis 10 usw.

Der Kontrollstreifen wird dann in die entsprechende Abteilung des Arbeitsbuches geklebt, hier in die rote.

Jede Nummer, die bearbeitet ist, wird auf dem Streifen durchgekreuzt. Wenn alle 5 Nummern durchgekreuzt sind, legt mir das Kind sein Arbeitsbuch und – falls es um Arbeitsblätter geht – auch diese vor (beim Rechnen oder Schreiben oft auch das Heft, in dem gearbeitet wurde).

Ich kontrolliere dann alles und schreibe ins Arbeitsbuch neben den Kontrollstreifen das Datum, damit ich auch sehe, wie lange die einzelnen Schüler für ihre Arbeiten brauchen.

Außerdem gibt es für jeden erledigten Fünferstreifen einen Aufkleber in das Arbeitsbuch.

Die Arbeitsbücher, in denen wir über die Freiarbeit buchführen, angefangene Arbeitsblätter und die Freiarbeitshefte bewahren wir in einem Hängeregister auf, in dem jedes Kind seine eigene Tasche hat. Genau gesagt sind es zwei Register, damit sich beim Aufräumen nicht alles an einer Stelle zusammendrängt.

Vielleicht kommt Ihnen diese Prozedur sehr umständlich vor. Das ist sie aber wirklich nicht. Da dieses Vorgehen sich bei allen Aufgaben wiederholt, ist es für die Kinder auch durchschaubar. Und ein Blick in das Arbeitsbuch zeigt uns, den Lehrern, auf welche Bereiche zu wenig Wert gelegt wurde, was vielleicht mehr zu üben ist, was ein Schüler besonders gerne macht usw.

Wir haben also Überblick und Kontrolle, und beides halte ich für notwendig.

Nun sind wir in unserem Leselehrgang schon recht weit fortgeschritten: Die meisten Buchstaben sind bekannt, das Lesen unbekannter Texte ist kein Problem mehr, die Kinder kommen mit den verschiedenen Übungsformen alleine zurecht.

Zu sagen, daß Sie jetzt die Früchte Ihrer Arbeit ernten, wäre insofern irreführend, als Sie das ja schon vom ersten Tag an tun – Sie und die Kinder.

Trotzdem finde ich immer wieder, daß das letzte Drittel der ersten Klasse noch einmal eine enorme Steigerung bringt. Da geht plötzlich alles so leicht, fast wie von selbst, und die Assoziation der reifen

Kontrollstreifen blanko (gibt es in
rosa, grün und blau)

Lese kurs	11	12	13	14	15

rosa Kontrollstreifen (Lesen)
ausgefüllt

Lese kurs	11	12	13	14	15

rosa Lesestreifen bearbeitet   20.3.90 B

Rechnen
Schreiben
Lesen

Das sind die drei
Abteilungen des Arbeitsbuches

Früchte, die einfach vom Baum fallen, drängt sich mir hier richtigge-
hend auf.
So finde ich es denn auch angebracht, den Abschluß des Leselehrgangs mit etwas Besonderem zu feiern, und das sind unsere

Kindergeschichten

Um Ostern herum fange ich an, Stoff für sie zu sammeln. Ich erzähle
den Kindern, daß ich vorhabe, über jedes von ihnen mindestens eine
Geschichte als Lesestoff für die ganze Klasse zu verfassen. Das finden
sie immer ganz toll. Wer etwas erlebt hat, was er gerne allen mitteilen
möchte, soll es mir deshalb erzählen. Ich mache dann eine Kinderge-
schichte daraus. Im Laufe der letzten Schuljahresmonate entsteht so
eine Sammlung von höchst individuellen und originellen Geschichten,
die nicht nur bei den Kindern, sondern auch bei Eltern, Omas usw.
großen Anklang finden.
Damit Sie sich auch davon ein genaues Bild machen können, bringe
ich wieder eine Auswahl aus unserer Lesemappe (siehe ANHANG 4).
Eine Geschichte sei hier exemplarisch angeführt:

Das war was!

Einmal ist Michael in der Schule ein Wackelzahn rausgefallen. Er
ist unter die Bank gekugelt.
Da war gerade die Schule aus.
Einige Kinder haben gesucht und gesucht.
Dann ist der Zahn gefunden worden.
Da war Michael aber froh!

Nachdem mir sehr viel daran liegt, daß die Kinder zu ihrer Arbeit eine
positive emotionale Beziehung bekommen, daß sie also ihre Arbeit
lieben, möchte ich verhindern, daß die vielen Leseblätter und
Geschichten, die von ihnen oft wunderschön illustriert wurden, am

Ende des Schuljahres in einem Karton auf dem Speicher landen oder in irgendeiner Schublade abgelegt und vergessen werden.

Um dem vorzubeugen, bleibt unserer Material nicht in Form loser Blätter aufbewahrt, sondern wir fertigen etwas von dauerhafterem Wert daraus:

Unsere eigenen Fibeln

Es entstehen derer im Laufe der ersten Klasse drei: eine rote, eine gelbe und eine grüne Fibel. Das Herstellungsverfahren ist einfach und billig.

Für den Fall, daß Sie – ob als Eltern oder als Lehrer – auch zu so etwas Lust bekommen, möchte ich es hier kurz beschreiben:
Wenn die Lesemappen ungefähr 40 Blätter enthalten, werden sie ausgeleert und – damit nichts durcheinanderkommt – in Aktendeckel gelegt. Jedes Kind gestaltet für seine Fibel noch ein Deckblatt. Ich kaufe farbigen Fotokarton – Tonpapier ist zu wenig haltbar –, den ich auf DIN A 4 – Format zurechtschneide. Pro Fibel brauche ich zwei Kartonstücke als Buchdeckel.

Dann lege ich die geordneten Leseblätter – Deckblatt obenauf – zwischen die beiden Kartons und hefte alles mit einem großen Klammernhefter zusammen.
Die gehefteten »Fibel-Rohlinge« schauen nun natürlich noch etwas unordentlich aus, weil die Ränder noch nicht glatt sind. Ich bringe sie deshalb zum Buchbinder, um sie an den Kanten sauber schneiden zu lassen. Das kostet für alle Fibeln zusammen immer 3 bis 4 DM, ist also überhaupt nicht der Rede wert.

Die Buchrücken der Fibeln beklebe ich dann noch mit einem farblich passenden Tesa-Gewebeband. Eine Rolle mit 5m Band – 30 mm breit – kostet ca. 7 DM und reicht für ca. 12 Fibeln, den Verschnitt eingerechnet.

Aus einem DIN A 2-Fotokarton bringe ich die Buchdeckel für zwei Fibeln heraus. Ein Fotokarton kostet zwischen 2 DM und 2,50 DM.

Das Herstellen einer eigenen Fibel kostet also pro Kind ca. 2 DM. Wenn Sie bedenken, daß die fertigen Arbeitshefte zu den Fibeln pro Stück ungefähr 9 DM kosten, so ist das wirklich sehr wenig.

Im Laufe der ersten Klasse entstehen, wie gesagt, drei eigene Fibeln.

Die Buchidee ist allerdings ausbaufähig, und es bieten sich eine Menge zusätzlicher Projekte an, wie das Weihnachtsbuch, das ich mit meinen zweiten Klassen immer gestalte (s. hierzu auch mein Buch »Schreibvergnügen«[13]), oder ein eigenes Koch- und Bastelbuch, ein Umweltbuch, ein Märchenbuch usw.

Ich bin mir sicher: Wenn Sie einmal gesehen haben, wie leicht das Herstellen eigener Bücher geht und welchen Spaß alle – Kinder, Lehrer, Eltern – daran haben, wird das zu einem festen Bestandteil Ihres Repertoires werden.

3. Das Tempo des Leselernprozesses muß sich ausschließlich am »Kunden«, dem Schüler, orientieren!

Zu diesem sehr wichtigen Punkt ist das Wesentliche bereits weiter oben (s. S. 16 ff.) gesagt worden.

Hier geht es mir darum, noch einmal ein bißchen «aus der Schule zu plaudern« und die praktische Seite näher zu beleuchten. Ich trete ganz vehement für einen entschieden langsameren Leselernprozeß ein, als das bisher der Normalfall an den Regelschulen ist.

Der Maßstab sind die Schüler und nicht die Fibel oder das Tempo der Kollegin.

Das sieht in der Praxis so aus, daß wir bis Allerheiligen (bei einem Schulbeginn in der zweiten Septemberwoche) erst 6 Buchstaben gelernt haben – komischerweise ergibt sich das mit jeder 1. Klasse gleich – was im Durchschnitt einen neuen Buchstaben pro Woche bedeutet. Dieser zeitliche Abstand ist anscheinend so bemessen, daß wirklich jeder Schüler damit zurechtkommen kann.

In der Woche, die wir mit dem neuen Buchstaben beschäftigt sind, langweilen wir uns aber keineswegs. Das hat mehrere Gründe:

Erstens gibt es eine Menge ganzhirniger Aktivitäten (siehe S. 73 ff.), die den Kindern Spaß machen, und zweitens gehört ja zu jedem Buchstaben eine Geschichte mit einer Hauptperson, mit der wir uns in

Ruhe befassen wollen, indem wir ein Lied oder Gedicht über sie lernen, ein Bild malen, zur Geschichte spielen usw.

Die bisher aufgezählten Vorzüge eines langsamen Vorgehens reichen schon aus, um dieses überzeugt zu vertreten. Etwas außerordentlich Bedeutsames habe ich aber bisher nur flüchtig angesprochen. Dazu muß ich wieder ein bißchen weiter ausholen, am besten in Form eines praktischen Beispiels, einer Fallgeschichte, die zwar besonders drastisch belegt, was ich sagen will, andererseits aber sehr typisch für ähnliche Fälle ist.

Letztes Jahr, einige Wochen vor Ostern und noch in der ersten Klasse, wurde ich von der Schulpsychologin angesprochen, ob ich nicht ein Kind aus der Parallelklasse übernehmen wolle, das leistungsmäßig keinen Fuß auf den Boden bekomme. Es sitze in der Klasse, ohne irgendetwas aus den Bereichen Lesen, Schreiben, Rechnen mitmachen zu können. Die Psychologin hatte einige Vorträge von mir gehört und wußte, daß ich erfolgreich mit lerngestörten Kindern arbeite.

Sie hatte den Schüler eingehend untersucht und getestet und festgestellt, daß er gravierende Teilleistungsstörungen aufwies. Sie sagte aber auch offen, sie sei zwar in der Lage, seine Defizite festzustellen, könne aber darüber hinaus nichts tun.

Ich erklärte mich bereit, Georg zu übernehmen, hatte jedoch − wie sich dann herausstellte − nicht die geringste Ahnung, was mich erwartete. Ich bekam nämlich nicht ein Kind mit Lernproblemen, sondern ein lern-unfähiges Kind.

Georg konnte nur einen Teil der Buchstaben, und auch den nicht sicher. Sollte er Wörter lesen, buchstabierte er sie lediglich und hatte große Schwierigkeiten bei der Sinnfindung. Daß er auch die Reihenfolge der Buchstaben vertauschte und absolut sicher b und d verwechselte, gehörte noch zu den kleinsten Übeln.

Er konnte fast keine Buchstaben und überhaupt keine Wörter schreiben. Seine Propriozeption war nicht nur gestört, sondern überhaupt nicht vorhanden.

Zur Information:
Die Propriozeption − die Eigenwahrnehmung des Körpers − sagt uns, was dieser gerade tut, auch ohne daß wir das mit den Augen überprüfen. Das heißt, selbst wenn wir mit geschlossenen Augen unsere Arme oder Beine bewegen, so wissen wir doch genau, wo diese gerade sind.

Beim Schreiben hilft uns diese Eigenwahrnehmung nun, die richtigen Bewegungen automatisiert und flüssig auszuführen. Bei Georg war es jedoch so, daß er ansetzte, um einen Buchstaben abzumalen – das Wort »schreiben« wäre hier unzutreffend – und irgendeinen Strich auf das Papier setzte. Beim Überprüfen mit den Augen stellte er dann fest, daß dieser Strich ganz woanders war, als er sein sollte. Wollte er zum Beispiel ein A schreiben, so gelang es ihm nicht auf Anhieb, den schrägen Aufstrich von links unten nach rechts oben zu treffen, und er malte stattdessen einen Strich von rechts nach links. Er machte also einen erneuten Versuch. Nach einigen Ansätzen brachte er dann so etwas Ähnliches wie den gewünschten Buchstaben zustande.

Ebenfalls hilflos war er beim Umgang mit Zahlen: Er wußte nicht, wie viele Finger er an einer Hand hatte, konnte nicht mit einem Blick erfassen, wie viele Punkte ein Würfel anzeigte, konnte nicht sicher von 1 bis 10 zählen, diese Zahlen auch nicht lesen, geschweige denn richtig aufschreiben oder mit ihnen rechnen.

Nun werden Sie – sehr zurecht – fragen: Warum wurde denn ein Kind mit so gravierenden Ausfällen nicht gleich zu Beginn der ersten Klasse zurückgestellt? **Und hier sind wir genau bei dem, was ich Ihnen sagen will.**

Georgs Lehrerin versicherte glaubhaft, er sei ihr in den Monaten vor Weihnachten nicht sonderlich aufgefallen. Sicher, er habe sich schwer getan, aber das sei bei vielen Kindern so und gebe sich dann im Laufe des Jahres.

Was ich nun im folgenden über den Leselehrgang aussage, gilt natürlich auch für alle anderen Bereiche:

Wenn Sie beim Lernen der Buchstaben zu schnell vorgehen, sind zunächst fast alle Kinder überfordert. Das äußert sich dahingehend, daß sie Buchstaben verwechseln, manches wieder vergessen, was sie schon gelernt haben, verstärkt zu Reversionen – z.B. Verwechslungen von b und d – und Inversionen – z.B. Verwechslungen von n und u – neigen und Schwierigkeiten beim Zusammenlesen haben.

Wenn nun aber ein Großteil der Kinder nur schwer mitkommt, wie soll man dann diejenigen, bei denen das auf eine Lernstörung hinweist, von jenen unterscheiden, bei denen das nur vorübergehend ist?

Und wenn einem schon so ein gravierender Fall wie Georg entgehen kann, um wieviel mehr ist es wahrscheinlich, daß geringere Lernstörungen unentdeckt bleiben und erst zu einem Zeitpunkt evident werden, wo schon wertvolle Monate ohne spezifische Hilfestellung vergeudet wurden!

Mir fällt hier ein Werbeslogan ein: Mit Brille wär' das nicht passiert! Den möchte ich abwandeln und sagen: Mit weniger Tempo wär' das nicht passiert!

Wenn Sie dagegen langsam und gehirnfreundlich vorgehen, haben Sie die Gewißheit, daß jedes schulfähige Kind in der Lage sein **muß**, dem Leselehrgang zu folgen. Wenn dann ein Schüler Probleme hat, bedeutet das auch wirklich etwas, und es ist für Sie wesentlich leichter, unter diesen Umständen zu beurteilen, ob ein Kind zurückgestellt werden muß oder ob es eine gezielte Förderung braucht.

Ich halte es deshalb nicht nur für empfehlenswert, sondern für absolut notwendig, den Unterricht an unseren »Kunden«, den Schülern, zu orientieren.

Das bedeutet für alle Beteiligten weniger Streß und Mißerfolgserlebnisse: Der Lehrer kann zu einem früheren Zeitpunkt und mit mehr Sicherheit sein Urteil abgeben, und dem einzelnen Schüler bleiben viele Frustrationen erspart, wenn er nicht − wie Georg − täglich in dem Bewußtsein zur Schule gehen muß, daß er eigentlich zu »dumm« dafür ist.

Ich kann einfach nicht den geringsten Grund dafür sehen, dieselben Kinder, die man durch langweilige und banale Texte **rechts-hirnig** − im Hinblick auf Zusammenhänge − **unterfordert, im linkshirnigen Bereich** − beim Erlernen einzelner Symbole, hier: Buchstaben − so massiv **zu überfordern**.

Und wenn wir bedenken, daß bei einer durchschnittlichen Lebenserwartung von über 70 Jahren der einzelne Mensch jedenfalls noch mehr als 60 Jahre Zeit zum Lesen haben wird: Welche Rolle spielt es da, ob er sämtliche Buchstaben drei Monate früher oder später kennt?

Abgesehen davon ist es mein erklärtes Ziel, den Kindern für die restlichen Jahrzehnte ihres Lebens **Spaß am Lesen** mitzugeben und nicht, vom Leselehrgang einige − im Hinblick auf das Ganze geradezu lächerliche − Monate abzuknapsen.

Es kann aber sehr wohl sein, daß gerade diese paar Monate entscheidend dafür sind, daß einem Kind der Zugang zu guten Leistungen verwehrt wird. Denn es gibt Kinder, die zunächst sehr langsam und bedächtig arbeiten – gerade die ängstlichen gehören eigentlich regelmäßig dazu –, die aber dann, wenn sie ihrer selbst sicherer werden, plötzlich zum führenden Drittel der Klasse gehören.

Es kann deshalb nicht oft genug gesagt werden: **Schnelligkeit allein ist noch kein Beweis für Qualität!**

Haben Sie also Mut zur Langsamkeit! Falls Ihnen das schwerfällt – lesen Sie den hervorragenden Roman von Sten Nadolny: Die Entdeckung der Langsamkeit[14].

Diese Biographie des englischen Seefahrers und Nordpolforschers John Franklin (1786 – 1847) hat zwar mit dem Lesenlernen thematisch nichts zu tun, befaßt sich aber mit der Bedeutung langsamen und gründlichen Auffassens und mit den Vorteilen, die damit verbunden sein können. Ein Ausschnitt aus dem Klappentext:

Von Kindheit an träumt John Franklin davon, zur See zu fahren, obwohl er dafür denkbar ungeeignet ist: langsam im Sprechen und Denken, langsam in seinen Reaktionen, mißt er die Zeit nach eigenen Maßstäben. Zunächst erkennt nur sein Lehrer, daß Johns eigenartige Behinderung auch Vorzüge hat – was er einmal erfaßt hat, das behält er, das Einzigartige, das Detail, begreift er besser als andere.

Sollten Sie sich die Lektüre dieses Romans gönnen, würde Ihnen das sicher zu einer völlig neuen Betrachtungsweise des langsamen und gründlichen Arbeitens verhelfen, und es wäre außerdem sehr freundlich Ihrem eigenen Gehirn gegenüber.

Denn was wir uns anhand von Geschichten einprägen, das sitzt einfach besser.

Damit sind wir auch schon beim Thema des nächsten Abschnitts.

4. Unser Gehirn muß besser behandelt werden oder: Seien Sie freundlich mit Ihrem Gehirn, damit es auch freundlich ist mit Ihnen!

Gehirnfreundliches Lernen ist ein Lernen, bei dem mehrere Bereiche angesprochen werden, so daß neue Informationen nicht irgendwo beziehungslos abgeladen werden, sondern sich mit anderen Eindrücken vernetzen können.

Wir alle wissen ja aus Erfahrung, daß wir uns Fakten dann viel besser merken können, wenn sie in Beziehung zu einem Gebiet stehen, über das wir bereits einiges gespeichert haben. Das will ich Ihnen an einem ganz simplen Beispiel verdeutlichen:

Es gibt Jungen, die ungeheuer gut über Autotypen, Flugzeugtypen oder ähnliches Bescheid wissen. Stören Sie sich nicht daran, daß ich den Jungen so typisch männliche Interessen zuordne. Ich würde ja gerne sagen: Es gibt Jungen und Mädchen ......, aber obwohl ich bestimmt keine geschlechtsspezifischen Rollenvorstellungen habe, ist mir halt bis jetzt noch kein Mädchen untergekommen, das sich für Derartiges interessiert hätte.

Es gibt also Jungen, die ...

Wenn nun ein neuer Auto- oder Flugzeugtyp herauskommt oder wenn es um irgendwelche technischen Details im Zusammenhang damit geht, dann können sich diese Spezialisten das erstaunlich gut merken. Ihr Interesse daran ist sicher ein begünstigendes Moment. Das Entscheidende dürfte aber sein, daß hier die neue Information in ein Gitter aus bereits vorhandenen »eingeklinkt« wird, somit vielfach vernetzt ist und deshalb auch nicht so leicht wieder herausfällt.

Ähnliche Erfahrungen haben Sie sicher selbst schon gemacht: Es gibt bestimmte Bereiche, in die Sie Neues einordnen können und in denen Sie Informationen besser behalten. Das sind entweder Gebiete, mit denen Sie beruflich umgehen oder solche, die mit Ihren Hobbies in Zusammenhang stehen.

Dann wieder gibt es Themen, die Sie zwar vielleicht interessieren, zu denen Sie sich jedoch nur schwer etwas merken können.

Nun haben wir es beim Lesenlernen aber mit Anfängern zu tun, die noch kein Netz aus bereits vorhandenem Wissen haben, in das das Neue hineinpassen würde.

Was ist hier zu tun?

Ganz einfach – wir müssen eben die Bedingungen für eine Vernetzung des neu Gelernten schaffen.

Das heißt: Wir müssen an möglichst vielen verschiedenen Stellen des Gehirns Eindrücke hinterlassen, die mit den zu speichernden Inhalten korrespondieren.

Wir dürfen uns nun allerdings nicht vorstellen, daß unser Gehirn ein Organ ist, in dem man sich wie auf einer Landkarte orientieren und sagen kann: hier ist dies und hier jenes.

Es ist so, aber auch wieder anders.

Im Klartext: Es gibt schon Gehirnbereiche, die bevorzugt für bestimmte Funktionen zuständig sind. Das ist **eine** Möglichkeit, die Arbeitsweise des Gehirns zu beschreiben. Wir wissen aber auch, daß bei Ausfällen infolge von Krankheiten oder Verletzungen verlorengegangene Fähigkeiten wieder – wenigstens zum Teil – erlernt werden können.

Der Neurologe Wilder Penfield[15] hat durch seine Versuche bewiesen, daß bestimmte Erinnerungen an bestimmten Stellen im Gehirn gespeichert sind. Er hat nämlich bei Gehirnoperationen an wachen Patienten mit einer Elektrode bestimmte Stellen im Kortex stimuliert, worauf sich bei der Person eine spezifische Erinnerung an ein Lied, einen Geruch ein Gespräch usw. einstellte. Ein und dieselbe Erinnerung konnte beliebig oft wachgerufen werden, indem man die dafür zuständige Stelle stimulierte. Das könnte man nun als einen klaren Beweis dafür auffassen, daß es für unser Gehirn doch eine Landkarte gibt. So einfach ist die Sache nun aber nicht. Der Neurologe Lashley[16] hat nämlich ungefähr zur selben Zeit das genaue Gegenteil »bewiesen«. Er trainierte Tiere und schuf auf diese Weise bestimmte Gedächtnisinhalte bei ihnen. Dann begann er, den Kortex – die Großhirnrinde – systematisch abzutragen. Von seiner Theorie ausgehend, daß jeder Gedächtnisinhalt eine physiologische Spur – ein Engramm – in das Gehirn eingräbt, erwartete er natürlich, daß er irgendwann den fraglichen Bereich abtragen würde, wodurch die Erinnerung an das Gelernte gelöscht wäre. Zu seinem Erstaunen stellte er aber fest, daß keines seiner Versuchstiere seine Erinnerungen verlor, selbst wenn der Kortex bis zur Hälfte abgetragen wurde. Sie schienen lediglich ungenauer und verschwommener zu werden.*

Das Lashley-Penfield-Paradoxon, das allem Anschein nach zwei gegensätzliche Behauptungen bewies, bildete lange Zeit ein Problem.

Wie wir jedoch auch aus der neuen Physik wissen – ich verweise da auf die Bücher von Fritjof Capra[17] – scheint das Zeitalter der »wissenschaftlich bewiesenen«, objektiven Tatsachen vorbei zu sein. Es kann vorkommen, daß etwas nicht mehr **nur schwarz** oder **nur weiß** ist, sondern **sowohl** schwarz **als auch** weiß!

In bezug auf unser Gehirn heißt das: Das Gehirn hat bestimmte spezifische Bereiche. Es ist aber auch unspezifisch, holographisch aufzufassen.

Ich möchte an dieser Stelle nicht weiter auf so verwickelte gehirn-physiologische Zusammenhänge eingehen. Zum einen, weil ich dafür nicht kompetent bin und stattdessen lieber auf die einschlägige Fachliteratur verweise, die ja reichlich vorhanden ist. Die neuesten Modelle stellt Ihnen Johannes Holler in seinem Buch »Das Neue Gehirn« vor.[3]

Zum anderen, weil uns im Hinblick auf gehirnfreundliches Lernen zunächst einmal das ganz einfache Rechts-Links-Modell am nützlichsten ist.

Sie erinnern sich:

Ich habe bereits davon gesprochen, daß jede der beiden Gehirnhemisphären typische Aktivitäten hat. Dazu noch einmal die wichtigsten Stichworte:

---

* Anmerkung des Verlags zu Tierversuchen: Da immer deutlicher wird und vielfach nachgewiesen wurde, daß Tierversuche nicht zum Fortschritt der Wissenschaft beitragen, lehnt der Verlag aus ethischen *und* wissenschaftlichen Gründen jegliche Tierversuche ab und zweifelt ihre Ergebnisse an, da diese in seltenen Fällen auf den Menschen übertragbar sind. (Literatur: Bernhard Rambeck, Mythos Tierversuch, Verlag 2001. Für den Unterricht: Astrid Lindgren, Meine Kuh will auch ihren Spaß, Oetinger Verlag.)

Linke Hemisphäre:
Analytisches, lineares Vorgehen, Schritt für Schritt
Einzelheiten
abstrakte Zeichen und Symbole
Zahlen, Buchstaben
Begegnung mit Neuem
Anstrengung, Anspannung
Bewußtsein

Rechte Hemisphäre:
Synthetisches Vorgehen. alles auf einen Blick
Ganzheit
konkrete Inhalte, Geschichten
Bilder, Farben und Formen
Rhythmus, Musik, Bewegung, Körpergefühl
Umgehen mit Vertrautem
es geht wie von selbst, Entspannung
Unbewußtes

Wenn es uns nun gelingt, linkshirniges Lernen mit rechtshirnigen Aktivitäten zu koppeln, behandeln wir unser Gehirn gut, und es wird uns dafür belohnen, indem wir uns alles viel leichter merken können.

Die einfachste Art, rechts und links zu verbinden, ist das Einprägen abstrakter Fakten über konkrete Inhalte, über Bilder.

In dem sehr lesenswerten Buch von Vera Birkenbihl: »Stroh im Kopf«[18] habe ich folgenden Satz gefunden, der schlagend beweist, was ich sagen will.

Hier ist der Satz (leicht abgewandelt, Originalzitat bei den Anmerkungen):

Zweibein sitzt auf Dreibein und ißt
Einbein. Da kommt Vierbein und nimmt
Zweibein das Einbein weg. Da nimmt
Zweibein Dreibein und schlägt damit
Vierbein.

So sehr Sie sich abplagen müssen, um sich diesen Satz linkshirnig, bewußt und analog zu merken, so kinderleicht prägt er sich – und zwar für immer! – ein, wenn Sie ganzhirnig vorgehen und dazu Bilder produzieren.

Also: Zweibein ist ein Mensch, Einbein irgendeine Keule, Dreibein ein Hocker und Vierbein ein Hund.

Nun lesen Sie den Satz nochmal und stellen Sie sich dazu den Inhalt in Bildern vor.

Na, wie war's? Ganz schön leicht, nicht wahr?

Nach dem gleichen Prinzip arbeiten übrigens auch Gedächtniskünstler. Selbst wenn Sie nicht den Ehrgeiz haben, sich zu einem solchen zu entwickeln, kann es doch ganz nützlich sein, auch im Alltag sein Gehirn sinnvoll zu benutzen.

Ich denke da an Einkaufslisten. Sicher, die kann man aufschreiben und den Zettel ins Geschäft mitnehmen. Aber es kommt doch auch vor, daß einem etwas einfällt, was dringend besorgt werden müßte, wenn man gerade keine Gelegenheit hat, sofort etwas aufzuschreiben, beim Autofahren beispielsweise. Was machen Sie also, wenn Ihnen auf der Autobahn bei 150 Stundenkilometern einfällt: Ich brauche dringend Toilettenpapier und Kaffee, und außerdem muß ich heute unbedingt noch Tante Anna anrufen.

Sie können die drei Sachen ganz einfach speichern, wenn Sie sie über Bilder verankern. Der theoretische Hintergrund ist folgender:

Wenn Sie sich eine Liste von 10 Schlüsselbildern einprägen, deren jedes seinen Platz in der Zehnerreihe hat, also: 1. Bild, 2. Bild usw., dann können Sie sich kinderleicht 10 verschiedene Sachen einprägen, die Sie gedanklich mit diesen Bildern verknüpfen. Wenn Sie nun das Bild Nr. 1 aus ihrem Gedächtnis holen, erscheint automatisch der damit verknüpfte Gegenstand. Sie assoziieren also das Gewünschte (z.B. Toilettenpapier) zu dem bereits vorhandenen.

Es werden in mehreren Büchern solche Listen von Schlüsselbegriffen angeboten. Nachdem ich verschiedene ausprobiert habe, ist mir die von Vera Birkenbihl[19] zusammengestellte die liebste. (Ich benutze sie fast genauso wie angegeben. Nur statt der Kerze bei »Eins« nehme ich eine altmodische Straßenlaterne.)

1 = Kerze (sieht einer Eins ähnlich)

2 = Schwan (sieht einer Zwei ähnlich)

3 = dreiseitige Pyramide

4 = rechteckiger Koffer

5 = eine Hand

6 = ein Elefantenrüssel (Ähnlichkeit mit einer Sechs)

7 = Flagge

8 = Sanduhr

9 = Golfschläger

10 = Zehnmarkschein

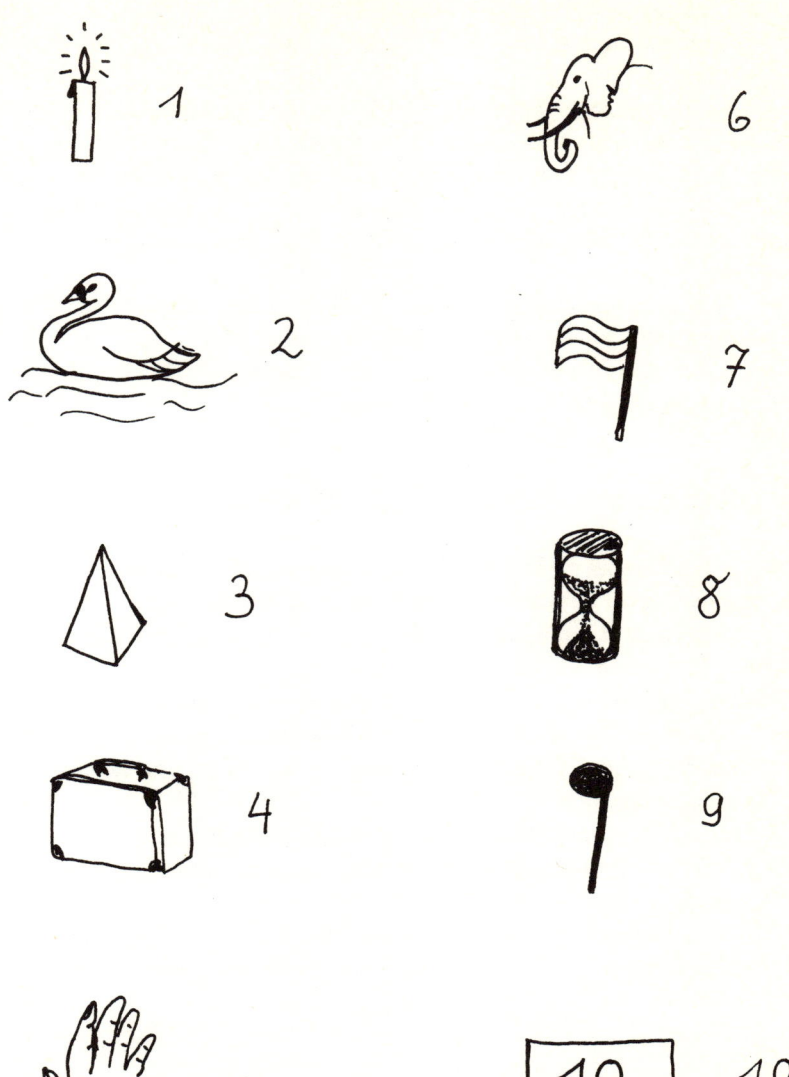

Um nun zu unserem Beispiel zurückzukehren:

Wir müssen uns merken: Toilettenpapier und Kaffee kaufen, Tante Anna anrufen.

Ich stelle mir also zuerst die Kerze vor, die in einer aufgestellten Klopapierrolle steht und danach den Schwan, der auf einer Tasse Kaffee schwimmt. Für Tante Anna denke ich mir die Pyramide, aus der oben Tante Annas Kopf herausschaut. Auf der Vorderseite der Pyramide ist eine Wählscheibe angebracht, in ihrer Seite steckt ein Telefonhörer.

Zu Hause angekommen, erinnere ich mich dann, indem ich zuerst an die Kerze denke − richtig, das **Toilettenpapier**.

Dann der Schwan: Er schwimmt auf der **Kaffee**tasse.

Und die Pyramide: Ach ja, **Tante Anna**!

Rechtshirniges Verankern von Buchstaben

Das, was ich jetzt mehr oder weniger theoretisch ausgeführt habe, möchte ich natürlich wieder in den konkreten Schulalltag − oder allgemeiner gesagt: Lernalltag − einbringen und genaue Vorschläge für das »Wie« machen.

Nun ist das Verknüpfen von Lerninhalten mit Bildern sicher eine der wirksamsten gehirnfreundlichen Methoden, aber es gibt auch noch andere Möglichkeiten, und ich möchte inzwischen auf keine von ihnen mehr verzichten.

Da es in dem vorliegenden Buch um das Lesenlernen geht, heißt die Aufgabenstellung natürlich: Wie werden die abstrakten Buchstaben sicher gespeichert?

Aber alles, was für diese Thematik gilt, kann selbstverständlich auch in allen anderen Bereichen angewendet werden (siehe Einkaufszettel!).

Wir können die Buchstaben rechtshirnig verankern über:

- **Bilder**
- **Geschichten**
- **Reime und Lieder**
- **großräumige Lautgesten**
- **grobmotorische Bewegungen**
- **Tastsinn**
- **Gerüche**
- **Eßbares**
- **Entspannungsübungen**

Diese Liste erhebt keinen Anspruch auf Vollständigkeit. Ich habe hier einfach die Bereiche aufgezählt, mit denen ich arbeite. Ich werde nun der Reihe nach besprechen, wie ich genau vorgehe.

Lehrer können die folgenden Anregungen aufgreifen, um ihren Unterricht zu bereichern. Eltern finden viele Möglichkeiten, wie sie ihren Kindern helfen können, einzelne Buchstaben, die Probleme bereiten, besser zu begreifen.

Bilder

Ich habe Ihnen bereits einige meiner Buchstabengeschichten erzählt.
Da ich den Kindern keine fertigen Bilder vorsetze, entstehen in ihren
Köpfen und auch auf den Leseblättern eigene Illustrationen dazu. Sie
beziehen sich aber auf die Handlung und weniger auf den neuen
Buchstaben.

Zu ihm gibt es jeweils noch **ein ganz spezielles Bild**. Und zwar stellt es
die Hauptperson oder einen wichtigen Gegenstand aus der Buchstabengeschichte so dar, daß die Abbildung zugleich auch den jeweiligen
Buchstaben ergibt.

Er ist immer leicht zu erkennen. Trotzdem freuen sich die Kinder
jedes Mal wieder, wenn sie herausgefunden haben, wo er steckt.

Bei der Geschichte von Anton mit dem langen Arm bildet das große
A Körper und Beine von Anton. Obenauf sitzt der Kopf, aus den Seiten wachsen die Arme hervor, der eine davon ganz lang.

Wir haben ein unliniertes DIN A 5-Heft, in das alle Buchstabenbilder, die die Kinder von mir bekommen, eingeklebt werden.

Jedes Bild wird schön angemalt und zwar so, daß der darin versteckte Buchstabe ganz deutlich herauskommt.

Nun ist ein A nicht mehr nur ein A, sondern der Anton. Nachdem wir den Buchstaben A mit der Geschichte von Anton gelernt haben, ist diese Assoziation ohnehin schon vorhanden. Was passiert nun, wenn das Kind irgendwo ein A sieht? Es fällt ihm dazu sofort die passende Geschichte ein und es erinnert sich an das **Bild** in unserem Buchstabenheft. Der Lerninhalt ist also gesichert. Und obwohl ich auf diese Weise nur die **Großbuchstaben** speichere, habe ich festgestellt, daß die **Kleinbuchstaben** anscheinend so fest damit verbunden sind, daß sie im Gefolge des Bildes und der Geschichte ebenfalls auftauchen.

Andersherum funktioniert das natürlich auch: Das Kind soll ein A schreiben, es denkt an die Geschichte, das Bild fällt ihm ein, und schon ist der Buchstabe präsent.

Dazu kann ich wieder einige Erfahrungen beisteuern.

Bei uns am Ort gibt es eine Fachärztin für Kinder- und Jugendpsychiatrie, bei der natürlich viele lerngestörte Kinder landen. Gelegentlich tauschen wir auch Erfahrungen aus, und so hat sie mir beispielsweise einmal von einem Mädchen erzählt, das sich das H einfach nicht merken konnte. Lehrerin und Mutter hatten schon alles Mögliche probiert und das Kind mit weiß Gott wie vielen zusätzlichen Übungen strapaziert.

Was tat die Ärztin? Sie zeichnete dem Kind eine Turnstange auf und sagte: »Da, schau, das ist eine Turnstange. Sie schaut aus wie ein H. Das H ist eine Turnstange.«

Und das Mädchen konnte sich ab da das H merken – das Problem war gelöst.

Das ist sicher ein eklatanter Fall, und solche kommen nicht täglich vor. Dennoch wird gerade an Extremen besonders deutlich, worum es geht.

Es gilt ja kurioserweise als völlig normal, daß die Kinder, wenn bereits mehrere Buchstaben – so ungefähr 10 – durchgenommen sind, zunächst einmal anfangen, sie durcheinanderzubringen. Diese Auffassung wird aber nicht nur von Lehrern vertreten, sie schlägt sich auch in der Fachliteratur nieder. Ich zitiere aus dem Jahrbuch 4 der Deutschen Gesellschaft für Lesen und Schreiben, das herausgegeben wurde von Hans Brügelmann und Heiko Balhorn[20]. Es geht an der betreffenden Stelle darum, daß wir aus Erscheinungsbildern, wie sie sich bei bestimmten Hirnverletzungen zeigen, nicht schließen dürfen, ähnliche Schwierigkeiten − wenn sie bei Schulkindern auftreten − seien als unnormal einzustufen. Da heißt es auf Seite 13:

Luria/Cvetkova erwähnen in ihrem Beitrag z.B. Verwechslungen ähnlicher Buchstabenformen. Dies kann ein Anzeichen für eine Verletzung bestimmter Hirnfunktionen sein. Es ist aber auch eine normale Durchgangsphase im Schriftspracherwerb, wie wir aus den Beobachtungen von Vor- und Grundschulkindern wissen.

Was ist normal? Das, was sich als die Norm erweist, und es scheint im »normalen« Schulalltag wirklich so auszusehen, als sei das ganz »normale« Verwechseln von Buchstabenformen »normal«, und erst wenn aus dem »normalen« Verwechseln ein »unnormales« wird, läuten die Alarmglocken, aber dann ist es oft zu spät, wie im Fall von Georg.

Wenn wir »normal« jedoch nicht als »der Norm entsprechend« definieren, sondern als »natürlich« oder »selbstverständlich« oder »nicht zu umgehen« − und in diesem Sinne wird ja das Wort meist unreflektiert gebraucht − , dann bin ich keineswegs der Auffassung, daß ein Verwechseln von Buchstabenformen »normal« ist. Es ist leider »die Norm«, aber das ist etwas ganz anderes.

Ich mache in meinem Unterricht die Erfahrung, daß es ganz »normal« ist, daß die Kinder sich die Buchstabenformen merken können und sie auch nicht wieder verwechseln.

Wenn ein Kind damit Probleme hat, dann **ist es ein Fall, der gezielte Förderung braucht.**

Darüber werden Sie dann im nächsten Kapitel lesen.

Hier möchte ich noch ein Beispiel bringen, nicht so spektakulär wie das mit dem H und der Turnstange, aber auch sehr typisch:

In meiner letzten ersten Klasse hatte ich ein sehr schwach begabtes Mädchen, eine Tagträumerin, unselbständig, sie konnte auch viele Lautverbindungen noch nicht deutlich artikulieren, kurzum: ein für Lernprobleme geradezu prädestiniertes Kind. Sie machte jedoch im Lesenlernen gute Fortschritte, konnte sich auch alles merken, war aber in vielen Bereichen deutlich schwächer als die anderen.

Einmal, als sie ein D schreiben sollte, wußte sie nicht mehr, wie es geht. Der »Normalfall« wäre es jetzt gewesen – siehe oben – daß sie sich an die D-Geschichte erinnert und dann den Buchstaben reproduziert hätte. Dieses Mädchen war jedoch – und ist es auch jetzt noch nicht – kein »Normalfall«, und deshalb brauchte sie Hilfestellung. Ich sagte zu ihr auf die Frage: »Wie geht denn das D?« nur: »So wie bei Dora Dussel.«, und sie erinnerte sich sofort an den Buchstaben. Sie fragte übrigens später nie mehr nach dem D. Das eine Mal hatte genügt, um ihre Assoziation zu verankern.

Und nun will ich Ihnen noch einige Buchstabenbilder vorstellen. Das soll Sie zu eigener Produktivität ermuntern und Ihnen zeigen, wie gut sich das machen läßt.

Bei den Nordpolhasen ist das N in den Eisbergen versteckt, über die die Hasen herunterrutschen.

Sieben weiße Nordpolhasen

Das B von Bruno Brezel wird von dem überlangen Dackel Brezel
gebildet, der wie ein B – vorne und hinten eingerollt – in seinem
Hundekorb liegt.

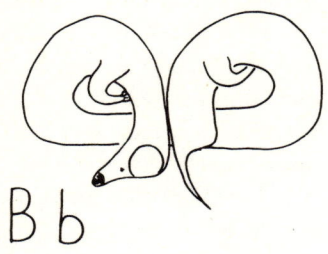

Das R von Roland, dem rasenden Rennfahrer, steckt in dem Renn-
auto.

Das O von Ottos toller Oma wird von den Rollschuhen dargestellt.

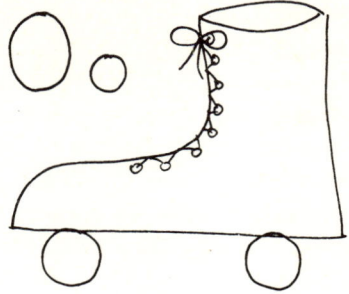

Das D von Dora Dussel steckt in dem Flügel der Ente.

Wenn Sie erst einmal mit dem Erfinden von Bildern und Geschichten angefangen haben, werden Sie sehen, daß Ihnen vieles »ganz von alleine« – also aus dem rechten Gehirn – einfällt. Aber zunächst müssen Sie den entscheidenden Schritt tun und damit beginnen, in Neuland vorzustoßen. Je weiter Sie kommen, desto leichter geht es (siehe S. 73, wo Sie über die Vernetzungen im Gehirn nachlesen können).

Und außerdem müssen Sie ja, wie ebenfalls schon erwähnt, nicht alles auf einmal machen, sondern Sie können Ihren Leselehrgang nach und nach reformieren. (Siehe »Dreistufenplan ......«. S. 128 ff.)

Daß die Buchstabenbilder nicht nur einen Zusammenhang mit einzelnen Buchstaben herstelllen, sondern auch ihrerseits wieder in einen Kontext gehören, erhöht ihre Wirksamkeit, wie nach dem oben Gesagten leicht einzusehen ist.

Dieser Kontext wird gebildet durch die dazupassenden

Geschichten

Über diese habe ich ab S. 26 ff. bereits so ausführlich gesprochen, daß ich sie hier nur der Vollständigkeit halber anführe.

Denn natürlich müssen sie auch im Hinblick auf gehirnfreundliches Lernen betrachtet und deshalb unter dieser Überschrift zumindest erwähnt werden.

Bilder und Geschichten werden nun noch sinnvoll ergänzt durch

Reime

Daß Gereimtes aller Art leichter im Gehirn hängenbleibt als Ungereimtes, beweisen die vielen Eselsbrücken, die ja nicht umsonst erfunden wurden.

Sieben fünf drei
schlüpfte Rom aus dem Ei.

Eins Quadrat und zwei Quadrat
war das Wormser Konkordat.

Wer nämlich mit h schreibt
ist dämlich.

An dieser Stelle muß ich unbedingt auf die faszinierende Tiefsinnig-
keit unserer Sprache hinweisen, denn der Begriff »Ungereimtes« hat
ja eine zweifache Bedeutung:
Vordergründig wird damit gesagt, daß sich etwas nicht reimt.
Im übertragenen Sinn meint »Ungereimtes« aber etwas, was nicht
zu verstehen ist, was keinen Sinn ergibt, worauf man sich eben »keinen Reim machen« kann. Mit anderen Worten:

Willst du ins Gehirn was leimen:
Sprich nicht Prosa, sag's in Reimen!

Und jetzt ganz im Ernst:
Wenn trockenes Wissen von »linkshirnigen« Einzelheiten – ob es
nun um Geschichtszahlen, Rechtschreibregeln oder Buchstaben geht
– mit Reimen verknüpft wird, haben wir einen ähnlichen Effekt wie
bei der Verbindung von Lernstoff mit Bildern. Ich sage einen ähnlichen Effekt und nicht denselben, weil ich die Bilder in der Wirkung
noch für stärker halte. Doch eines ist klar: Je mehr Kanäle wir benutzen, desto fester hält das Gelernte.
Ich meinem Leselehrgang gibt es deshalb zu jeder Buchstabenge-
schichte ein Gedicht, manchmal auch ein Lied, das wir gemeinsam
auswendiglernen und immer wieder aufsagen oder singen. Wir bewegen uns dazu, stampfen, klatschen oder gestikulieren. Das Rezitieren
macht den Kindern Spaß. Im Lauf der Zeit kommt da ein beachtlicher
Schatz von Versen zusammen, so daß wir genügend Abwechslung
haben.
Das Gedicht von Tom Trampeltier habe ich schon auf Seite 41
zitiert.
Bei den folgenden Beispielen steht zwischen den Gedichtzeilen in
Kursivdruck, welche Bewegungen wir dazu ausführen.

Ella Elefant

In dem fernen, heißen Land
wir deuten mit dem Arm in die Ferne und wischen uns den Schweiß
von der Stirn
wum bu di wum bu di wu
wir hüpfen beim ersten wum auf das linke, beim zweiten wum auf das
rechte und bei wu wieder auf das linke Bein
da wohnt Ella Elefant
wir machen mit dem Arm einen Elefantenrüssel
wum bu di wum bu di wu
wie oben
steigt ins Wasser wie ein Faß
wir deuten mit den Armen ein Faß an
wum bu di wum bu di wu
wie oben
spritzt alle Elefanten naß
wir machen mit Armen und Fingern Spritzbewegungen
wum bu di wum bu di wu
wie oben

Bruno Brezel

Ja, was gibt's denn da zu seh'n?
Warum bleiben alle steh'n?
wir halten eine Hand über die Augen und schauen nach rechts und
links
Schaut doch nur: die braune, lange,
glänzend glatte Riesenschlange!
wir deuten mit einem Finger in einem Halbkreis um uns herum
Hat zwei Ohren, hat vier Beine:
wir deuten auf die Ohren und bewegen Arme und Beine
Riesenschlange ist das keine!
wir schütteln den Kopf und machen mit den Armen verneinende
Gesten

Geht nun los mit viel Gewackel!
wir halten die Hände wie Pfoten, heben abwechselnd die Beine und
wackeln dazu mit dem Po
Donnerkeil! Das ist ein Dackel!
wir klatschen in die Hände und rufen den letzten Satz ganz laut

Der rasende Roland

Roland rennt wie wild umher:
Rennen freut ihn gar so sehr!
Es macht Peng!
bei Peng klatschen
Es macht Krach!
bei Krach stampfen
Rollt das Rad dem Roland nach.

Diesen Vers vom rasenden Roland, den die Kinder sehr lieben, benutzen wir auch als Zungenbrecher und Schnellsprechvers. Das macht allen immer wieder Spaß.

Das Gedicht von Zara Zefirotti hingegen sagen wir »nur« auf. Hier liegt das Vergnügen in dem enthaltenen Wortspiel.

Zara Zefirotti

Zara Zefirotti
ißt so gern Spaghotti.
Hieße sie Zefiretti
äße sie Spaghetti

Zur Geschichte von Anton mit dem langen Arm haben wir ein kleines Lied:

Anton mit dem langen Arm

Anton mit dem langen Arm
o je, o je, o je!
dreimal klatschen
Anton mit dem langen Arm
o weh, o weh, o weh!
dreimal stampfen
Da kommt der gute Zauberer
o ja, o ja, o ja!
dreimal nicken
Und macht den Arm so, wie er war
hurra, hurra, hurra!
dreimal die Arme in die Luft werfen

Über die Bilder, Geschichten und Reime zu den Buchstaben haben wir nun schon einige sehr wichtige Leitungen in unserem Gehirn angeschaltet, um das Neue zu verankern.

Das ist mehr als in einem »normalen« Leselehrgang geboten wird. Um die Buchstaben aber wirklich zu verinnerlichen, ist es unbedingt noch notwendig, den Körper stärker in den Lernprozeß miteinzubeziehen. Auch dafür gibt es wieder mehrere Möglichkeiten. Ich habe für alle Buchstaben

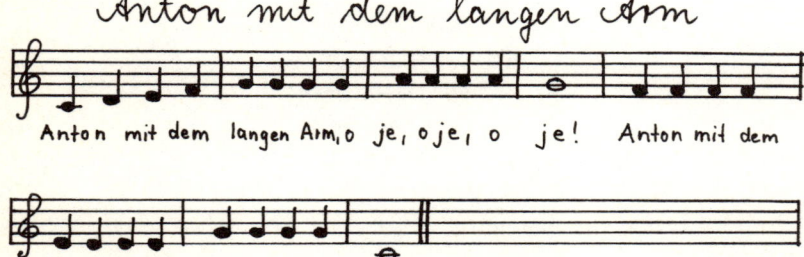

Großräumige Lautgesten

Sie werden gemeinsam mit dem neuen Buchstaben eingeübt. Großräumig nenne ich sie im Gegensatz zu der in manchen Büchern angebotenen Fingersprache, die nichts anderes als ein Nachformen der Buchstaben mit den Fingern ist und daher − das ist meine Meinung − zu wenig spezifische Wahrnehmungsreize für ein »Körpergedächtnis« liefert. Ein Kind, das sich ein Fingeralphabet mühelos merken kann, merkt sich genausogut die Buchstabenformen über die Augen. Großräumige Bewegungen beanspruchen jedoch wieder andere neurale Schaltungen im Gehirn und bilden eine zusätzliche Informationsquelle für lernschwache Kinder.

Ich werde nun mein »Körperalphabet« der Reihe nach verbal beschreiben und auch aufzeichnen. Bitte achten Sie bei den einseitigen Buchstaben (E, F usw.) darauf , daß sie von den Kindern so geturnt werden, als stünden sie mit dem Gesicht vor einem großen Blatt, auf dem geschrieben wird. Das Kind erlebt sich bei diesen Übungen ja als lebendigen Buchstaben und muß in seinem Körper dieselbe Schreibrichtung programmieren, die es später beim Lesen und Schreiben braucht. Das heißt also: Der Buchstabe muß **vom Kind aus** richtig sein und **nicht vom gegenüberstehenden Betrachter aus.** Am Beispiel F: Auf dem Papier deuten die beiden Querstriche **nach rechts**, also muß die F-Fahne auch **auf der rechten Körperseite** mit den Armen gezeigt werden.

Damit die Richtung stimmt und der Buchstabe nicht spiegelbildlich erscheint, ist in diesen Fällen das Strichmännchen von hinten abgebildet. Wenn Sie dem Kind gegenüberstehen, erscheint der Buchstabe **für Sie** natürlich seitenverkehrt. Das müssen Sie auch beim Vorturnen vor der Klasse berücksichtigen.

Wie bei den Buchstabenbildern, so werden auch bei den Lautgesten nur die Großbuchstaben dargestellt. Das ist als Assoziationshilfe durchaus ausreichend. Wir sprechen zu jeder Lautgeste den dazugehörigen Laut. Bei manchen Buchstaben, bei denen das Sprechen ein besonders wichtiger Bestandteil der Darstellung ist, habe ich das eigens erwähnt. Aber wichtig ist es immer. Es sollte nicht vernachlässigt werdn, weil dadurch ein weiterer Sinneskanal eingeschaltet wird.

A

Stehen mit gegrätschten Beinen, die Arme eng an die Seiten gelegt.

B

Die Arme werden vor der Brust »brezelförmig« verschränkt. Das paßt zur B-Geschichte von Bruno Brezel und erinnert an die B-Form.

C

Stehen auf dem linken Bein, linker Arm hängt gerade herunter. Rechter Arm und rechtes Bein werden seitlich abgewinkelt und bilden zusammen mit dem Körper den C-Bogen. Ansicht von hinten:

D

Stehen mit geraden Beinen, der linke Arm hängt herunter. Der rechte Arm wird seitlich abgebogen, die Fingerspitzen werden auf der Hüfte aufgestützt. Oberkörper und der Bogen des rechten Armes bilden das D. Ansicht von hinten:

E

Stehen auf dem linken Bein. Die beiden nach rechts waagrecht ausgestreckten Arme und das seitlich abgewinkelte rechte Bein bilden die drei Querstriche.

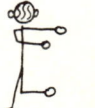

F

Gerade stehen . Die beiden waagrecht nach rechts ausgestreckten Arme bilden die »F-Fahne«.

G

Gerade stehen. Der linke Arm wird über den Kopf nach rechts gelegt, der rechte Arm mit den Fingerspitzen in die Hüften gestützt. Körper und rechter Arm bilden den Korb des G, der linke Arm den Henkel.

H

Gerade stehen. Die beiden Arme werden waagrecht vom Körper weggestreckt wie die Balken einer Waage. Sie stellen den Querstrich des H dar. Eine der beiden Hände ist senkrecht nach oben abgewinkelt, eine nach unten. Sie deuten die senkrechten Seitenstriche an.

I

Gerade stehen. Den rechten Arm senkrecht in die Luft strecken.

J

Stehen auf dem rechten Bein. Die rechte Hand wird auf die linke Schulter gelegt, die Handfläche zeigt waagrecht nach links, als Dach des J. Das linke Bein ist seitlich abgewinkelt.

K

Stehen mit gegrätschten Beinen. Der linke Arm liegt
eng am Körper an, der rechte Arm ist schräg nach
oben vom Körper weggestreckt. Linkes Bein und Körper bilden den senkrechten K-Strich, rechter Arm und
rechtes Bein die beiden Schrägstriche.

L

Wir stehen mit dem Gesicht gegen die Schreibrich-
tung, der Rücken zeigt nach rechts. Beide Arme wer-
den auf den Rücken gelegt, die Hände waagrecht vom
Körper nach hinten weggestreckt. Kopf und Körper
bilden den senkrechten L-Balken, die Hände den waa-
grechten. Diese Haltung erinnert auch an das Lama
in unserer L-Geschichte, das im Buchstabenheft so
abgebildet ist, daß Hals und Rücken das L darstellen.

M

Die Lautgesten für M und N habe ich aus der Taub-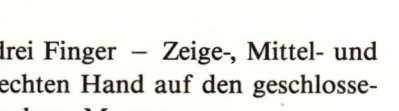
stummensprache übernommen. Ich finde sie deshalb
so nützlich, weil sie leicht anzuwenden sind und deutlich den Unterschied zwischen den beiden Lauten
erkennen lassen, was später auch für das Rechtschreiben sehr wichtig ist.
Beim M legen wir drei Finger – Zeige-, Mittel- und
Ringfinger – der rechten Hand auf den geschlossenen Mund und sagen dazu: Mmmmm.

N

Bei N legen wir Zeige- und Mittelfinger der rechten
Hand auf die Unterlippe des leicht geöffneten Mun-
des. Die untere Reihe der Zähne ist zu sehen. Wir
sagen: Nnnnn.

O

Gerade stehen. Die beiden Arme bilden vor dem Körper ein O.

P

Gerade stehen. Die rechte Hand wird flach auf den
Kopf gelegt. Der Körper bildet den senkrechten Balken des P, der abgebogene rechte Arm die Kurve.

Qu

Gerade stehen. Der linke Arm wird oben über den
Kopf gelegt. so daß die linke Hand am rechten Ohr
liegt. Der Daumen bleibt am Ohr, die restlichen vier
Finger werden weggestreckt. Der rechte Arm wird
seitlich weggestreckt, Unterarm und Fingerspitzen
zeigen nach oben. Die Idee, die dahinter steckt: Der
Kopf ist das O, die seitlich weggestreckte Hand der
Schrägstrich des Q. Der rechte Arm stellt das u dar,
das am Q hängt. Ich lerne den Kindern nämlich das Q
nur mit dem daranhängenden u. Wir nennen es
»kw«. Ich finde es sehr irreführend, einen Buchstaben in einer Form zu lernen, die nie vorkommt. Das
passiert aber in den üblichen Fibeln, wo es nur »Q«

und »q« gibt. Dabei habe ich selber Mühe, ein kleines »q« auf Anhieb zu erkennen, wenn das Anhängsel »u« fehlt. Außerdem weiß ich im Deutschen kein Wort, wo nur das Q alleine verwendet wird. Das erschwert das Speichern dieses ohnehin unsympathischen Buchstaben nur unnötig.

R

Zum R gehört bei uns die Geschichte vom rasenden Roland. Das Rasen deuten wir an, indem wir die Arme wie Flügel seitlich anwinkeln und mit den Händen ganz schnell auf und ab »flattern«. Dazu machen wir mit der Zunge als Renngeräusch: » Rrrrrrr«.

S

Wir malen mit beiden Händen die S-Kurve in die Luft und zischen dazu Ssssss.

T

Der linke Arm wird vorgehalten, die Hand zur Faust geballt. Der rechte Unterarm wird nun quer auf die linke Faust gelegt – als Querbalken des T – und dazu gesprochen: T – T – T .
Bei jedem »T« wird die Bewegung wiederholt.

U

Beide Arme werden seitlich ausgestreckt und die
Unterarme senkrecht nach oben gehalten. Sie bilden
die Schüssel des U.

V

Gerade stehen. Beide Arme werden schräg nach oben
gehalten, so daß sie ein V bilden.

W

Diese Lautgeste erinnert wieder an eine Buchstabengeschichte, an die vom wilden Wassermann. Wir
strecken die angewinkelten Arme seitlich vom Körper
weg. Jeder Arm bildet eine Hälfte des W. Dann wip-
pen wir in den Knien auf und ab und sagen dazu:
Wwww. Das soll die Wellen des wildbewegten Meeres
aus unserer Geschichte darstellen.

X

Wir stehen mit gegrätschten Beinen und seitlich
schräg nach oben ausgestreckten Armen.

Y

Wir stehen auf einem Bein und halten die ausge-
streckten Arme seitlich schräg nach oben. Im Unter-
schied zum V stehen wir hier auf einem Bein. Beim V
gehören ja nur die Arme zur Lautgeste, und wir wollen deutlich machen, daß beim Y auch noch ein sen-
krechter Strich vorhanden ist.

Z

Wir stehen auf dem linken Bein, mit dem Gesicht
gegen die Schreibrichtung. Der linke Arm wird von
der Schulter waagrecht nach vorne ausgestreckt. Das
rechte Bein wird am Knie abgewinkelt, der Unter-
schenkel waagrecht nach hinten gestreckt.

Grobmotorische Bewegungen

Durch die Lautgesten wird mit dem eigenen Körper ein Buchstabe
dargestellt. Die Idee des Buchstaben muß **im Körper** sein.
    Die Ergänzung dazu bilden **grobmotorische Bewegungen**.

Hier wird **mit dem ganzen Körper** ein **außen vorgegebener Buchstabe**
nachgefahren. Das schaut konkret so aus:
    Ich klebe den jeweils aktuellen Buchstaben **so groß wie möglich** mit
Tesakrepp Klebeband auf den Fußboden im Klassenzimmer, und zwar
Groß- **und** Kleinbuchstaben.

Sie wollen sicher wissen, warum ich mich hier nicht auf den Großbuchstaben beschränke, wo ich doch schon einige Male ausgeführt
habe, daß das für das Verankern einer Assoziation genügen würde.
Nun, während für mich die bisher erwähnten Möglichkeiten einer
rechtshirnigen Anreicherung des Leselehrganges das sichere Speichern und Erinnern der Buchstabenformen zum Ziel haben, geht es
bei den grobmotorischen Bewegungen auch um das Verankern eines
Bewegungsablaufs im Körper, und zwar im Hinblick nicht nur auf das
Erinnern, sondern auch auf das Reproduzieren der Buchstaben durch
das Schreiben. Und da ja sowohl die Groß- als auch die Kleinbuchstaben geschrieben werden müssen, möchte ich auch beide Bewegungs-
spuren im Gehirn bahnen.

Ich gehe nämlich davon aus, daß eine Bewegung, die schon mit dem
ganzen Körper ausgeführt wurde, also gewissermaßen bereits »vorge-
bahnt« ist, hinterher auch leichter »in die Hand geht«, und der Erfolg
gibt mir da recht.

Nun muß ich Ihnen aber endlich erzählen, **wie** wir uns auf den auf-
geklebten Buchstaben bewegen. Die Kinder können auf ihnen:

- gehen
- hüpfen (auf einem oder beiden Beinen) und
- krabbeln.

Das dürfen sie in allen Richtungen machen, vorwärts und rückwärts,
also nicht nur in der orthodoxen Schreibrichtung. Mir ist nur wichtig,
daß die Form des Buchstaben verinnerlicht wird.

Während bei den Lautgesten auch die Buchstabenvorstellung im
Kopf beteiligt ist, muß das bei diesen Bewegungen auf den großen
Buchstabenformen nicht so sein. Hier ist die unbewußte Intelligenz
des Körpers am Werk, die wir nicht geringschätzen sollten, nur weil
wir ihre Arbeitsweise noch nicht richtig verstehen. Es laufen in uns ja
so viele Prozesse ab, die wir nicht bewußt kontrollieren können und
deren Wichtigkeit dennoch niemand bestreitet.

Ich habe jedenfalls die Erfahrung gemacht, daß gerade auch diese
großräumigen Bewegungen mit dem ganzen Körper dazu beitragen,
Buchstabenformen zu sichern und zu verankern. Und wenn wir
bedenken, daß das Unbewußte der rechten Gehirnhälfte zugeordnet

ist, dann passen auch diese Übungen genau zu meinem Postulat, mit beiden Gehirnen zu lernen und nicht nur mit einer Hälfte.

Ebenfalls **von außen** kommen die taktilen Reize, mit denen wir den

Tastsinn

stimulieren können. Ich habe mir zu diesem Zweck Sandpapierbuchstaben gemacht. Das geht verhältnismäßig einfach und hat den Vorteil, daß es wenig kostet. Fertige Sandpapierbuchstaben und -zahlen gibt es beim Montessorimaterial – sehr schön, aber auch sehr teuer! Ich kaufe feste Pappe und lasse sie mir im Format 12x12 cm zuschneiden. Aus Sandpapierbögen – nicht zu feinkörnig! – schneide ich Buchstaben aus und klebe sie auf die Pappe. Ich habe mir mein Buchstabenset nicht auf einmal gemacht, sondern parallel zu meinem Leselehrgang immer nur das angefertigt, was ich gerade brauchte. So hat sich die Arbeit wirklich in Grenzen gehalten.

Alle Buchstaben, die wir schon gelernt haben, liegen dann in einem Karton im Freiarbeitsregal bereit. Ich habe auch noch ein Säckchen genäht, in dem bequem eine Buchstabentafel Platz hat. Die Kinder können nun die Sandpapierbuchstaben mit den Fingern abtasten und nachfahren. Sie können sie auch blind erfühlen. Dabei arbeiten immer zwei Kinder zusammen. Eines steckt einen Buchstaben in das Säckchen. Das Kind, das gerade »dran« ist, schaut solange weg. Dann greift es in das Säckchen und fühlt, welcher Buchstabe drinnen steckt.

Ein weiterer Außenreiz, der jedoch diesmal nicht die Buchstaben**form** betrifft, sondern wieder eine **Assoziation** dazu liefert, wird durch

Gerüche

gebildet. Zu jedem neuen Buchstaben machen wir eine Ausstellung von Gegenständen, die damit anfangen oder ihn beinhalten. Die Kinder bringen Sachen dafür mit. Das machen sie gerne. Manches

stammt auch von mir. Ich stelle auf alle Fälle immer etwas zum Riechen dazu, das mit dem jeweiligen Buchstaben anfängt: meistens ein Gewürz oder ein Duftfläschchen, in das ich einen Wattebausch lege, den ich mit einigen Tropfen ätherischen Öls beträufelt habe. Das Duftfläschchen wird mit einem Etikett versehen.
Jedesmal, wenn eine neue Ausstellung aufgebaut wird, wandert das Gewürz der vorhergehenden Woche in unsere »Sinnesecke«, wo dann alle bisher gelernten Buchstaben «beschnuppert« werden können.

Ein Wort zur Verwendung ätherischer Öle:
Es gibt sie inzwischen in fast allen Naturkostläden und Reformhäusern zu kaufen. Achten Sie darauf, daß Sie natürliche, durch Wasserdampfdestillation gewonnene Öle (wie die Marke »Primavera«) erhalten. Die Anschaffung der Öle lohnt sich, denn Sie können sie gut für sich selber verwenden, z.B. in der Duftlampe zur Verbesserung des Raumklimas oder als natürliche und hautfreundliche Badezusätze usw.
Wenn Sie sich über die Thematik informieren wollen, gibt es eine Reihe von empfehlenswerten Büchern hierzu. Bezugsquellen für Öle und Buchempfehlungen finden Sie im Anhang.

Hier ist eine **Duft-Liste** − fast von A bis Z:

A − Anis
B − Basilikum
C − Curry
D − Dill
E − Estragon
F − Fenchel, Fichtennadelöl
G − Geranienöl
H − Honigessenz
I − Ingwer
J − Jasminöl (sehr teuer!)
K − Kamille, Kaffee, Kerbel, Knoblauch, Kardamom, Kümmel, Kampferöl
L − Lavendel (Blüten aus der Apotheke oder Lavendelöl)
M − Majoran, Muskat, Meerrettich, Mandarinenöl

N – Nelken (Gewürznelken)
O – Oreganum, Orangenöl
P – Petersilie
Qu – frische Quitten (gibt es allerdings nur im Herbst, aber wir ler-
     nen das Qu immer erst im Herbst der zweiten Klasse, da paßt es
     gerade)
R – Rosmarin (Gewürz und Öl)
S – Salbei, Sandelholzöl
T – Thymian, Thujaöl
U – für diesen Buchstaben habe ich noch nichts gefunden
V – Vanille
W – Wacholder, Weihrauch
X – auch für das X habe ich noch keinen Duft
Y – Ylang-Ylang-Öl
Z – Zimt, Zitronenöl

Die Aroma-Therapie gehört zwar – noch – nicht zu meinen Spezial-
gebieten. Ich beginne mich aber mehr und mehr mit ihr zu befassen
und sie zu schätzen. Daß das Beriechen der Buchstaben – und damit
das Schaffen von Assoziationen und Eindrücken auf einem besonderen Kanal – sicher über eine bloße Spielerei hinausgeht, davon bin
ich überzeugt.

   Um Ihnen eine Vorstellung zu geben, was ich damit meine, zitiere
ich einen Abschnitt aus dem Büchlein »Dufterlebnisse« von Susanne
Fischer-Rizzi[21]:

*»Die Geruchsreize und -informationen werden direkt in den ältesten Teil
unseres Gehirns, das limbische System, weitergeleitet, ohne zuerst an die
Hirnrinde zu gelangen. Der Riechsinn ist deshalb von allen Sinnen der emp-
fänglichste. Das Denkhirn des Menschen ist aus dem Riechhirn hervorgegan-
gen, das wie die Wurzel eines Baumes ist, der tief in die Erde herabreicht. Das
Denkhirn ist wie die Krone dieses Baumes. Unser Denkhirn bekommt Energie
und Inspiration durch das Riechen. Deshalb können Düfte uns motivieren,
erheitern, wohl tun, uns erfreuen. Die Dufterlebnisse reichen tief in die Wur-
zeln unseres Seins, stoßen dort auf Altes, Verborgenes, auf schlummernde
Kräfte, auf den Ursprung unseres Bewußtseins und Denkens.*
   *Die Wissenschaft lokalisiert im limbischen System unsere Motivation,
Sympathie, Antipathie, Sexualität, Erinnerungen, Kreativität. Es ist die
Steuerzentrale für das vegetative Nervensystem, das selbständig die gesamten*

Lebensvorgänge wie Atmung, Verdauung, Herzschlag, Hormonausstoß usw. regelt.

Die Duftmoleküle lösen in der Nase Nervenimpulse aus, die im limbischen System Querverbindungen zu Erinnerungen und Emotionen schalten. Sicher ist es Ihnen schon einmal passiert, daß ganz unmittelbar ein Duft Bilder, Erinnerungen längst vergangener Situationen wachrief. Auf diese Weise können die Pflanzendüfte, die ätherischen Öle, tief in die Steuerungsmechanismen unserer Seele eingreifen, ausgleichen, anregen und massiv die Selbstheilungskräfte aktivieren.«

Soweit die Aromatherapeutin.

Ein mit dem Riechen eng verwandtes Sinneserlebnis ist das Schmecken. Ich halte es aus verschiedenen Gründen, auch unter Lernaspekten, für wichtig, den Kindern in der Schule gelegentlich etwas

Eßbares

vorzusetzen.

Das gemeinsame Essen in einer Gruppe, die ja über Jahre hinweg täglich zusammen lebt und arbeitet, ist ein Erlebnis, das weit mehr bezweckt als nur das Sattwerden.

Ich denke mir immer, daß für die Kinder ein Platz, wo es auch etwas zu essen gibt, wo es einem also auch ganz vordergründig »leiblich« gut geht, schon gar nicht mehr so schlecht sein kann.

Freilich ist es sehr wichtig, daß gerade so schöne Unternehmungen nicht im Chaos enden und dann mehr Schaden als Nutzen bedeuten.

Deshalb achte ich bei der Vorbereitung und auch beim Essen sehr darauf, daß alles geordnet und gut organisiert abläuft. Das ist gar nicht so schwer. Sie müssen nur vorher gut und genau planen, welcher Schüler was machen soll und welche Regeln gelten.

Wenn gemeinsam gekocht wird, überlege ich mir immer einen Arbeitsplan für eine Tischgruppe, also:

● **Was machen alle gemeinsam?**
Schälen und zerkleinern von Obst oder Gemüse, Brote streichen usw.

● **Was machen einzelne Schüler in der Tischgruppe?**
1. Schüler Kochplatte einstellen
2. Schüler Öl abmessen
3. Schüler Öl in den Topf gießen usw.
oder:
1. und 2. Schüler Nudeln abmessen
3. und 4. Schüler Wasser aufsetzen
5. und 6. Schüler Nudeln ins kochende Wasser schütten und umrühren.

● **Was macht der Lehrer?**
Wir kochen manchmal gemeinsam und richten alles in der Schule her. Es kommt aber auch vor, daß ich einen Teil oder alles vorbereite und wir nur gemeinsam essen. Das kommt erstens darauf an, was es gibt und zweitens auch darauf, wieviel Zeit ich gerade erübrigen kann.

● **Welche Regeln sollen beim Essen gelten?**
Gemeinsame Rituale haben eine starke Kraft. Nicht umsonst haben unsere Ahnen ihnen sehr viel Wert beigemessen. Für mich ist es wichtig, daß das Essen in einem feierlichen, rituellen Rahmen abläuft. Wenn es nur eine Kleinigkeit gibt, die ich für die Kinder hergerichtet habe, kommt das natürlich nicht so stark zum Ausdruck wie bei einem Essen, das wir gemeinsam zubereiten. Da muß nach dem Kochen erst noch aufgeräumt werden. Dann decken alle Kinder ihren Platz. Ich teile immer Papierservietten als Sets aus, auf die dann Teller und Besteck gelegt werden. Wenn jeder etwas auf seinem Teller hat, geben die Kinder jeder Tischgruppe einander die Hände und wir sagen alle »Guten Appetit!«. Erst dann darf gegessen werden.

Hier sind verschiedene Anregungen, was Sie mit Ihrer Klasse essen könnten. Wo ich es für sinnvoll halte, gebe ich organisatorische Hinweise. Beim Popcorn-Rezept erzähle ich ganz genau, wie ich vorgehe.

Natürlich sollen durch meine Vorschläge Ihrer Phantasie keine Grenzen gesetzt werden. Bestimmt fällt Ihnen selber noch manches »Genießbare« ein.

Und lassen Sie sich bitte nicht zu dem Gedanken verleiten: »Das kann ich ja nie!« Sie kennen doch jetzt den Mechanismus, der dahintersteckt. Erinnern Sie sich nur an die Geschichte von den Haifischen! Denken Sie vielmehr:»Was andere können, kann ich auch!« und halten Sie sich vor Augen, daß die angeführten Möglichkeiten eben **Möglichkeiten** sind, von denen Sie die eine oder andere ausprobieren können, ohne daß irgendjemand von Ihnen erwartet, Sie sollen das **alles** in **einem** Schuljahr machen. Das mache ich auch nicht.

Vielmehr lasse ich mich da von meinem Gefühl leiten. Das heißt, wenn ich meine, es sei wieder einmal an der Zeit, mit den Kindern etwas zu essen, dann tue ich das, ohne mich da von einem starren Konzept unter Druck setzen zu lassen.

Das wäre ja höchst einseitig linkshirnig, unkreativ und der Sache als solcher sicher nicht dienlich, wäre also auch ganz und gar nicht im Sinne dieses Buches.

Das paßt zu einzelnen Buchstaben:

A

Ananas aus der Dose. Für jedes Kind eine Scheibe in Stückchen schneiden, auf kleine Pappteller – Würstelteller – legen, mit Zahnstochern aufpicken. Die Pappteller können leicht saubergemacht und wiederverwendet werden.

B

Butterbrezen – bei uns in Bayern sehr bekannt und beliebt. Wie das woanders ist, weiß ich nicht.

Ich habe aber auch schon Birnen- und Bananenspieße gemacht: einfach abwechselnd frische Bananenstückchen und Birnenstücke aus der Dose auf einen Zahnstocher stecken. Für jede Tischgruppe gibt es einen Pappteller, auf dem alle Spieße liegen.

D

Datteln, und zwar nicht die übersüßen gezuckerten, sondern solche, die nur getrocknet sind und noch am Zweig hängen. Da sie relativ teuer sind, gibt es für jeden nur eine. Die wenigsten Kinder kennen diese Datteln. Ich finde, daß das gleich eine Möglichkeit ist, sie mit einer gesunden Süßigkeit bekanntzumachen.

F

Fischstäbchen

Etwas aufwendiger, aber schon zu bewältigen, und bei Kindern sehr beliebt. Das Braten in der Pfanne übernehmen am besten Sie selber. Gegessen wird erst, wenn alle Fischstäbchen gebraten sind. Es macht gar nichts, wenn die erste Ladung beim Essen nur noch lauwarm ist. Es schmeckt auch so!

Die Kinder können sich – bis es soweit ist – mit Lese-Freiarbeit zum neuen Buchstaben beschäftigen oder Fische-Bilder malen, mit denen dann das Klassenzimmer zur Erinnerung an das Fischstäbchen-Essen dekoriert wird. Wenn Ihnen noch eine Schüssel Kartoffelsalat von einer Mutter spendiert wird, haben Sie ein richtiges Essen.

H

Himbeertörtchen

Fertige Obsttörtchen mit aufgetauten, gut abgetropften Himbeeren belegen. Dazu gibt es Schlagrahm, der mit Honig gesüßt wurde.

K

Kokosnuß

Schmeckt am besten ganz frisch. Pro Tischgruppe (4 bis 6 Kinder) genügt eine. Bitten Sie einen Vater um Hilfe, der Ihnen die Nüsse entweder schon zu Hause öffnet und morgens vorbeibringt oder in die Klasse kommt und das dort macht. Sorgen Sie aber dafür, daß die Kinder in diesem Fall wissen, was sie tun können, wenn ihnen das bloße Zuschauen zu langweilig wird. Die Wichtigkeit von vorausschauender Planung und Organisation bei allen »außertourlichen« Unternehmungen kann gar nicht oft genug betont werden, siehe auch weiter unten das Popcorn-Rezept.

M

Melone

Geht ganz einfach und schmeckt gut!

P

Popcorn

Ich zitiere aus meinem Buch »Schreibvergnügen«, wo ich genau erzähle, **wie** wir gemeinsam das Popcorn »kochen«.

Das in diesem Zusammenhang Gesagte gilt exemplarisch auch für andere »Kochereien«:

»Wir hatten in der Schule schon lange nicht mehr gemeinsam gegessen, und so fand ich es an der Zeit, wieder einmal zu kochen.

Ich stellte es mir spaßig vor, mit den Kindern Popcorn zu machen, und überlegte zunächst, wie ich das am besten organisieren könnte, denn das ist ja bei allen Extra-Unternehmungen besonders wichtig. Jedenfalls kann ich es nicht leiden, wenn bei solchen Gelegenheiten keiner mehr weiß, was er tun soll, und die schönsten Vorhaben in einem Durcheinander aus schreienden Kindern und entnervter Lehrerin enden. Deshalb plane ich lieber vorher genau und kann so unsere «besonderen» Schultage auch selbst genießen. Auch der «Popcorn-Tag» verlief für alle Beteiligten harmonisch.

Zu Hause hatte ich vorher genau ausprobiert, wieviel Öl und Popcorn ich brauchte, um die richtige Menge für sechs Kinder herzustellen. Es waren gut 2 cl Öl und gut eine halbe Tasse Popcorn. Mit wasserfestem Folienstift markierte ich innen in der Tasse und außen an einem Schnapsglas, wieviel Öl bzw. Popcorn eingefüllt werden mußte.

In der Schule teilte ich jedem Kind einer Sechsertischgruppe eine Aufgabe zu.

Erstes Kind: Popcorn in die Tasse füllen (bis zum Strich).
Zweites Kind: Öl ins Schnapsglas gießen (bis zum Strich).
Drittes Kind: Kochplatte anschalten (auf II).
Viertes Kind: Öl aus dem Schnapsglas in den Kochtopf gießen.

Wir warteten alle einige Minuten, bis ich sagte, daß das Öl jetzt heiß genug sei (was dann der Fall ist, wenn die Ölfläche im Topf einen wellenförmigen, bewegten Rand bildet).

Fünftes Kind: Popcorn aus der Tasse in den Topf schütten.

Ich verteilte das Popcorn gleichmäßig durch Schwenken des Topfes. Alle schauten wir gespannt, wann das erste Korn zu hüpfen anfange. Als es soweit war, kam das letzte Kind der Gruppe an die Reihe.

Sechstes Kind: Deckel auf den Topf legen.

Dann horchten wir ganz mäuschenstill auf das Popcorn-Feuerwerk, das jetzt im Topf losging. Als das Geknalle langsamer wurde und schließlich verebbte, nahm ich den Deckel ab. Das »Aaah!« und »Oooh!« der Kinder beim Anblick des überquellenden Topfes war hörenswert. Ich salzte das Popcorn, füllte es in eine Schüssel, und die nächste Gruppe kam an die Reihe.

Wer nichts zu tun hatte, konnte sich sein Buch, das wir immer unter der Bank liegen haben, holen und lesen oder sich mit Freiarbeit beschäftigen. Die meisten Kinder wollten aber am liebsten beim »Kochen« zuschauen.

Mit jeder Gruppe, die drankam, ging es ohnehin etwas schneller, weil Topf und Herdplatte schon heiß waren. Für alle drei Gruppen brauchten wir nur 40 Minuten. Als alle mit dem Kochen fertig waren, deckten wir die Tische mit roten Papierservietten. Die Kinder stellten die mitgebrachten Kompottschüsselchen auf ihren Platz, und ich verteilte in jeder Gruppe das selbstgekochte Popcorn.

Einige Kinder hatten ihre Schüsselchen vergessen, weil wir uns am Vortag nur gemerkt und nicht aufgeschrieben hatten, daß sie mitgebracht werden sollten. Das war nicht weiter schlimm. Sie bekamen ihr Häufchen Popcorn direkt auf die Serviette. Zum Schluß räumten wir gemeinsam auf und gingen dann in die Pause.«

Qu
Quittengelee
Wir lernen das Qu – das habe ich schon erwähnt – erst im Herbst in der zweiten Klasse. Da gibt es gerade frische Quitten. Ich bringe zuerst einen Korb voll in die Klasse mit, gebe sie den Kindern in die Hand, lasse sie dran riechen – Quitten duften herrlich! Auch das ist ein echtes Aha-Erlebnis, denn keines meiner Kinder kannte bisher schon Quitten. Das war für alle etwas Neues. Während die Klasse mit dem Qu-Blatt oder mit der Lese-Freiarbeit beschäftigt ist – wer Lust hat,

kann auch mir zuschauen — schneide ich die Quitten in Achtel. Dazu braucht man ein großes scharfes Messer und auch etwas Kraft, denn die Früchte sind hart und holzig. Ich setze sie in einem großen Topf mit Wasser bedeckt zu und lasse sie weich kochen. Ein herrlicher Duft breitet sich in unserem Zimmer und von da aus auch auf den Gängen aus.

Über Nacht lasse ich die Quitten in der Klasse abtropfen. Das geht ganz so wie zu Großmutters Zeiten:

Ein Stuhl wird umgedreht auf einen Tisch gestellt. Eine Stoffwindel wird mit den Ecken an den vier hochstehenden Beinen des Stuhles festgebunden. Zwischen die Stuhlbeine — und genau unter die Windel — kommt eine große Schüssel. Nun wird der Inhalt des Kochtopfes in die Windel geschüttet. Der Saft aus den weichen Quitten läuft über Nacht durch das Tuch und sammelt sich in der Schüssel. Aus ihm wird am nächsten Tag Gelee gekocht wie üblich: 1 kg Gelierzucker auf 1 l Saft, alles einige Minuten unter Rühren kochen lassen, bis der Saft zu gelieren beginnt.

Ein Tip: Wenn Sie unsicher sind, lieber etwas länger kochen lassen. Dann wird das Gelee halt etwas fester, schmeckt aber auch sehr gut.

In der Pause, wenn alle Kinder draußen sind, streiche ich dann eine Menge Butterbrote. Das letzte Mal hatte eine Mutter extra für uns einige Laibe Brot gebacken und uns selbstgemachte Butter spendiert. Das war natürlich etwas Besonderes!

Nach der Pause richten die Kinder ihre Plätze wieder her wie üblich: auf eine Papierserviette kommt der mitgebrachte Teller. Einige Helfer teilen mit mir zusammen Saft aus, den ich besorgt habe. Nun gehe ich von Gruppe zu Gruppe, gebe jedem ein Butterbrot und streiche jetzt erst das noch warme Gelee auf. Das mache ich deshalb nicht schon vorher, damit es auf den Broten nicht zerläuft und dann unappetitlich aussieht. Wenn alle etwas haben, wünschen wir einander wieder »Guten Appetit« und lassen es uns schmecken.

Jedes Kind hat außerdem ein Schraubglas dabei, in dem es noch einige Eßlöffel Gelee mit heimnehmen darf.

Sch
Schokoladen-Fondue

Das ist wieder etwas ganz Einfaches. Jeder bekommt einige Bananen-, Orangen- und Apfelstückchen auf seinen Teller. Das Obst können die Kinder gut selber herrichten. Ich schmelze einige Tafeln Zartbitterschokolade mit etwas Sahne und stelle an jede Tischgruppe eine kleine Schüssel mit dieser Soße. Nun wird mit einem Zahnstocher jeweils ein Obststückchen aufgespießt und in die Schokolade getaucht.

Sie können auch jedem Kind einige Löffel Soße auf seinen Teller geben, dann hat garantiert jeder gleichviel!

Auf alle Fälle ist es immer gut, von allem reichlich vorzubereiten. Zumindest ist das meine Meinung. Aber da muß ohnehin jeder seine eigenen Erfahrungen sammeln und es dann so machen, wie er es für richtig hält.

Und noch zwei »nicht-spezifische« Möglichkeiten

Buchstaben-Suppe
Für die Suppe nehme ich Hefebrühe aus dem Reformhaus – mir schmeckt am besten die Marke »Cenovis«.

Die Brühe bereite ich zu. Den Rest machen die Kinder selber. So habe ich die Arbeit für jeweils eine Tischgruppe aufgeteilt:

1. und 2. Kind: Nudeln abmessen, in das kochende Wasser geben, Küchenwecker einstellen.

Achtung: Natürlich lasse ich die Kinder nicht unbeaufsichtigt mit kochendem Wasser umgehen. Da stehe ich schon daneben.

3. und 4. Kind: Sieb halten, während ich das Nudelwasser abgieße, Nudeln abbrausen, auf die Teller verteilen.

5. und 6. Kind: Schnittlauch schneiden und auf die Teller verteilen.

Das geht alles wieder ganz geruhsam, denn die Gruppen, die nicht mit Kochen beschäftigt sind, machen Freiarbeit. Die Brühe bereite ich ganz zum Schluß zu, und gegessen wird erst wieder, wenn alle etwas haben.

Anschlußarbeit:
Jedes Kind darf dann noch seinen Namen aus trockenen Nudeln auf
ein Kärtchen vom Format unserer Wortkarten (s. S. 38) kleben.

Buchstaben-Kekse
Aus einfachem Plätzchenteig, den ich zu Hause vorbereitet habe, werden Buchstaben geformt. Da kann jeder seine Lieblingsbuchstaben
nehmen, oder Sie können auch welche vorgeben. Ich bitte immer
einige Mütter, mir Backbleche zu leihen und beim Backen zu helfen.
    Die Bleche belege ich mit Backpapier. Mit Bleistift teile ich den
Platz ab, den jeder für seine Plätzchen hat, und schreibe den betreffenden Namen auf das Papier. Meistens haben wir so viele Bleche,
daß für je ein Kind ein halbes zur Verfügung steht. Zu einer vereinbar-
ten Zeit holen die Mütter die Plätzchen ab, backen sie zu Hause fertig
und bringen sie anschließend gleich wieder. Wir können sie dann noch
glasieren. Gegessen wird am nächsten Tag. Da gibt es Tee – Zitronen-
melisse und Pfefferminz aus unserem Schulgarten –, den wir mit
Honig süßen, denn der Zucker, der in den Keksen ist, reicht wahr-
haftig!
    Und dann kann sich jeder seine Buchstaben **einverleiben!**
Das Buchstabenbacken ist auch zu Hause sinn- und lustvoll!

Hier das Rezept (der Teig ist einfach und läßt sich deshalb gut formen), das ich für ebendiesen Zweck von meiner Kollegin Sieglinde Mattes bekommen habe:

Einfacher Plätzchenteig
125 Gramm Butter, 250 Gramm Zucker, 750 Gramm Mehl, 4 Eier, 2 Päckchen Vanillezucker, 1 Päckchen Backpulver; alles gut zusammenkneten und goldgelb backen.

Noch etwas ganz Wichtiges:
Die Kosten dieser Sonder-Aktionen trage übrigens nicht ich. Das halte ich aus verschiedenen Gründen nicht für angebracht.

Vielmehr sammle ich für alle Extra-Ausgaben, die bei einem Unterricht wie dem beschriebenen eben anfallen, pauschal pro Halbjahr von jedem Kind 20 DM ein.

Davon kaufen wir Bastelmaterial, Essen, Pflanzen für unseren Garten, Blätter zum wöchentlichen Geschichtenschreiben, Tonpapier, Fotokarton für Lesekärtchen und Einmaleinskarten, Material zum Bücherbinden, Plastilin usw.

Mein Slogan hierfür: Im Monat 5 Mark für die Schule müssen schon »drin« sein. Schließlich kostet eine Bifi-Salami schon fast eine Mark!

Nach so vielen handfesten Genüssen wird es jetzt aber höchste Zeit, zum gehirngerechten Ausgleich auf etwas Geistigeres zu sprechen zu kommen, die

Entspannungsübungen

Darüber gäbe es natürlich weit mehr zu sagen als im Rahmen des vorliegenden Buches möglich ist. Ich möchte hier in erster Linie über meine persönlichen Erfahrungen berichten und darüber, wie ich Entspannungsübungen in Verbindung mit dem Lesenlernen einsetze.

Sollten Sie sich für das Grundsätzliche interessieren und diesen Bereich der Arbeit mit Kindern ausbauen wollen, empfehle ich Ihnen: Maureen Murdock: Dann trägt mich meine Wolke. [22]

Nun zu meinen persönlichen Erfahrungen:

Wie viele meiner Kollegen stelle ich fest, daß die Kinder, die wir heute unterrichten, sich gravierend von denen vor 20 oder 10 Jahren unterscheiden, ja sogar schon von denen vor 5 oder 6 Jahren. Ich will mich hier nicht auf Spekulationen über die möglichen Ursachen einlassen, sondern ein Defizit anführen, das nach meiner Erkenntnis viele dieser »modernen« Kinder gemeinsam haben.

Es wird ihnen **Zerstreuung** in jeder Menge geboten.

Was ihnen fehlt, ist die **Sammlung**!

Das allein ist – ganz abgesehen von den vielen anderen Vorteilen – schon Grund genug zu einer täglichen Sammlung, Be-Sinnung, Kon-Zentration!

So erkläre ich auch den Eltern die Notwendigkeit dieser Übungen. Und da die Fähigkeit zur Konzentration einen allgemein anerkannten Wert darstellt – wie die Freude am Lesen ja übrigens auch! – , leuchtet es eigentlich allen Eltern ein, daß es sinnvoll ist, dafür etwas zu tun.

Da die Konsequenz eine wichtige Voraussetzung für den Erfolg ist, fange ich mit den Erstkläßlern bereits am zweiten Schultag an, diese »stille Zeit« einzuführen.

Wir setzen uns im Kreis im Schneidersitz auf den Boden, legen die Hände auf die Knie und schließen für zwei Minuten die Augen. Dann atmen wir gemeinsam aus – ein – aus – ein und stellen uns eine Farbe vor. Das reicht für den Anfang. Das gemeinsame Atmen ist übrigens für die Kinder gar nicht so leicht und sollte immer wieder – auch ohne »Augen zu« – geübt werden. Es ist hilfreich, wenn alle die

Hände auf den Bauch legen und ihn beim Einatmen dicker und beim Ausatmen dünner werden lassen.

Die tägliche Entspannungszeit wird allmählich länger, geht aber nie über 10 Minuten hinaus.

Wir konzentrieren uns auf alle möglichen Inhalte:
Zuerst atmen wir immer gemeinsam und lassen unseren Körper ruhig werden. Wie, das können Sie den konkreten Textbeispielen weiter unten entnehmen.

● Wir fangen jede Übung auf unserer Wiese an. Dort gibt es auch einen Wald und einen Bach, der quer durch sie fließt.

● Oft besuchen wir Tiere, die auf der Wiese, im Wald oder im Bach leben. Wir werden dann klein wie sie, verstehen ihre Sprache, schauen ihre Wohnungen an und spielen mit ihnen.

● Manchmal sehen wir über unserer Wiese einen Regenbogen, mit dem wir alles mögliche anfangen können. Neulich sind wir auf ihm entlanggewandert und haben nacheinander alle Farbspuren besucht: zuerst die rote, dann die orange, gelbe, grüne, blaue und violette. Wir haben also das ganze Spektrum besucht – nur nicht indigo, das lasse ich immer aus, weil sich niemand – ich eingeschlossen – darunter etwas vorstellen kann. Am Ende des Regenbogens hat dann jeder einen Schatz gefunden, den er mitnehmen konnte. Da wurden hinterher schöne Sachen aufgezählt: Adrian fand ganz viel Konzentration, Angelika bekam einen großen Haufen Gelb als »Gehirnfutter«, Carla nahm sich Kraft zum Denken mit und Stefan holte sich Mut. Sie sehen also, daß es durchaus Kinder gibt – und das sind gar nicht so wenige! – die genau wissen, worauf es ankommt.

● Wir machen Reisen durch unseren Körper, besuchen die einzelnen Organe, rutschen in den Adern herum und schauen uns alles genau an.

● Wir gehen in unser Gehirn, inspizieren die verschiedenen Abteilungen, z.B. Lese-Abteilung, Rechen-Abteilung usw. Dort sehen wir nach dem Rechten, und wenn nicht gründlich gearbeitet wird, »machen wir Dampf«.

● Wir unternehmen alle möglichen Phantasiereisen in ferne Länder, zu den Wolken, unter die Erde, ins Meer oder in das Weltall.

Und jetzt kommt die Verbindung zum Lesenlernen:

● Wir besuchen Figuren aus unseren Buchstabengeschichten und gehen auch zur Buchstabenfee, die ein gemütliches Haus im Wald bewohnt. Sie paßt auf alle Buchstaben auf und hat für jeden einzelnen ein eigenes Zimmer.

Über das entspannte Lernen möchte ich einen Abschnitt aus dem oben erwähnten Buch von Maureen Murdock zitieren:

»Wir lernen mehr, wenn wir entspannt sind. Informationen sind uns leichter zugänglich, wenn unsere Gehirnwellen in einem langsameren, großen Muster verlaufen. Wenn wir uns nicht von unserer Umgebung ablenken lassen und uns auf unsere Atmung und die Muskelentspannung konzentrieren, verlangsamen sich unsere Gehirnwellen.

Sie wissen sicher aus Erfahrung, daß man plötzlich Lösungen für Probleme findet, die man stundenlang zu «lösen» versucht hat, wenn man entspannt und ruhig ist. Wenn sich der Körper abends im Bett von den Aktivitäten des Tages erholt, erhält man plötzlich nach Tagen des Nachdenkens eine Einsicht.

Albert Einstein, den man für einen unzugänglichen, schwerfälligen Schüler hielt, entdeckte die Relativitätstheorie genau auf diese Weise. Eines Tages, als er auf dem Rücken lag und versunken beobachtete, wie das Sonnenlicht durch seine Wimpern gefiltert wurde, fragte er sich, wie es wohl wäre, auf einem Sonnenstrahl zu reisen. Er ließ seinen Verstand durch diese Bildvorstellung wandern und wußte plötzlich genau, was vor sich gehen würde. Diese kreative Einsicht ermöglichte es ihm, die Theorie zu vervollständigen, die ihn so berühmt machte.

Von Einstein wird gesagt, daß er beide Hirnhälften gleichzeitig einsetzte. Seine Ideen kamen zuerst als visuelle Bilder, die er dann in Worte und mathematische Gleichungen übersetzte. Er ließ diese Information zwischen den Hirnhälften durch das Corpus Callosum, das Bündel von Nervensträngen, *die die zwei Hirnhälften miteinander verbinden, hin- und herwandern. Er soll gesagt haben, seiner Meinung nach sei der wichtigste Aspekt der Intelligenz die Fähigkeit, Bildvorstellungen zusammen mit der Information, die uns bekannt ist, zu nutzen.* Dies ist eine Möglichkeit, um mit dem ganzen Gehirn zu lernen.»*

* *Hier bezieht sich M. Murdock auf Peter Russel: The Brain Book, Hawthorne Books, New York, 1979*

Superlearning

Nichts anderes als Lernen in entspanntem Zustand passiert auch bei der Suggestopädie, dem Superlearning.

Ich beschreibe Ihnen stichpunktartig den Ablauf eines suggestopädischen Lernzyklus. Das System ist für alle Lerninhalte (Rechtschreiben, Mathematikregeln, Fremdsprachen und eben auch das Speichern von Buchstabenformen) geeignet.

Ein leicht zu lesendes Buch für den ersten Kontakt mit der Methode: Ostrander/Schroeder: Leichter lernen ohne Streß[23].

Und nun zum Ablauf eines Lernzyklus:

1. Sie präsentieren den Stoff, der gelernt werden soll.

2. Sie lesen vor, was gespeichert werden soll. Dazu spielen Sie klassische Musik. Es wird oft empfohlen, romantische Musik des 19. Jahrhunderts zu nehmen. Ich habe auch gerne Klassik (Mozart) oder Barockmusik. Der Stoff wird nicht mit normaler Sprechstimme, sondern der Musik angepaßt vorgetragen, also mehr in einem Sprechgesang. Die Kinder können still mitlesen, aber auch aufstehen und sich zur Musik bewegen. Alle haben die Augen noch auf.

3. Die Kinder setzen sich mit geschlossenen Augen hin, entspannen sich und Sie tragen den Stoff nochmal vor. Dazu spielen Sie Barockmusik in langsamem, getragenem Tempo (Largosätze).

Für diese dritte Phase des Lernzyklus eignen sich auch gut die *Klangtherapie-Kassetten*, auf die ich im Kapitel über die Lernstörungen noch zu sprechen komme.

4. Es folgt eine Aktivität, z.b. ein Quiz, ein Puzzle, das Ausmalen von Buchstaben usw.

Wichtig: Die Aktivität darf nicht den Charakter einer Lernzielkontrolle haben, sondern muß lustbetont und streßfrei sein.

Wenn es um das Speichern und Festigen von Buchstabenformen geht, unterscheide ich nicht zwischen 1. und 2. Phase des Zyklus. Wir schauen uns – ohne Musik – den betreffenden Buchstaben an, sammeln passende Wörter, machen miteinander die Lautgeste. Danach kommt die Entspannungsübung mit Musik.

Zum Schluß können die Kinder als Aktivität den Buchstaben entweder schön gestalten oder Dinge malen, die damit anfangen und ihn dann dazuschreiben. Sehr beliebt ist die Buchstabenjagd mit gefärbtem Reis (s. S. 41).

Wenn in der Entspannungsübung mehrere Buchstaben vorgestellt wurden, können auch verschiedene Anfangsbuchstaben entsprechenden Bildern zugeordnet werden. Gut eignen sich da ausrangierte Memory-Karten, zu denen man Wort- oder Buchstabenkärtchen legen kann.

Aufbau einer Entspannungsübung

Der Aufbau aller Entspannungsübungen bleibt immer gleich:
1. Zur Ruhe kommen.
2. Inhalt der Übung: Das kann ein Lerninhalt, eine Phantasiereise, eine Farbmeditation, eine Körperreise, positives Programmieren und vieles andere sein.
3. Herausführen aus der Übung.

Für den ersten Schritt, das Zur-Ruhe-Kommen, gibt es verschiedene Möglichkeiten:

● Das Konzentrieren auf verschiedene Teile des Gesichts mit dem anschließenden Abfließen des schweren Gefühls in den Körper. (Sie können aber auch aufhören, wenn Sie das ganze Gesicht entspannt haben.)

● Die »klassische« Ruhetönung aus dem autogenen Training mit dem Schwer-werden-Lassen von Armen (evtl. auch Beinen, aber ich lasse meistens nur die Arme schwer werden).

● Wir konzentrieren uns der Reihe nach auf die verschiedenen Farben des Regenbogens: rot − orange − gelb − grün − blau − (kein Indigo, s. S. 116!) − violett, sehen sie vor uns als Farbscheiben, bauen Farbe für Farbe einen Regenbogen am Himmel auf oder atmen die Farben eine nach der anderen ein, so daß unser ganzer Körper in sie gehüllt ist.

● Wenn wir bei einer Phantasiereise einen Besuch unter der Erde machen, lasse ich die Kinder eine Treppe hinabsteigen, die in die Erde hineinführt. Dabei zähle ich von zehn bis eins rückwärts, jede Zahl bedeutet eine Stufe tiefer. Dann muß ich allerdings in der 3.Phase beim Herausführen aus der Übung erst wieder von eins bis zehn zählen und kann dann wie gewohnt beenden.

Texte für Entspannungsübungen
(im folgenden und im ANHANG 5)

In den Texten für Entspannungsübungen markiere ich jeweils Anfang und Ende des ersten Teils. Das hat für Sie den Vorteil, daß Sie diesen Anfang unabhängig von dem darauffolgenden Inhalt benutzen und sich so Ihre eigenen Übungen machen können.

Vor den Anfang des ersten Teils stelle ich die Anleitung zum gemeinsamen Atmen. Die bleibt zwar immer gleich, und Sie werden sich vielleicht fragen, warum ich sie dann trotzdem immer wieder

bringe. Das geht auf meine eigenen Erfahrungen mit Entspannungs-
büchern zurück.

Ich fand es nämlich am Anfang recht ermüdend und energieraubend, mir aus den Beschreibungen in verschiedenen Kapiteln und
Abschnitten meine eigenen Übungen zusammenzupuzzeln.

Und gerade, wenn man damit anfängt und sich − was ja völlig verständlich ist − noch nicht so sicher fühlt, erleichtert es die ersten Versuche, wenn man nicht lange herumblättern muß, sondern alles, was
man braucht, kompakt an einer Stelle beisammen findet.

Sowie Ihnen die einzelnen Schritte einigermaßen geläufig sind, werden Sie ohnehin dazu übergehen, selber Ihre Programme zusammen-
zustellen.

Sie werden beim Lesen der folgenden Texte feststellen, daß jeder
von ihnen eine der oben angeführten vier Möglichkeiten für den 1.Teil
enthält, und zwar jeder eine andere, so daß sie diese noch einmal konkret vorgestellt bekommen.

Der 2. Teil der Übungen wird immer − da es sich hier ja um ein Buch
über das Lesenlernen handelt − das Speichern verschiedener Buchstabenformen oder Besuche bei den Hauptpersonen unserer Buchstabengeschichten zum Thema haben.

Die Kinder sitzen während der Entspannung entweder im Kreis auf
dem Boden − achten Sie dabei darauf, daß jeder so bequem sitzt, daß
er während der Übung seinen Körper ruhighalten kann, also **gerade**
(Schneidersitz oder Knien), **auf keinen Fall schief,** denn das ist auf die
Dauer zu unbequem − oder auf ihren Stühlen, wobei sie die Unterarme auf die Oberschenkel stützen (Kutscherhaltung) oder die Hände
mit den Handflächen nach oben auf die Knie legen.

Ich habe die besten Erfahrungen mit dem Sitzen im Kreis gemacht,
wobei die meisten Kinder den Schneidersitz bevorzugen.

Das ist zwar nicht ganz comme il faut, wenn man von der Yogaregel
ausgeht, daß bei der Meditation der Nabel höher als die Knie liegen
soll. Aber das nehme ich in Kauf, und ich halte es − was meine Inten-
tionen für die Arbeit mit den Kindern betrifft − auch nicht für so
wichtig.

Und nun kommen wir zu den Texten, die ich spreche. Exemplarisch sei hier angeführt der »Besuch bei der Buchstabenfee«. Weitere Texte finden Sie im ANHANG 5.

Besuch bei der Buchstabenfee

Wir schließen die Augen und atmen aus
Einatmen – ausatmen – einatmen.
Stelle dir nun beim Ausatmen vor, daß du alles wegatmest, was dich stört, und zwar als graue Luft, und daß du gute weiße Energie einatmest.
Atme die graue Luft aus – und weiße Energie ein – und graue Luft aus – und weiße Energie ein.
Atme nun ruhig weiter und stelle dir vor, wie du die graue Luft ausatmest und die weiße Luft einatmest.

Kurze Pause – etwa eine halbe Minute.

****

Und nun konzentriere dich auf deine Stirn, so fest, daß du sie spürst, ohne sie anzufassen. Spüre die Haut, die deine Stirn bedeckt – und entspanne deine Stirn.
Konzentriere dich jetzt auf deine Augenlider und spüre, wie sie schwer werden. Deine Augenlider werden schwer, ganz schwer.
Laß dieses schwere Gefühl jetzt über die Wangen hinunterfließen und entspanne deine Wangen. Deine Wangen sind schwer und locker.
Entspanne nun deinen Unterkiefer.
Deine Zunge liegt schwer und locker im Mund, schwer und locker.
Dieses schwere Gefühl läuft jetzt abwärts in deinen ganzen Körper: in die Schultern, in die Arme, in die Lungen, hinunter in den Bauch, in die Beine bis hinab zu den Zehen.
Dein ganzer Körper ist jetzt ruhig und entspannt.

****

Und nun gehe in Gedanken auf unsere Wiese. Du bist barfuß und spürst, wie dich das Gras an den Fußsohlen kitzelt.
Langsam gehst du über die Wiese. Am Rand der Wiese siehst du einen dunklen Wald. Du gehst näher an ihn heran und entdeckst einen schma-

len Weg, der in den Wald hineinführt. Du gehst auf dem Weg immer tiefer in den Wald. Rechts und links vom Weg wachsen Sträucher.
Kleine Tiere laufen im Moos herum.
Der Wald ist ruhig und dunkel, ruhig und dunkel.
Nun kommst du auf eine Waldwiese. Mitten auf der Wiese steht ein kleines Haus. Es schaut sehr gemütlich aus. Um die Türe herum wachsen Kletterrosen. Du gehst auf das Haus zu, da öffnet sich die Türe, und heraus kommt eine wunderschöne Fee. Schau sie dir genau an. Sie hat ein herrliches Kleid an und lange, schimmernde Haare. Sie sagt: »Ich bin die Buchstabenfee. Willst du in mein Haus kommen?«
Im Haus drinnen ist es sehr gemütlich. Viele bunte Türen gehen vom Gang weg in verschiedene Zimmer. Auf jeder Türe steht ein Buchstabe. Die Fee sagt: »In diesen Zimmern wohnen die verschiedenen Buchstaben. Willst du dir eines ansehen?« Du sagst:
»Ja, gerne!« und die Fee öffnet die Türe, auf der ein R steht. Kaum bist du drinnen, mußt du schon aufpassen, weil Roland der rasende Rennfahrer um die Ecke flitzt. Du darfst dich in sein Go-cart hineinsetzen und mit ihm im ganzen Zimmer herumfahren. Schau dich genau um! Da gibt es viele R zu sehen: ein Sofa, das die Form von einem großen R hat und dazu Sessel, die ausschauen wie kleine r. Alles hier in diesem Raum hat die Form von großen oder kleinen R's: das Fenster, der Tisch, sogar das Bücherregal. Nach einiger Zeit magst du nicht mehr herumfahren. Du setzt dich auf einen R-stuhl und nun bekommst du von Roland köstlichen Rosentee und dazu Kekse, die alle wie große und kleine R ausschauen.
Aber nun ist die Zeit um und du mußt dich leider verabschieden. Schau dir die vielen R im Zimmer nochmal gut an. Dann sagst du zu Roland »Auf Wiedersehen«. Draußen im Gang wartet schon die Buchstabenfee. Sie begleitet dich noch vor das Haus, und da siehst du auch schon wieder den Weg, der durch den Wald heimwärts führt. Du gehst auf ihm, bis du zu deiner Wiese kommst.
Jetzt bist du wieder auf der Wiese. In einem Augenblick werde ich bis fünf zählen. Dann wirst du die Augen öffnen, bist hellwach und fühlst dich wohl.
Eins, zwei – tief durchatmen.
Drei, vier – bewege dich ein bißchen, und fünf – die Augen auf.

Noch ein paar allgemeine Anmerkungen zum Thema Meditation

Wenn Sie anfangen, mit Kindern Entspannungsübungen zu machen, wird es natürlich einige geben – es sind mit Sicherheit immer gerade die, für die solche Übungen am nötigsten wären – die zunächst Probleme haben stillzusitzen oder die Augen geschlossen zu halten (konkrete Tips hierzu finden Sie weiter unten).

In den nunmehr sechs Jahren, in denen ich Meditationserfahrungen mit Kindern sammeln konnte, habe ich aber immer wieder festgestellt, daß gerade für schwierige Kinder diese tägliche stille Zeit ein wahrer Segen ist.

Das wurde mir auch von Kolleginnen bestätigt, die ich dazu ermutigen konnte, sich auf dieses Terrain zu wagen. Das Wort wagen habe ich hier ganz bewußt gewählt, denn als Wagnis wird es offenbar vielfach aufgefaßt, mit den Kindern Entspannungsübungen durchzuführen.

Zumindest passiert es mir immer wieder, daß ich gefragt werde: »Sag mal: Traust du dich das so einfach: mit den Kindern meditieren? Was sagen denn da die Eltern und der Schulrat?«

Nun ist im Rahmen eines Buches über das Lesenlernen nicht der Platz, sich gründlicher mit der Thematik »Meditation« und ihren verschiedenen Aspekten auseinanderzusetzen. Das werde ich demnächst in einem eigenen Buch tun.

Ich möchte nur – gleichsam als Schlaglichter und Argumentationshilfen – einige Gedanken anreißen, die Sie ja selbst weiterspinnen können.

● Meditation heißt nicht, daß man mit irgendwelchen obskuren Sekten liebäugelt. Die Meditation ist im Gegenteil ein fester Bestandteil der christlichen Tradition des Abendlandes, deren ethischen Inhalten wir gemäß den Präambeln unserer – zumindest der bayerischen – Lehrpläne verpflichtet sind. In anderen Bundesländern dürfte das aber ähnlich sein.

Die christlichen Klöster waren und sind Orte meditativer Versenkung. Ich erinnere nur an die jedem offenstehende Möglichkeit, sich für Exerzitien in ein Kloster zurückzuziehen und dort einige Tage mit Schweigen und Meditieren zu verbringen.

Und schließlich ist auch das Gebet nichts anderes als eine Form der Meditation.

● Daß Entspannungsübungen geeignet sind, aggressives Verhalten abzubauen, wird auch von wissenschaftlicher – also orthodoxer – Seite bestätigt. Ich verweise hier auf die Arbeit der Professoren Franz und Ulrike Petermann[24], in deren Therapiekonzept für aggressive Kinder das autogene Training eine wichtige Rolle spielt.

● Die Wichtigkeit, jungen Menschen bei der Sinnfindung in ihrem Leben zu helfen, wird von verschiedenen Seiten und unter verschiedenen Aspekten immer wieder betont, auch unter dem Gesichtspunkt der Suchtprophylaxe. Meditation wiederum kann zu dieser Sinnfindung entscheidend beitragen, ist also in psychohygienischer Hinsicht – siehe auch oben die Anmerkung über aggressives Verhalten – durchaus von Bedeutung.

Das waren nun einige Ausblicke in Bereiche, die mit unserem Thema unmittelbar nichts mehr zu tun haben. Dennoch halte ich es bei allem, was wir in der Arbeit mit den Kindern tun, für unverzichtbar notwendig, die größeren Zusammenhänge zu sehen und unsere Arbeit vor einem sinnhaften Hintergrund und bezogen darauf zu tun.

Und das Lernen in der Entspannung betrachte ich nicht nur als eine weitere effektive Methode, Information zu speichern, sondern ich sehe da eben noch andere Aspekte.

Zum Schluß dieses Abschnittes über Meditation und Superlearning und zugleich auch des Kapitels über gehirnfreundliches Lernen möchte ich noch einmal ganz konkret und praxisbezogen werden und Ihnen die versprochenen Hinweise geben für oder besser gegen Disziplinprobleme, die natürlich auftreten können, wenn Sie damit anfangen, Ihre Schüler in diese Materie einzuführen.

Sollte also der eine oder andere am Anfang nicht stillsitzen, kichern oder die anderen durch Herumschauen stören, so heißt das weder, daß Sie etwas falsch machen, noch ist das irgendwie ungewöhnlich.

Weil es aber wirklich jammerschade wäre, wenn Sie in so einem Fall aufgäben und sich auf den Standpunkt: »Das kann ich ja sowieso nicht!« – siehe die Haifische! – stellen würden, zähle ich Ihnen hier in Stichpunkten einiges auf, was sich bei mir bewährt hat:

● Nur kurze Übungen am Anfang, zwei bis drei Minuten und langsam steigern!

● Die richtige Musik ist wichtig. Es gibt viele Entspannungskassetten. Ich persönlich kann Musik mit vielen Bässen (wie z. B. die von Kitaro) nicht leiden. Sie ist auch energieraubend (s. S. 138 ff.). Gut finde ich die Gruppe »Mike of Rowland«.

● Kinder, die stören, setze ich manchmal mir direkt gegenüber (im Schneidersitz zwischen meine Beine), so daß sie mit dem Rücken zu den anderen sitzen.

● Wer will, kann auch eine »Augenverbinde« aufsetzen. So nennen das die Kinder. Es ist nichts weiter als etwas zum Augenverbinden. Ich habe da einfache Masken aus Pappe gebastelt, die sich für viele Spiele einsetzen lassen und eben auch dafür (s. Abb. S. 127). Manche Kinder setzen die Maske gerne auf, weil sie dann nicht so leicht in Versuchung geraten zu schauen, was die anderen machen. Außerdem fühlen sie sich dahinter geborgen und haben nicht so leicht das Gefühl, die anderen könnten ihnen beim Entspannen zuschauen.

● Damit sich die Gruppe als Ganzes erst einmal an den Ablauf der Übungen gewöhnen kann, können Sie auch ein Kind, das öfter stört, für diese paar Minuten zu einer Kollegin in die Klasse bringen. Das soll jedoch kein Dauerzustand werden, denn gerade die schwierigen Kinder brauchen diese Übungen sehr.

● In meiner Klasse ist ein Junge – auch ein Problemkind! –, der sich meistens sehr gut konzentrieren kann, manchmal aber einfach »schlecht drauf« ist. In so einem Fall setze ich ihn dann am nächsten Tag für die Übung in die »Höhle« unter meinem Pult. Da ist

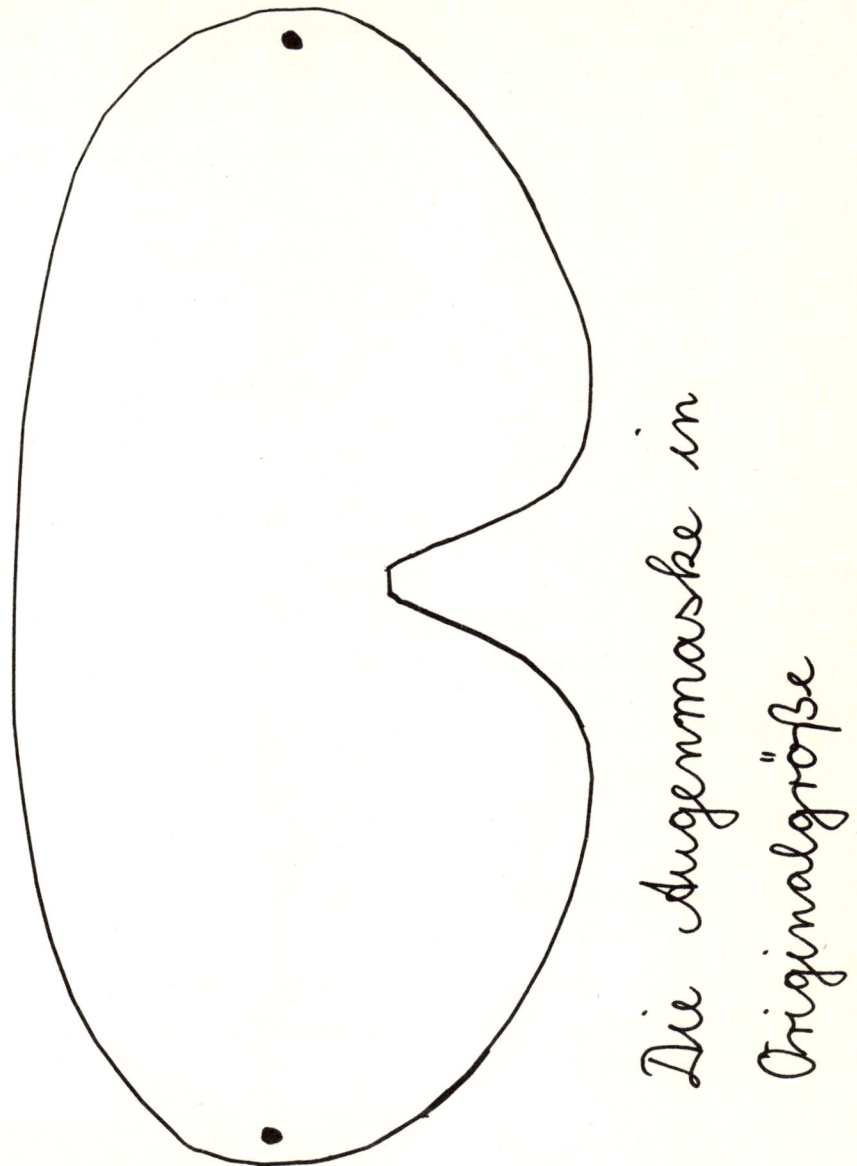

Die Augenmaske in Originalgröße

er für sich, sieht niemanden und wird nicht gesehen. Ich bin außerdem in seiner Reichweite und kann ihn leise bei der Hand nehmen, falls er unruhig werden sollte. Ein Tag Abstinenz von der Gruppe genügt bei ihm meistens, um ihn wieder ins Lot zu bringen.

● Lassen Sie nach der Übung die Kinder kurz über ihre Eindrücke reden. Das ist sehr wichtig! Bei uns gilt die Regel, daß sich jeder kurz faßt: nach Möglichkeit nur einen Satz sagt. Wir haben einen Holzstab, der die Runde macht. Wer ihn gerade in der Hand hat, darf reden. Ist er fertig oder will er nichts sagen, gibt er ihn an seinen Nachbarn weiter. Dieses Verfahren heißt bei uns »Indianerbesprechung« und wird auch angewandt, wenn wir gemeinsam Probleme lösen wollen. Die meisten Kinder sagen nur: »Es war schön!«, aber das wollen sie unbedingt an den Mann bringen. Anscheinend bedeutet es ihnen etwas, das sagen zu können.

Und nun sind wir unwiderruflich am Ende dieses Kapitels angelangt. Ich trenne mich ungern davon, weil gerade an diesen gehirnfreundlichen Arbeitsweisen mein Herz sehr hängt. Auf alle Fälle habe ich mein Bestes getan, um Ihnen soviel wie möglich davon zu vermitteln.

Das nächste Kapitel macht Ihnen in Kürze einige Vorschläge, wie Sie Schritt für Schritt Ihren Unterricht umgestalten können, ohne gleich völlig ins Wasser springen zu müssen.

Was nämlich gar nicht in meinem Sinn wäre, wäre der Effekt, daß die Fülle der in diesem Buch gebrachten Vorschläge Sie entmutigt, in die Defensive treibt und das »Das-kann-ich-ja-doch-nicht-Syndrom« hervorlockt.

Gehen Sie die Sache also gemächlich an und lesen Sie zuerst einmal in Ruhe das Folgende!

Dreistufenplan zur Reformierung des Leselehrgangs

Hinter diesem etwas hochtrabenden Titel verbirgt sich wieder eine ganz einfache Sache. Es geht hier nämlich nur um verschiedene Vorschläge, wie Sie es am besten schaffen, den konventionellen und vorgegebenen Leselehrgang langsam so umzugestalten, daß er Ihren und den Bedürfnissen Ihrer Schüler optimal angepaßt ist.

Wundern Sie sich nicht, wenn ich zuerst einmal von den Bedürfnissen der Lehrkraft rede! Das ist ja eigentlich das Wichtigste. Denn nur wenn **Sie** sich rundherum wohlfühlen, können Sie in der tagtäglichen Arbeit wirklich Ihr Bestes geben!

Deshalb ist es auch mein zentrales Anliegen, möglichst vielen Kolleginnen – natürlich auch Kollegen – Mut zu machen, neue, eigene Wege zu gehen mit dem Anspruch, Freude und Erfüllung in ihrem Beruf zu finden.

Damit dieses Beschreiten der neuen Wege von Anfang an Spaß macht, sollten Sie an sich selbst zunächst einmal keine Anforderungen stellen, sondern einfach so, »just for fun«, Verschiedenes ausprobieren.

Stufe eins: Irgendwo muß man ja schließlich anfangen!

Wenn man vorwärts kommen will, darf man nicht den Fluß schieben, sondern muß das Kanu steuern.
(Aus dem Lehrbuch der Wildwasserfahrer)

Auch wenn Sie nach einer Fibel unterrichten, können Sie von den gehirnfreundlichen Arbeitsweisen, die im letzten Kapitel beschrieben wurden, einiges in Ihren Leselehrgang einbauen.

- Sie können damit anfangen, die jeweils aktuellen Buchstaben zum Hüpfen, Gehen und Krabbeln mit Tesakrepp auf den Boden zu kleben.

- Legen Sie vor Unterichtsbeginn ein oder zwei Lese- und Malblätter auf einer Extrabank bereit und sagen Sie den Kindern, daß sie sich da etwas nehmen dürfen.

- Kochen Sie einmal eines der Buchstabenessen mit Ihrer Klasse. Suchen Sie sich das aus, was **Ihnen** liegt! Das ist Ihr gutes Recht!

- Machen Sie einen Versuch mit einer der Buchstabengeschichten. Erzählen Sie sie den Kindern, lernen Sie das Gedicht dazu, teilen Sie es aus und lassen Sie den Buchstaben auf dem Blatt suchen – z.b. farbig nachfahren! **Ein** Buchstabe, den Sie auf diese Weise durchnehmen, verpflichtet Sie zu nichts, und Sie können trotzdem sehen, wie es Ihnen damit geht.

- Nehmen Sie auch gelegentlich einen Eigentext von Kindern (s. S. 52 f.) als Lesestoff für alle her.

- Bringen Sie zum einen oder anderen Buchstaben einen Duft mit. Es müssen ja nicht die ätherischen Öle sein. Zu vielen Buchstaben gibt es auch Gewürze.

- Lernen Sie zu manchen Buchstaben mit Ihren Kindern die Lautgeste, besonders zu solchen, mit denen einige Kinder Schwierigkeiten haben.

- Vielleicht haben Sie Lust, die Sandpapierbuchstaben zu basteln? Der Einsatz ist ganz unproblematisch, und Sie können wieder einen »alternativen Punkt« für sich verbuchen.

- Schreiben Sie gegen Ende der ersten Klasse über kleine, gemeinsam erlebte Vorkommnisse Geschichten und verwenden Sie diese als Lesestoff.

Wenn Sie von den oben angeführten Vorschlägen einige aufgreifen, dann haben Sie auf alle Fälle schon einen deutlichen Anfang gemacht.

Und da Sie unweigerlich positive Erfahrungen sammeln werden, bleiben Sie hier auch nicht stehen, sondern gehen weiter.

Stufe zwei: Vom Anwender zum Erfinder oder: Was andere können, kann ich auch!

Wenn Sie sich entschlossen haben, Ihren Leselehrgang weiter zu reformieren, dann können Sie zunächst einmal die Vorschläge von oben quantitativ ausbauen.

Außerdem:
Schaffen Sie Möglichkeiten für die Freiarbeit!

- Bauen Sie einen Lesekurs mit Blättern für die Freiarbeit auf. Wenn Sie sich mit einer Kollegin zusammentun, ist das gar nicht so schlimm. Welche Kategorien von Übungsblättern sich gut eignen, finden Sie ab S. 56 ff. Für den Anfang genügen 20 Blätter. Sie können hier ja nach und nach erweitern.

- Kaufen Sie einige Mini-Lük-Kästen und Lesehefte (s. S. 59 ff.).

- Erfinden Sie gelegentlich Geschichten zu den Buchstaben. Schauen Sie sich in Kinderbüchern um, ob Sie da nicht zu manchen Buchstaben eine passende Figur finden, die Sie etwas ausbauen können. Eine Kollegin hat mir erzählt, daß sie begonnen hat, Buchstabenbilder und -geschichten zu erfinden, und wenn ihr nichts Passendes einfällt, dann nimmt sie eben die Fibel her. Sie stehen ja nicht unter dem Druck, daß Sie etwas produzieren **müssen**! Also mischen Sie einfach Ihre eigenen Sachen mit denen aus der Fibel. Wenn Sie aber eine Idee haben, bringen Sie sie unbedingt in Ihren Unterricht ein. Sie werden sehen: Wenn Sie erst einmal angefangen haben, dann fällt Ihnen ein zweites Mal schon viel leichter etwas ein, und so weiter. Es geht wirklich immer besser!

- Schreiben Sie über jedes Kind Ihrer Klasse im Laufe einiger Monate eine Geschichte, die Sie als Lesestoff für alle verwenden. Binden Sie aus diesen Kindergeschichten am Jahresende für jeden ein Buch (s.S. 66 f.)!

- Machen Sie einen Anfang mit Entspannungsübungen! Verlangen Sie von sich nicht zuviel! Einige Minuten genügen für den Anfang!

Wenn Sie bis hierher gekommen sind, dann haben Sie sich schon ziemlich weit von den konventionellen Methoden entfernt. Sie werden deutlich spüren, um wieviel mehr Spaß Sie und die Kinder jetzt in der Schule haben.

Jetzt gibt es für Sie auch kein Zurück mehr, denn jeder, der da einmal »Blut geleckt« hat, kann sich gar nicht mehr vorstellen, wie mühsam er früher unterrichtet hat.

Machen Sie sich deshalb auf, werfen Sie die letzten Hindernisse über Bord!

Stufe drei: Völlige Unabhängigkeit von fertigen Büchern oder: Werden Sie Ihr eigener Autor

Nun geht es eigentlich nur noch darum, alles, was Sie bereits angefangen haben, auszubauen und zu vertiefen.
Der Übergang von Stufe zwei zu Stufe drei erfolgt natürlich fließend. Eines Tages werden Sie erstaunt feststellen, daß Sie immer weniger von der Fibel gegängelt werden.
Wenn Sie sie benutzen wollen, können Sie das ja tun. Aber Sie sind unabhängig in dem Sinn, daß Sie durchaus auch selber Lesestoff erfinden oder aus Kinderbüchern adaptieren können. Dann sind **Sie** es, der auswählt, mit welcher Geschichte Sie das R oder das T durchnehmen wollen und müssen nicht mehr wohl oder übel nehmen, was gerade da ist.

Wenn Sie einmal soweit sind, sollten Sie auch die Möglichkeiten für Lese-Freiarbeit soweit ausgebaut haben, daß die guten Leser immer etwas zu tun haben und daß Sie auch einmal die ganze Klasse damit beschäftigen können, um in Ruhe mit einzelnen Kindern üben zu können. Zur Organisation der Freiarbeit finden Sie Hinweise ab S. 53 ff., zu den verschiedenen Arbeitsmöglichkeiten ab S. 38 ff.

Wahrscheinlich haben Sie jetzt auch schon genügend Erfahrungen mit Entspannungsübungen gesammelt, um in den Genuß der Vorteile zu kommen. Wenn nicht, sollten Sie sich das nicht entgehen lassen.

Nehmen Sie sich doch auch vor, im Lauf der ersten Klasse zumindest **ein** Fibelheft selbst herzustellen aus Ihren eigenen Leseblättern (s. S. 67 f.)!

Und wenn Sie soweit gekommen sind, dann ist es höchste Zeit, eine Flasche Champagner zu öffnen und zu **feiern!!**

III. Prophylaxe und Therapie von Lernstörungen

Jeder, der mit lerngestörten Kindern zu tun hat, weiß, daß alle Maßnahmen umso mehr Aussicht auf Erfolg haben, je weniger negative Erfahrungen bereits gesammelt wurden, oder, mit anderen Worten: Je früher erkannt wird, daß ein Kind spezifische Hilfen braucht, je früher einschlägige Maßnahmen ergriffen werden, desto größer sind die Möglichkeiten, auch wirklich etwas zu bewirken.

Das ist **ein** Aspekt des Problems. Ein weiterer ist natürlich das Außmaß der vorhandenen Defizite. Doch nicht alle Kinder haben so gravierende Ausfälle wie Georg, der Junge, von dem ich bereits berichtete.

Oft sind die Teilleistungsstörungen kaum zu erkennen. Deshalb setzen auch die Förderprogramme für Legastheniker − und zwar solche, die von **Früher**kennung[25] sprechen − den Beginn gezielter Fördermaßnahmen für das **zweite** Halbjahr der ersten Klasse an. Bei vielen Kindern scheinen die Störungen auch im Lauf der Zeit geringer zu werden, sie »wachsen sich aus«, wie es so schön heißt. Das ist natürlich blanker Unsinn und nur eine Redensart, in die man sich flüchtet, wenn man nichts Fundiertes zu sagen hat. Sie merken, ich spreche hier eine sehr deutliche Sprache. Das tue ich aus voller Überzeugung, denn gerade im Umgang mit Defiziten aller Art liegt an unseren Schulen sehr viel im Argen. Defizite aller Art − damit meine ich soziale und leistungsbezogene. Wie Prof. Hellbrügge in seinem Buch über das Montessorimodell[26] so eindrucksvoll sagt, sind nicht die lernbehinderten, sondern die sozial behinderten Kinder das Hauptproblem an unseren Schulen und werden es zunehmend mehr. Wo nun auch immer das Hauptproblem liegen mag: Tatsache ist, daß wir uns in den nächsten Jahren verstärkt mit Schülern auseinandersetzen werden müssen, die mit Defiziten in die Schule kommen.

Und daß Schüler, die Lernschwierigkeiten haben, selten im sozialen Bereich unauffällig sind, ist auch eine bekannte Tatsache.

Deshalb also spreche ich zunächst einmal von Defiziten aller Art. Daraus ergibt sich auch mein Postulat für eine humane Schule:

Sie muß therapeutisch sein. Erstens, um der Entstehung von Defiziten vorzubeugen; zweitens, um zu verhindern, daß vorhandene Defizite sich vergrößern und schließlich drittens, um zur Verminderung oder zum Abbau von Defiziten beizutragen.

Daß hier der Schule nicht allein der Schwarze Peter zugeschoben werden kann, ist klar. Daß es aber einfach nicht angeht, wenn wir, die wir doch Fachleute sind, so tun, als ob wir nichts bemerkten, nur damit wir nicht in die Situation kommen, reagieren zu müssen, ist genauso klar. Hier können wir das Phänomen beobachten, das Fritz Perls[27] »Skotomisierung« nennt: das Entstehen eines blinden Flecks in der Wahrnehmung, also ein Bereich der Wirklichkeit, den wir schlicht und einfach nicht sehen, nicht wahrnehmen, um uns die Unannehmlichkeiten zu ersparen, die mit dieser Wahrnehmung verknüpft wären.

Nur hilft das nichts. Meine Prognose für das nächste Jahrzehnt ist, daß die Schulwirklichkeit uns nicht die Chance lassen wird, die anstehenden Probleme nachhaltig zu ignorieren, sondern daß der Zeitpunkt kommen wird, zu dem wesentlich mehr Lehrer als jetzt erkennen und zugeben **müssen,** daß etwas geändert werden muß.

Wer auch nur im geringsten hellhörig ist, kann bereits seit geraumer Zeit verfolgen, wie sich Publikationen mehren, die recht unangenehme Zukunftsvisionen zum Thema Lern- und Bildungsfähigkeit heraufbeschwören. Auch von behördlicher Seite werden immer wieder die sich mehrenden Disziplinschwierigkeiten an den Schulen, die besorgniserregende Mentalität der »Null-Bock-Generation«, der zunehmende Vandalismus, die Suchtanfälligkeit der Jugendlichen und vieles mehr angesprochen.

Sie werden sich nun vielleicht fragen: Was hat denn das alles mit dem Lesenlernen zu tun? Aber sicher haben Sie ja auch an anderen Stellen dieses Buches schon bemerkt, daß ich alles in einem ganzheitlichen Zusammenhang sehe. Und so ist für mich die Freude am Lernen und an der Schule ein wichtiger Faktor, der mit dazu beitragen kann, das Selbstwertgefühl der Kinder zu steigern, ihr Leben als sinnvoller zu empfinden und sie so mithin weniger anfällig für die oben angeführten neurotischen Symptome zu machen.

Wenn es uns also gelingt, Schule so zu gestalten, daß wir prophylaktisch und kompensatorisch und natürlich auch im engeren Sinne therapeutisch wirken, leisten wir einen wichtigen Beitrag nicht nur für uns und unsere Schüler. Wir helfen auch mit, diese unsere Welt ein Stück schöner und lebenswerter zu machen. Das gibt wiederum unserem eigenen Leben mehr Sinn, trägt also auch zu unserer eigenen Psychohygiene bei, und die sollten wir ja nie aus den Augen verlieren, denn nur, wenn es uns gutgeht, können wir Schule so gestalten, daß es auch den Kindern gutgeht.

Doch nach diesen allgemeinen Ausführungen möchte ich nun konkret werden und wieder zu den Lernstörungen zurückkehren.

Ich habe weiter oben davon gesprochen, daß verschiedene Publikationen sich mit dem Problem der schwindenden Lernfähigkeit befassen. Ein Autor, der mich in diesem Zusammenhang besonders beeindruckt hat, ist Neil Postman[28]. Er beklagt in seinen Büchern das allmähliche Verschwinden der Lese- und Schreibfähigkeit. Und obwohl er sich auf amerikanische Verhältnisse bezieht und in den Vereinigten Staaten ja bekanntlich sämtliche Probleme der Konsum- und Wohlstandsgesellschaft um einiges früher auftreten als bei uns – ich nenne hier nur die Schlagworte Drogensucht und Kriminalität, um zu verdeutlichen, was ich meine – muß ich sagen, daß die Erfahrungen, die ich während meiner zehn Hauptschuljahre machte, durchaus mit seinen Aussagen übereinstimmen. Das gilt selbstverständlich auch für meine Erfahrungen an der Grundschule.

Was ich an der Hauptschule beobachtete, hatte nur eine andere Qualität, weil es mir ja die Symptome in einem späteren Stadium zeigte, wo sie zum Teil schon durch Sekundärsymptome überlagert waren, wo aber auch ganz klar zu erkennen war, daß gewisse Defizite sich eben gerade nicht »ausgewachsen« hatten, sondern viele Schüler dauerhaft und – wie es den Anschein hatte, auch endgültig – in ihrer Lernfähigkeit behinderten. Außerdem muß bedacht werden, daß man in einer Hauptschulklasse sehr deutlich sieht, was aus den Schülern geworden ist, **die die Hilfe des Lehrers gebraucht hätten!**

Auf alle Fälle konnte ich aus meinen Erfahrungen schließen, daß bei uns die gleiche Tendenz herrscht, wie Neil Postman sie in seinen Büchern beschreibt, und das ist nicht allein meine Meinung. Immer wieder wird mir das im Gespräch mit Kollegen bestätigt. Das steht nun aber gar nicht im Widerspruch zu meiner oben geschilderten Erfahrung mit den blinden Flecken bezüglich der Problemwahrnehmung. Gejammert wird schon, nur will man die Gewichtigkeit und den Ernst des Problems, das Symptomatische daran, nicht erkennen. Hier setzt die Skotomisierung ein.

Und nun wieder zurück zum Thema: Ich beobachtete also an der Hauptschule, daß meine Schüler eine immer geringere Aufmerksamkeitsspanne zeigten, daß immer weniger von ihnen in der Lage waren, einen altersgemäßen Text so vorzulesen, daß er von den Zuhörern auf Anhieb verstanden werden konnte oder Fragen zu beantworten, die sich auf einen zuvor still gelesenen Text bezogen.

Es waren auch immer weniger Schüler in der Lage, einen Text – welcher Art auch immer – so zu formulieren und niederzuschreiben, daß er ganz einfach lesbar und verständlich gewesen wäre.

In der Hauptschule stand ich diesen Problemen natürlich ziemlich hilflos gegenüber. Wie sollte ich einem Fünftkläßler, der nur stockend, fast buchstabierend, lesen konnte, jetzt noch helfen?

Wie sollte ich dreizehnjährigen Schülern, die Aufsätze von kaum einer DIN-A-5-Seite abgaben, jetzt noch beibringen, ihre Gedanken zu formulieren?

Die Aussichtslosigkeit meiner Bemühungen frustrierte mich, denn damals ging ich noch davon aus, daß Hilfsmaßnahmen überhaupt nur in den ersten Schuljahren sinnvoll wären. Heute sehe ich das nicht mehr ganz so – warum, wird im Abschnitt über Kinesiologie (ab S.146 ff.) deutlich -, obwohl mir natürlich klar ist, daß Lernstörungen am einfachsten in den ersten Schuljahren behoben werden könnten.

Seit ich nun Schulanfänger unterrichte, habe ich Gelegenheit, Teilleistungsschwächen in einem viel früheren Stadium zu beobachten und mit den gefährdeten Schülern im Rahmen meiner Möglichkeiten zu arbeiten. Das hat mich auch veranlaßt, mir Gedanken über ihre möglichen Ursachen zu machen und mich mit entsprechender Literatur zu befassen.

1. Mögliche Ursachen

Da es das Anliegen dieses Buches ist, einzelnen Lehrern und Eltern bei der Bewältigung konkreter Situationen zu helfen, gehe ich im folgenden hauptsächlich auf die Punkte näher ein, deren Kenntnis Ihnen die Möglichkeit zu sinnvollen prophylaktischen und therapeutischen Maßnahmen gibt. Ich behandle im folgenden die Auswirkungen verschiedener Faktoren, die zur Lernschwäche beitragen können.

Übermäßiger Fernsehkonsum

Neil Postman beschwört zum Teil bestürzende Bilder geradezu apokalyptischen Ausmaßes herauf über die Folgen, die die zunehmende Abwendung vom gesprochenen und geschriebenen Wort und die vermehrte Zuwendung zum Bild für unsere Zivilisation haben wird.

Marie Winn stellt in ihrem hervorragenden Werk »Die Droge im Wohnzimmer«[29] einen deutlichen Zusammenhang her zwischen regelmäßigem Fernsehkonsum im Vorschulalter und ungenügend entwickeltem Sprachzentrum.

Minimale zerebrale Dysfunktion

Die Minimale zerebrale Dysfunktion ist eine leichte Hirnfunktionsstörung, die Verhaltens- und Lernstörungen zur Folge hat.

Lotte Schenk-Danzinger zitiert in ihrer »Pädagogischen Psychologie«[30] eine Untersuchung von R.Lempp aus dem Jahre 1965, die ergeben hat, daß ungefähr bei 6% der Schulkinder eine MzD vorliegt, die gravierend genug ist, negative Auswirkungen im Leistungs- und Verhaltensbereich zu zeitigen.

In einer Veröffentlichung aus dem Jahr 1985 spricht R. Lempp[31] allerdings davon, daß mindestens 10%, wahrscheinlich aber 12 bis 15% aller Kinder heute einen »sogenannten frühkindlichen Hirnschaden« haben. Wenn wir nun bedenken, daß – aus welchen Gründen auch immer – entschieden mehr Jungen als Mädchen zu dieser

Gruppe gehören, dann heißt das, daß in etwa ein Viertel der Jungen in einer »normalen« Schulklasse davon betroffen sind.

Für den an diesem Thema interessierten Leser möchte ich auch die Publikationen von Hertha Hafer[32] und Jutta Hartmann[33] erwähnen.

Lärmüberflutung

In ihrem Buch »Hören wie Pan« legt Patricia Joudry[34] dar, daß niedrige Frequenzen, wenn wir ihnen dauernd oder zu oft ausgesetzt sind, zu einer Schädigung des Gehirns durch die Stillegung von Gehirnzellen führen:

»Alle akustischen Einflüsse auf niedriger Frequenz richten im menschlichen Körper Schaden an. Niedrige Frequenz bei großer Lautstärke führt am schnellsten zum Ruin. Sie ist das akustische Signal unserer Welt, das vom Dröhnen der Rockmusik, des Straßenverkehrs, der Flugzeuge ausgeht, vom Baulärm, der Geräuschkulisse einer Fabrik, vom Krach industrieller Maschinen.

Niedrige Frequenz bei geringer Lautstärke ist voller Heimtücke. Sie verbirgt sich im beinahe unaufdringlichen Geräusch, das uns unentwegt Energie raubt, während es unsere Wohnungen und Büros durchdringt. Es ist das schwache Summen von Kühlschränken, elektrischen Heizkörpern, Klimaanlagen, Ventilatoren, Schreibmaschinen, Leuchtstoffröhren und Computeranlagen.

Akustische Einflüsse dieser Art bewirken Erschöpfung, da sie dem Gehirn die Energie schneller entziehen, als das Nervensystem sie wieder aufbauen kann. (...)

Lärm vernichtet die Gehirnzellen nicht in der gleichen Weise wie Alkohol. Er kann jedoch Gehirnzellen abschalten, was auf das gleiche hinausläuft.«

Sie stellt auch einen Bezug zu Lernstörungen her:

»Sie beobachten bei Ihren Kindern eines oder mehrere der folgenden Symptome: sie neigen zur Hyperaktivität, sind Legastheniker oder weisen andere Lernbehinderungen auf, sie hören schlecht oder sind sprachlich beeinträchtigt. Sie fallen keineswegs aus dem Rahmen des üblichen Verhaltens von Jugendlichen, wenn sie sprunghaft, unmotiviert und unzugänglich sind und das Haus mit einer Art von Musik erzittern lassen, die Sie die verbleibenden Wände hochgehen läßt.«

Patricia Joudry führt in ihrem Buch nun aus, wie den Lärmschäden durch rechte akustische Reize vorgebeugt werden kann, ja, wie sogar bereits vorhandene Schäden dadurch behoben werden können.

Sie bezieht sich auf die von Dr. Tomatis entdeckten Prinzipien. Danach kann z.B. durch das regelmäßige Anhören von Barockmusik den schädlichen Frequenzen entgegengewirkt werden.

Diese Erkenntnis können wir leicht in unserem Unterricht verwerten. Auf meine diesbezüglichen Erfahrungen werde ich weiter unten näher eingehen (s. S. 214 ff.).

Jetzt möchte ich noch einmal auf einen Bereich zu sprechen kommen, über den ich mich bereits unter dem Etikett »gehirnfreundliches Lernen« geäußert habe, und zwar auf die Bedeutung der Integration beider Gehirnhemisphären.

Mangelnde Integration der rechten und linken Gehirnhemisphäre

Ich habe schon mehrfach darauf hingewiesen, wie wichtig es ist, beim Lernen **mit** unserem Gehirn zu arbeiten, und nicht **gegen** es. Diesen Aspekt soll man immer im Auge behalten, wenn es um Lernen geht, ganz egal, ob wir uns eine Fremdsprache aneignen, einen Einkaufszettel einprägen oder das Lesen und Schreiben lernen − oder in diesem Fall besser: lehren − wollen.

Besonders notwendig ist das aber im Hinblick auf möglicherweise zu erwartende oder bereits vorhandene Lernstörungen. Auch hier möchte ich Sie wieder auf die Vielschichtigkeit unserer Sprache hinweisen, die in dem Wort »notwendig« einmal mehr zum Ausdruck kommt. Not-wendig: es könnte so manche Not wenden − zum Besseren − , wenn wir auf die Arbeitsweise unseres Gehirns mehr Rücksicht nehmen würden.

In gewisser Weise ist das menschliche Gehirn ja der phantastischeste Computer, der jemals erfunden wurde.

Von den nahezu unbegrenzten Möglichkeiten, die uns eigentlich zur Verfügung stünden, nutzen wir jedoch alle nur einen winzigen Bruchteil, so daß sich die Frage nach Lernbehinderungen weniger qualitativ als quantitativ stellt.

Im Klartext heißt das: Die Frage ist nicht, **ob** jemand lernbehindert ist – denn angesichts unseres brachliegenden Potentials sind wir das alle – sondern es erhebt sich die Frage, **in welchem Ausmaß** er es ist.

Diesen Gesichtspunkt wollte ich nur der Vollständigkeit halber ansprechen. Da wir jedoch alle in einem gewissen Grad lernbehindert sind, bezeichnen wir einen Zustand, der zwar defizitär, aber die Norm ist, als »normal«. Erst ab einem sich deutlich von dieser Norm abhebenden Defizit sprechen wir von Lernstörungen. Dieser Sprachgebrauch soll im folgenden natürlich auch beibehalten werden, um Verwirrungen zu vermeiden.

Der Grad der Lernstörungen hängt eng zusammen mit dem Grad der Integration beider Gehirnhemisphären. Je besser sie zusammenarbeiten, desto geringer sind die Ausfälle.

Oder andersherum: Wenn es gelingt, die Zusammenarbeit der beiden Gehirnhälften zu fördern, nehmen bereits vorhandene Lernstörungen ab oder verschwinden sogar ganz.

Um diese Zusammenhänge näher erläutern zu können, ist es nötig, sich noch einmal die Funktionen, die jede der beiden Hemisphären hat, ins Gedächtnis zu rufen. Sie können hierzu auf S. 22 nachlesen.

Ich möchte Ihnen jedoch an dieser Stelle nicht vorenthalten, wie Paul Dennison[35] die Arbeitsweise unserer zwei »Spezialisten« beschreibt. Er spricht von Rechter und Linker Gehirnhälfte bildlich als von zwei Individuen, die aufeinander angewiesen sind und unbedingt zusammenarbeiten müssen, um lebenswichtige Aufgaben zu lösen. Beachten Sie auch, daß er von der linken – männlichen – Hemisphäre als »er« spricht, von der rechten – weiblichen – hingegen als »sie«. Hier ein Zitat aus seinem Buch »Befreite Bahnen«:

»Linke Gehirnhälfte geht wie ein Computer durch das Leben und sieht sogar wie einer aus. Nichts kann ihn erregen, aber er besitzt die Fähigkeit, Unmengen von Daten effizient und methodisch, Schritt für Schritt, zu verarbeiten und zu speichern. Linke Gehirnhälfte zieht auditive Informationen vor, besonders gesprochene Sprache, und speichert sie auf logische und organisierte Art, so daß er danach abgefragt werden kann. (...)
Er druckt und schreibt Daten steif und mechanisch, gegliedert und grammatisch strukturiert nach kodierten Regeln; er kann jedoch nicht zeichnen und betätigt sich nie kreativ oder künstlerisch. (...) Er ist angespannt und

starr, bewegt sich schwerfällig im Raum und kann sich auf der Tanzfläche durchaus lächerlich machen. (...)

Rechte Gehirnhälfte versteht das Universum als Ganzes und fühlt den Reichtum und die Vollständigkeit aller Erfahrungsdimensionen. Sie würde nicht im Traum versuchen, ein Problem zu verstehen oder logisch zu analysieren.

Rechte Gehirnhälfte würde einfach die Wahrheit 'kennen' und ihrer Richtigkeit vertrauen.

Rechte Gehirnhälfte könnte man einen Künstler nennen. (...) Sie benutzt ihre Augen und Ohren zur Speicherung von Bildern, die sie malt, und Melodien, die sie singt. (...) In ihrer Stimme findet die Bedeutung der Wörter ihren Ausdruck, ihre Hände und ihr Körper vermitteln ebenso die Bedeutung.«

Mit nüchternen Begriffen ausgedrückt bedeutet das wieder:

Die linke Gehirnhälfte ist zuständig für lineares, logisches, mathematisches, analytisches Denken, für grammatikalische und sonstige Regeln.

Sie registriert Einzelheiten, verarbeitet Informationen nacheinander, sieht Ursache und Wirkung.

Sie ist die männliche Hälfte.

Die rechte Gehirnhälfte ist zuständig für analoges, auf Entsprechungen und Ähnlichkeiten ausgerichtetes Denken mit emotionalen Aspekten.

Sie verarbeitet Informationen gleichzeitig, geht simultan vor, erfaßt das Ganze und verbindet die Welt zu einem Gefüge von Ganzheiten. Sie denkt bildhaft, reagiert auf den Bildgehalt von Sprache und ruft sie als geschlossene Einheiten ab: den Wortlaut eines Liedes oder Gedichts.

Sie ist die weibliche Hälfte.

Daß es für den Erwerb der Lesefähigkeit notwendig ist, auf die Funktionen beider Gehirnhälften zurückzugreifen, habe ich bereits im Abschnitt über das gehirnfreundliche Lernen ausgeführt. Da lag die Betonung jedoch auf einem anderen Aspekt. Ich wollte nämlich klarmachen, daß es viel effektiver und wirtschaftlicher ist, beim Lernen möglichst viele − am besten natürlich alle − der zur Verfügung stehenden Gehirnbereiche anzusprechen.

Hier geht es mir jedoch um das »Zur-Verfügung-Stehen«. Es ist ja leider nicht so einfach, daß man in jedem Fall nur ganzheitlich arbeiten muß, und schon sind alle Probleme behoben. Ich möchte allerdings auch noch einmal hervorheben, daß eine gehirnfreundliche Arbeitsweise viele Probleme überhaupt nicht oder nur in viel geringerem Ausmaß auftreten läßt als das bei herkömmlichen Unterrichtsverfahren der Fall ist.

Es gibt nun aber die Möglichkeit, daß die Zusammenarbeit der beiden Gehirnhälften nicht »klappt«. Das kann verschiedene Gründe haben. Eine häufige Ursache für das Abschalten ist das Auftreten von Streß. Und da die linke Hemisphäre diejenige ist, die die Kontrolle ausübt und für Anstrengung und Anspannung zuständig ist, übernimmt sie in Belastungssituationen die Führung. Das wäre ja weiter nichts Schlechtes, wenn es damit nicht gleichzeitig zu einem Ausschalten der rechten Hälfte käme. Dennison unterscheidet aus diesem Grund zwischen integrierter und nicht-integrierter Linkshirn-Führung. Für uns ist der nicht-integrierte Zustand von Belang, denn der macht uns zeitweilig zu Split-Brain-Menschen und dann kommt es zu ähnlichen Ausfällen, wie sie Sperry und Gazzaniga bei ihren Patienten (s. S. 20) experimentell nachgewiesen haben.

Wer von uns hat noch nie die Erfahrung gemacht, daß unter Streß plötzlich eine Information oder auch eine Fähigkeit »wie weggeblasen« war!

So ähnlich müssen wir uns den Mechanismus vorstellen, der in einem dyslektischen Kind abläuft, das lesen soll. Allein dieser Vorgang bedeutet eine beachtliche emotionale Belastung. Es wird deshalb die rechte, ganzheitliche Gehirnhälfte abgeschaltet, was aber die Lesefähigkeit weiter herabsetzt, also noch mehr Streß heraufbeschwört. Und so kommt es zu einem wahren Teufelskreis, den zu durchbrechen der Dyslektiker allein niemals in der Lage ist, aus dem herauszukommen ihm aber der konventionelle Lehrer auch nicht helfen kann.

Wer hat noch nie Kinder erlebt, die zwar in der Lage sind, einen mehr oder weniger mühsam zusammengereimten Text zu »lesen«, die aber anschließend nicht wissen, wovon darin die Rede war? Das ist der geradezu klassische Fall von Linkshirn-Lesen!

Wenn man nun − wie es im Regelfall geschieht − solche Kinder auffordert, sich doch zu konzentrieren und auf den Inhalt der

Geschichte »aufzupassen«, so wird ihr Lesefluß noch stockender, während auch der letzte Sinnzusammenhang aus ihrem Gedächtnis entschwindet.

Durch die bewußte Anstrengung werden nur noch schlechtere Resultate erzielt, denn die Ursache des Übels, die nicht-integrierte Vorherrschaft der linken Gehirnhälfte, wird durch diesen Appell an das bewußte Wollen verstärkt, was jedem nach dem oben Gesagten einleuchten wird. Weil aber bei der Lehrerausbildung immer noch darauf verzichtet wird, diese einfachen neurophysiologischen Zusammenhänge zu vermitteln, kommt es im Unterricht immer wieder zu unerfreulichen Situationen. Wie oft geschieht es, daß ein Lehrer am Verzweifeln ist, weil er einfach nicht mehr weiß, was er noch tun könnte, um den offensichtlich vorhandenen Knoten zu lösen!

Er wird sicher gelegentlich auch versucht sein, einem derart »vernagelten« Schüler zu wenig Anstrengung und mangelnde Leistungsbereitschaft vorzuwerfen.

Das Gegenteil ist jedoch der Fall. **Dyslektische Kinder strengen sich meistens zu sehr an!** In ihrer Angst vor dem Versagen konzentrieren sie sich so krampfhaft, daß sie jeden harmonischen Energiefluß unmöglich machen.

Beim leichten, natürlichen Lernen sind die Funktionen beider Gehirnhälften aufeinander abgestimmt:
Während die linke nacheinander die abstrakten Zeichen entschlüsselt, stellt die rechte den Sinnzusammenhang her.

Der Dyslektiker jedoch ist ein Experte im Abschalten.Wenn es uns nun gelänge, bei den meisten Kindern eine bessere Integration der beiden Hemisphären zu erreichen, könnten wir Dyslexien entweder ganz verhindern und heilen oder zumindest abschwächen.

Das ist der Ansatzpunkt der Kinesiologie, einer in den USA entwickelten Methode, die unter anderem auch zur Therapie von Lernstörungen eingesetzt wird.

Und da es zwar interessant ist, über die Ursprünge der verschiedenen Lernstörungen mehr zu erfahren, uns aber im Umgang mit den betroffenen Schülern und Eltern nicht wesentlich weiterhilft, wollen wir hier auch nicht stehenbleiben, sondern uns jetzt mit konkreten Maßnahmen befassen, die im Einzelfall hilfreich sind.

2. Möglichkeiten, Teilleistungsschwächen wirksam zu begegnen oder vorzubeugen

Die meisten Eltern und Lehrer stehen den Problemen, die Schüler mit Lernstörungen nun einmal verursachen, so gut wie hilflos gegenüber. Die gängigste Meinung ist wohl die, daß da »eben nichts zu machen« sei und daß sich heutzutage die Kinder eben schlechter konzentrieren könnten als früher.

Obwohl ich mich durchaus der Meinung anschließe, daß viele Schüler sich schlecht konzentrieren können und auch andere Schwierigkeiten haben, die früher nicht annähernd so gehäuft aufgetreten sind, bestreite ich doch vehement, daß Lehrer oder Eltern verurteilt sein sollen, dem Gang der Dinge ohnmächtig zuzusehen. Diese Aussage zieht sich ja wie ein roter Faden durch das ganze Buch.

Freilich: das, was man uns Lehrer einst an der Hochschule lehrte, hilft uns nicht mehr sehr viel weiter. Auch den Eltern sagt niemand rechtzeitig, worauf es ankommt.

Die »Schul-Pädagogik« ist in eine Sackgasse geraten, und jeder Lehrer, der von seinem Beruf mehr verlangt als nur einen unkündbaren Arbeitsplatz und den gesicherten Anspruch auf eine Pension, tut gut daran, sich »alternativen« Methoden zuzuwenden. Nicht deshalb, weil das Ungewöhnliche auf jeden Fall besser sein muß als das Erprobte, sondern deshalb, weil vielen Problemen mit den gängigen pädagogischen Tricks − positiver Verstärkung und ähnlichem − einfach nicht mehr beizukommen ist.

Das gilt − wenn auch unter etwas anderem Blickwinkel − genauso für viele Eltern: Auch sie müssen in ihrer Erziehungsarbeit umdenken und mit Schwierigkeiten fertigwerden, von denen ihre eigenen Eltern noch nichts wußten.

Es gibt mehr Ding im Himmel und auf Erden,
Als Eure Schulweisheit sich träumt, Horatio!
(Shakespeare, Hamlet, Akt I, Szene V)

Die Maßnahmen, die ich nun im einzelnen erläutern werde, hängen zusammen mit den oben aufgeführten möglichen Ursachen für Lernstörungen, sind gewissermaßen eine Antwort auf die Frage, was da zu tun sei.

Ich interessiere mich seit meiner Studienzeit besonders für das Gebiet der Lern- und Verhaltensstörungen. In meiner eigenen Unterrichtspraxis habe ich dann auch von Anfang an alle Möglichkeiten, von denen ich Kenntnis hatte, aufgegriffen und ausprobiert.

Dadurch konnte ich das Repertoire der mir zur Verfügung stehenden diagnostischen, therapeutischen und prophylaktischen Maßnahmen zwar erheblich erweitern, wurde aber dennoch das Gefühl, oder besser gesagt: die Gewißheit, nie los, daß alle meine Bemühungen nur Stückwerk seien und ich an das eigentliche Problem nicht herankäme.

Das hat sich grundlegend geändert, seit ich vor einigen Jahren auf die Kinesiologie stieß: Ich kann nun mit meiner Förderung dort ansetzen, wo die Probleme entstehen oder auch entstanden sind, ohne meine Kräfte in dem ermüdenden Kampf gegen Symptome zu verschleißen, die ja bereits etwas Ver-ursachtes, Sekundäres sind.

Deshalb möchte ich nun davon berichten, wie die Möglichkeiten der Kinesiologie in einer Klasse eingesetzt werden können, um alle oder einzelne Kinder zu fördern.

Kinesiologie

Auch wenn es Ihnen spanisch vorkommt – Kinesiologie ist fantastisch!

Was ist Kinesiologie?

Diese Frage kann ich nicht in einigen wenigen Sätzen beantworten, weil es **die** Kinesiologie schlechthin gar nicht gibt, sondern einige verschiedene Therapierichtungen, die unter diesem Namen zusammengefaßt sind und vor allem eines gemeinsam haben: das körpereigene Feedback über den kinesiologischen Muskeltest.

Nun will ich mein Bestes tun, um Ihre Geduld nicht unnötig lange zu strapazieren. Deshalb in aller Kürze einiges über die Ursprünge dieser jungen Wissenschaft:

In den sechziger Jahren stellte der Chiropraktiker George Goodheart fest, daß jedem großen Körpermuskel ein bestimmtes Organ zugeordnet ist und daß eine Schwäche dieses Muskels für gewöhnlich ein Energieproblem in dem betreffenden Organ anzeigt. Wurde der Muskel nun mit verschiedenen Methoden behandelt und gestärkt, verbesserte sich auch das Funktionieren des Organs.

Und das ist der Kernpunkt jeder kinesiologischen Arbeit, gleichgültig ob es sich nun um das Bekämpfen von Allergien, Phobien, Lernstörungen oder um psychische oder energetische Probleme welcher Art auch immer handelt:

Über den Muskeltest können wir jede Energieblockade im Körper feststellen.

Mit der Feststellung allein ist es natürlich noch nicht getan. Es stehen uns für jede Blockierung spezifische Methoden zur Verfügung, um diese aufzulösen. Bei den Blockierungen, die als Verursacher von Lernstörungen auftreten, wird die Korrektur sehr häufig durch bestimmte Gymnastikübungen bewirkt. Bevor ich Ihnen nun einen Überblick über die wichtigsten Bewegungen aus dem »Gehirnturnen« – Brain Gym nennt es Dennison – gebe, noch kurz etwas zum Muskeltest.

Erwarten Sie aber nicht, daß diese meine Ausführungen Ihnen die
Fähigkeit zum Muskeltesten liefern – das kann man meiner Erfahrung nach nur direkt und nicht aus Büchern lernen. Andererseits
finde ich, daß Sie schon wissen müssen, **wie** man denn nun so genau
feststellen kann, welche Energieblockaden im Einzelfall vorliegen.

Aber keine Angst! Für die Arbeit mit einer ganzen Klasse ist es
nicht nötig, die »wunden Punkte« eines jeden Schülers genau zu kennen. Das würde mit Sicherheit den Rahmen der gegebenen Möglichkeiten sprengen. Sie bewirken schon sehr viel Gutes, wenn Sie einfach
täglich ein kurzes Gymnastikprogramm absolvieren.

Doch nun zum Muskeltest: Aufbauend auf den Entdeckungen von
George Goodheart über den energetischen Zusammenhang zwischen
Muskeln und Organen entwickelte John Thie[36] in den siebziger Jahren
seine Methode »Touch for Health« – Gesund durch Berühren –, eine
Synthese aus Chiropraktik, Akupressur und Ernährungslehre.

Während jedoch im »Touch for Health« eine Reihe verschiedener
Muskeln getestet werden muß – mindestens 14 Hauptmuskeln für die
Meridiane – genügen für das Austesten von Lernblockaden einige
wenige, in den meisten Fällen kommt man mit einem einzigen aus:
dem Deltamuskel.

Der kinesiologische Muskeltest

Ich beschreibe nun diesen Muskeltest auf möglichst einfache Weise
und gehe dabei nicht auf alle Einzelheiten ein, die beachtet werden
müssen, um eine zuverlässige Kommunikation mit dem Muskel herzustellen. Für mich ist es hier die Hauptsache, Ihnen das Prinzip zu veranschaulichen. Ich werde Ihnen deshalb auch die einfachste Variante,
den Deltamuskel zu testen, vorstellen: die Arbeit mit dem mittleren
Deltamuskel, wie sie übrigens von John Diamond[37] und Paul Dennison bevorzugt angewandt wird.

Der Deltamuskel ist jener Muskel, der unseren Arm hochhebt, indem er sich zusammenzieht. Der vordere Deltamuskel hebt den Arm nach vorne hoch. Der mittlere Deltamuskel bewirkt das seitliche Hochheben, bei dem Körper und Arme einen 90-Grad-Winkel bilden.

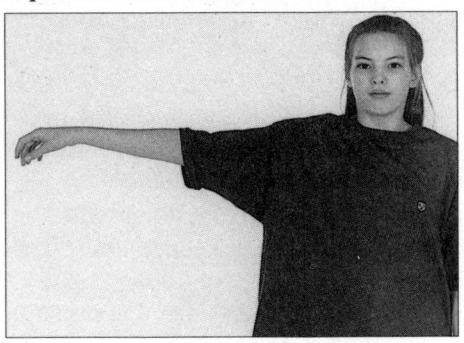

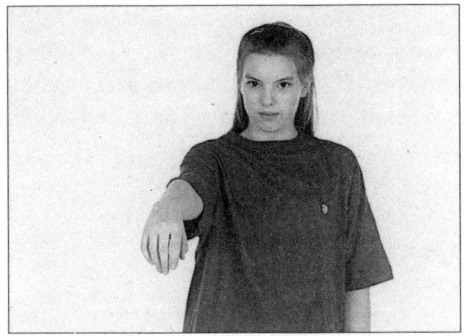

Sie stehen nun vor der Person, die Sie testen wollen, legen Ihre linke Hand auf deren Schulter und üben mit Ihrer rechten Hand einen gleichmäßigen Druck auf den ausgestreckten linken Unterarm in der Nähe des Handgelenkes – aber nicht direkt auf das Gelenk! – aus. Das Ganze funktioniert natürlich auch umgekehrt, wenn Sie Ihre Hand auf die rechte Schulter legen und den linken Arm testen!

Wenn nun vorher sichergestellt wurde, daß der Körper testbar ist und der Muskel sowohl an- als auch abschalten kann, dann liefert uns das Ergebnis des Muskeltests jetzt folgende Einsicht:

Ein **angeschalteter Muskel** – der dem Testdruck standhält und »**stark**« bleibt – bedeutet **Energieausgewogenheit** in bezug auf das getestete Thema.

Ein **abgeschalteter Muskel** hingegen – der dem Testdruck nicht standhält und nachgibt, also »**schwach**« wird – zeigt uns eine **Energieblockade** in dem betreffenden Bereich an.

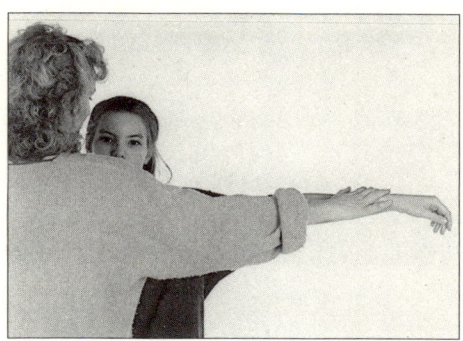

An dieser Stelle wird in Ihnen natürlich die Frage auftauchen: Wie stark muß ich denn auf den Arm drücken, um ihn zu testen? Und hier sind wir bereits bei dem Punkt angelangt, den ich vorhin angesprochen habe: Muskeltesten muß einem gezeigt werden, und selbst dann gibt es am Anfang Unsicherheiten und Mißerfolgserlebnisse. Aus meiner Erfahrung weiß ich jedoch: **Jeder** kann es lernen, der offen für Neues ist und es wirklich lernen will!

Um die Frage nach dem Testdruck noch einmal aufzugreifen: In verschiedenen Büchern heißt es, man solle beim Testen einen Druck entsprechend dem Gewicht von 3 Kilogramm ausüben. Gordon Stokes und Daniel Whiteside wiederum lehren in ihren Programmen das leichte Muskeltesten, das auch ich am liebsten und erfolgreichsten anwende. Allgemein läßt sich sicher folgendes sagen: Es kommt nicht so sehr darauf an, **wie stark** der Druck **objektiv** ist, sondern Sie müssen bei jeder Testperson **individuell und subjektiv** herausfinden, wie der Muskel reagiert, wenn er angeschaltet – stark – ist und wie er sich verändert, wenn er abgeschaltet – schwach – wird. Dieser individuelle Unterschied ist es, der uns eine Blockade anzeigt.

Das Feststellen von Energie-Blockaden

Die nächste Frage, die nun bei Ihnen auftauchen wird, lautet wahrscheinlich:

Wie kann ich denn mit diesem Muskeltest feststellen, in welchen Bereichen eine Energieblockade vorhanden ist?

Dafür gibt es grundsätzlich drei Möglichkeiten (Feinheiten lasse ich wohlgemerkt außer Acht!):

● Die Testperson führt eine bestimmte Tätigkeit aus, wie z.B. das Schreiben über eine Zeile. Sie kann auch etwas Bestimmtes essen oder ein Nahrungsmittel in den Mund nehmen. Anschließend wird getestet. Wenn diese Tätigkeit nun eine Energieblockade auslöst, schaltet ein Muskel, der vorher stark war, dadurch ab und testet jetzt schwach.

● Die Testperson schaut ein Bild, ein Foto, einen Buchstaben, eine Zahl oder ein bestimmtes Zeichen − z.B. X oder II − an oder denkt an etwas, das kann auch eine Person oder eine Situation sein. Ist das mit einer Energieblockade verbunden oder mit Streß, der Blockaden verursacht, schaltet ein vorher starker Muskel ab.

● Auf dem Körper der Testperson wird ein Testpunkt berührt, um einen bestimmten Energiekreislauf zu schließen. Gleichzeitig wird der Muskeltest durchgeführt. Ist der getestete Kreislauf blockiert, wird ein vorher starker Muskel schwach.

Und damit habe ich nun eine Reihe von Möglichkeiten, um Defizite und Blockaden festzustellen.

Doch sei hier noch einmal ausdrücklich betont: **Es ist absolut nicht nötig**, daß Sie in der Lage sind, **den Muskeltest durchzuführen**, wenn Sie Ihre Schüler mit kinesiologischem Gehirnturnen fördern wollen.

Erstens sind einige Blockaden so augenfällig und auch häufig, daß Sie sie ohnehin aufgrund der nachfolgenden Beschreibungen sofort erkennen werden oder sich auch gleich an Kinder erinnern können, bei denen Ihnen derartiges aufgefallen ist.

Zweitens sind **alle Übungen aus dem Gehirnturnen** für alle Kinder − auch für Sie selbst! − **von Nutzen**, weil sie allgemein **ausgleichend, harmonisierend und energiestärkend** wirken.

Noch ein Wort zum Auflösen der Blockaden:

Durch regelmäßige Gymnastik verschwinden einige von ihnen für immer.

Andere hingegen werden zwar zunächst aufgelöst, kommen aber wieder und müssen durch das tägliche Gehirnturnen »in Schach gehalten« werden.

Generell kann gesagt werden: Tägliche Gehirngymnastik beseitigt viele vorhandene Probleme, trägt dazu bei, daß manche gar nicht erst entstehen und verbessert auf alle Fälle die Lernfähigkeit Ihrer Schüler.

Schwerwiegende und besonders hartnäckige Störungen müssen jedoch in kinesiologischen Einzelsitzungen angegangen werden. **Aber auch mit sehr schwierigen Fällen kommen Sie wesentlich besser zurecht, wenn Sie die hier beschriebenen Übungen einsetzen.**

Ich werde jetzt der Reihe nach verschiedene Probleme anführen sowie die entsprechende Korrektur, mit der die vorhandene Blockade aufgelöst wird.

Dabei halte ich es mit Paul Dennison, der in seinen Kursen sagt: Ich zeige euch das Einfachste zuerst, denn das hilft den meisten. Dann gibt es noch spezielle Möglichkeiten für schwierigere Fälle, aber zuerst kommt das Einfache.

Deshalb beschreibe auch ich in erster Linie die grundlegenden Übungen, mit denen Sie am leichtesten etwas bewirken können. Sie können alle hervorragend zu Musik geturnt werden. Ich bevorzuge englische Kinderlieder, weil die schwungvoll und auch melodisch sehr ansprechend sind. Auch Tanzlieder, z.B. Square Dances, und manche Folk und Country Songs eignen sich gut. Nicht zu empfehlen sind Schlager und Popmusik.

Vorher möchte ich Sie auf etwas aufmerksam machen:
Als ich das fertige Manuskript noch einmal überarbeitete, fühlte ich mich angesichts dieses folgenden Teils, der die kinesiologischen Übungen zum Thema hat, gar nicht sehr glücklich.

Er liest sich nämlich nicht so flüssig wie das Vorhergehende, weil das Wort, selbst wenn es durch viele Fotos verdeutlicht wird, einfach nicht das beste Medium ist, um diese körperbetonten Übungen weiterzugeben.

Ich möchte Sie deshalb bitten, von sich selber nicht zuviel zu verlangen. Lesen Sie die folgenden Seiten am besten vor dem Hintergrund, daß es durchaus nicht nötig ist, alles, was da vermittelt wird, hinterher gleich zu wissen und parat zu haben. Richten Sie Ihr Augenmerk vielmehr zuerst auf den Sinnzusammenhang, in dem das Ganze steht.

Wenn Sie dann etwas in der Praxis erproben wollen, fangen Sie mit einigen wenigen Übungen an. Sammeln Sie Ihre Erfahrungen, ohne daß Sie sich selber in Streß bringen.

Und nun trotz aller Warnungen: **Viel Spaß beim Ausprobieren!**

3. Kinesiologische Übungen bei verschiedenen Problemen

Problem: Der neurologische Überkreuzfluß ist nicht gebahnt

Wie wir wissen, werden von jeder Gehirnhälfte Gesichtsfeld, Ohr und Hand der gegenüberliegenden Körperseite kontrolliert.

Wenn wir nun gleichzeitig die rechte Hand und das linke Bein bewegen, dann werden die rechtsseitigen Bewegungen von der linken Hemisphäre und die linksseitigen von der rechten veranlaßt. Die Bewegungsimpulse überkreuzen sich.

Dieser Überkreuzfluß kann nun automatisiert sein und ganz natürlich erfolgen, ohne daß eine bewußte Anstrengung erfolgen muß. In diesem Fall wird das Bewegungsmuster von der rechten Gehirnhälfte gesteuert, die ja für Bewegungen und Körpergefühl zuständig ist, und wir verfügen über ein beidseitig integriertes, bilaterales Bewegungsmuster.

Es wird in der frühen Kindheit durch das Krabbeln gebahnt, bei dem wir uns ja »kreuzweise« bewegen – rechtes Bein, linker Arm und umgekehrt – und außerdem auch noch abwechselnd einmal mit dem einen, dann wieder mit dem anderen Auge nach vorne schauen.

Wenn wir jedoch als Kleinkinder zu spät oder zu wenig krabbelten, blieben wir auf dem Stand des bewußten Bewegens stecken, die Automatisierung unserer Bewegungen ist uns nicht gelungen. Das heißt, daß wir unsere bewußte – linke – Hemisphäre für deren Koordination benutzen und nicht die rechte, die dafür zuständig wäre und uns ein müheloses, automatisiertes, natürliches Bewegen ermöglichen würde.

Da die linke Gehirnhälfte aber für das Lernen neuer Dinge freigehalten werden soll, leuchtet es sicher ein, daß es Probleme geben muß, wenn sie auf diese Weise blockiert wird, während die rechte Hälfte die Aufgabe, die ihr eigentlich zukäme, nicht übernimmt.

Wir befinden uns dann in einem homolateralen, abgeschalteten Modus und haben jeweils nur einen Teil unserer Fähigkeiten zur Verfügung.

Wenn ich Ihnen nun sage, daß mehr als 80% aller Menschen mit Lernstörungen dieses Bewegungsmuster haben, wird Ihnen sicher einiges klar.

Das, was für die Automatisierung so grundlegender Funktionen gilt, können wir sehr gut auch beim Erlernen ganz alltäglicher Fähigkeiten beobachten. Denn da wir uns alle natürlich nicht mehr daran erinnern können, **wie** wir eigentlich das Krabbeln lernten, fällt es uns vielleicht schwer, uns vorzustellen, daß wir zunächst die einzelnen Bewegungen bewußt, »mit Denken«, vollziehen mußten, bevor sie automatisch und von selber klappten.

Deshalb möchte ich Ihnen noch einige Beispiele bringen:

Sie erinnern sich vielleicht daran, wie Sie das Radfahren lernten. Da war Ihre ganze Aufmerksamkeit von den auszuführenden Bewegungen beansprucht. Sie mußten sich auf alles konzentrieren, um nicht gleich wieder umzufallen.

Und dann – ganz plötzlich – **konnten Sie es!** Hätte man Sie aber gefragt, wieso, dann hätten Sie darauf sicher keine Antwort geben können. **Es war eben so!** Sie hatten eine Tätigkeit, die Sie bewußt und linkshirnig erlernt hatten, automatisiert und die Kontrolle darüber an das rechte Gehirn abgegeben.

Um keine Mißverständnisse aufkommen zu lassen, betone ich hier wieder einmal – frei nach Richard Wagner, wo es im 3. Akt der Meistersinger heißt: Verachtet mir die Meister nicht! – : Verachtet mir das Linkshirn nicht!

Wir brauchen es für alles, wo es genau geht, wo wir auf Einzelheiten achten müssen und vor allem immer dort, wo wir Neues lernen wollen! Schlecht ist nicht die Linkshirntätigkeit an sich, schlecht ist nur die **unintegrierte** Linkshirntätigkeit!

Im Fall des Radfahrens hat die Integration stattgefunden, als das bewußte Bewegen abgelöst wurde vom automatisierten Bewegungsablauf. Wären Sie im Stadium des bemühten und bewußten Radfahrens steckengeblieben, könnte man das sehr gut mit dem homolateralen, abgeschalteten Zustand vergleichen, der auftritt, wenn der Dyslektiker beim Lesen steckenbleibt.

Nun aber, wo die Bewegungsabläufe automatisiert sind, können Sie während des Radfahrens nachdenken, die Landschaft betrachten, auf das achten, was um Sie herum vorgeht. Ihre linke, bewußte Gehirnhälfte ist frei dafür. Gerade zu dieser Tätigkeit möchte ich jedoch noch kurz etwas anmerken: Sie ist an sich einseitig. Deshalb tut es uns gut, nach dem Absteigen ein paar Überkreuzbewegungen zu turnen (s.unten). Sonst kann es ein, daß wir für einige Zeit in diesem Bewegungsmuster »steckenbleiben« und etwas desorientiert sind. Bei Kindern könnte es zum Beispiel vorkommen, daß sie sich danach mit den Hausaufgaben schwerer tun.

Ebenso wie beim Radfahren geht es uns, wenn wir das Autofahren lernen. Was ist da zunächst alles an Aufmerksamkeit vonnöten, um die Maschine einfach am Fahren zu halten! Es leuchtet sicher jedem ein, daß wir alle miserable Autofahrer wären, wenn diese Abläufe nicht automatisiert werden könnten.

Daß es gar nicht so leicht ist, diese automatisierten Bewegungsabläufe wieder ins Bewußtsein zu holen und womöglich noch zu analysieren und zu verbalisieren, möchte ich an einem letzten, recht amüsanten Beispiel aus der Familie meines Mannes verdeutlichen:

Früher gehörte es einfach dazu, daß ein junger Mann irgendwann die Kunst des Krawattenbindens erlernte. Inzwischen haben sich ja die Kleidervorschriften erheblich gelockert, und ich weiß nicht, inwieweit das auch heute noch obligatorisch ist.

Damals jedenfalls – Anfang der sechziger Jahre – war es das.
Nun: Mein Schwiegervater machte das Krawattenbinden zunächst einmal vor. Das genügte jedoch nicht, und so wollte er es seinem Sohn **Schritt für Schritt** – Merken Sie was? Hier wird von Rechts- auf Linkshirntätigkeit umgeschaltet! – vormachen und erklären.

Und jetzt kommt's: **Er wußte plötzlich selber nicht mehr, wie es geht!**

Auch das ist wieder ein geradezu klassischer Fall: Es ist nämlich gar nicht so leicht – eigentlich ist es sogar ausgesprochen schwer! – automatisierte Bewegungsabläufe bewußt zu machen und zu verbalisieren. Deshalb ist es auch so schwer, in diesem Bereich etwas weiterzuvermitteln, was jeder bestätigen kann, der einem anderen schon einmal Tennisspielen, Tanzen oder Ähnliches beibringen wollte.

Mir ist es jedoch hoffentlich gelungen, Ihnen anhand dieser Beispiele einen Eindruck von der Wichtigkeit zu vermitteln, die einem integrierten, automatisierten Überkreuz-Bewegungsmuster für erfolgreiches Lernen und Funktionieren auf allen Ebenen zukommt.

Und so wollen wir uns nun anschauen, was wir tun können, um die Bahnung dieses Musters herbeizuführen oder zu erleichtern.

Korrektur: Gehirnknöpfe rubbeln, Überkreuz- und Parallelbewegungen im Wechsel

Überkreuzbewegungen ohne vorheriges Knöpferubbeln werden **den** Menschen den größten Nutzen bringen, die grundsätzlich über das entsprechende Bewegungsmuster verfügen und nur aufgrund von Streß oder homolateralen Tätigkeiten – wie z.B. rudern oder radfahren – in einen abgeschalteten Modus »gerutscht« sind.

Da wir es jedoch sehr häufig mit generell abgeschalteten Schülern zu tun haben, gehen wir lieber auf Nummer sicher und führen vorher einen kurzfristigen Ausgleich der beiden Hemisphären über das **Rubbeln der Gehirnknöpfe** durch:

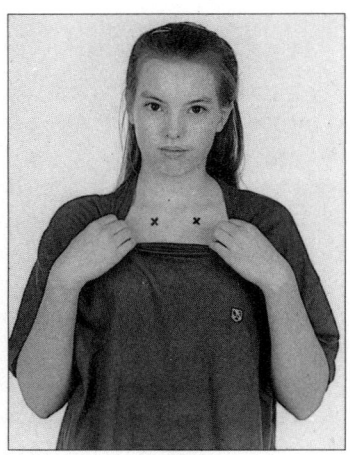

Die beiden Akupunktur-Punkte »Niere 27« werden mit der linken Hand gerubbelt, während die rechte auf dem Nabel liegt. Diese Punkte finden Sie jeweils unter dem Schlüsselbein, rechts und links vom Brustbein.

Dann werden die Hände gewechselt. Es spielt übrigens keine Rolle, mit welcher Hand Sie anfangen.

Wichtig ist nur, daß während des Rubbelns eine Hand auf dem Nabel liegt, damit der entsprechende Energiekreislauf geschlossen ist.

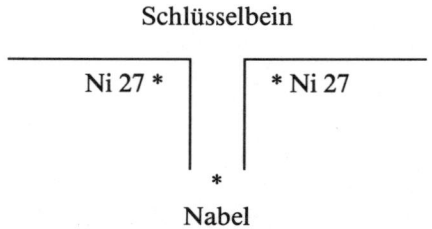

Schlüsselbein

Ni 27 *   * Ni 27

*

Nabel

Besonders wirkungsvoll ist dieses Rubbeln der Gehirnknöpfe, wenn währenddessen auch noch die Augen nach rechts − links − rechts usw. bewegt werden.

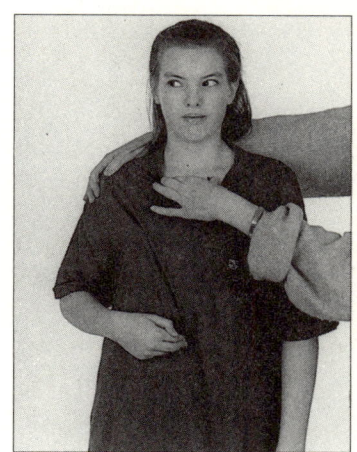 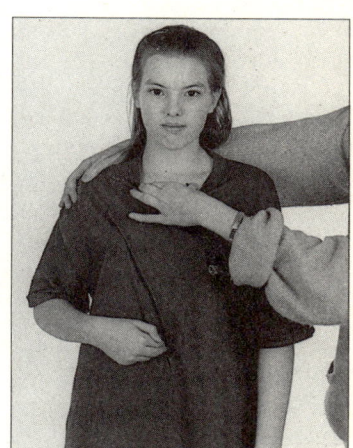

Jetzt erst gehen wir zum **Überkreuzturnen** über.

Überkreuzbewegungen sind all jene, bei denen **gleichzeitig rechte** und **linke** Körperseite und **obere** und **untere** Körperhälfte aktiviert werden. Das ist der Fall, wenn der rechte Arm − rechts und oben − und das linke Bein − links und unten − gleichzeitig bewegt werden.

Hier die Grundübungen:

rechte Hand berührt linkes Knie
linke Hand berührt rechtes Knie usw.

Nach 6 bis 7 Überkreuzbewegungen kommen jetzt genauso viele Parallelbewegungen:

rechte Hand berührt rechtes Knie,
linke Hand berührt linkes Knie usw.
Das wird ebenfalls 6 bis 7 mal wiederholt.

Dann nochmal Überkreuzbewegungen, Parallelbewegungen und Überkreuzbewegungen ausführen.

Wir haben also folgenden Ablauf (X steht jetzt für Überkreuzbewegungen und II für Parallelbewegungen):

X
II
X
II
X

Wichtig:
Fangen Sie mit X-Bewegungen an und hören Sie mit X-Bewegungen auf!

Achten Sie besonders bei den X-Bewegungen darauf, daß die Beine **schwungvoll** hochgehoben werden und der jeweils unbeschäftigte Arm zurückschwingt, so daß nur der Arm, der das gegenüberliegende Knie berührt, sich vor dem Körper befindet(s.Foto). Gerade Personen mit nichtintegriertem Bewegungsmuster führen nämlich gerne eine nur scheinbare X-Bewegung aus, die in Wirklichkeit eine verkappte II-Bewegung ist.

Wenn Sie den Wechsel X II X zu kompliziert finden, können Sie ohne weiteres auch nur X-Bewegungen turnen lassen. Es gilt grundsätzlich: Falsch machen können Sie gar nichts! Sie können es nur mehr oder weniger wirkungsvoll machen. Und wenn Sie nur X-Bewegungen durchführen, **vorher aber die Gehirnknöpfe rubbeln**, ist das auch sehr sinnvoll.

Der Wechsel von X und II hat ebenfalls den Zweck, bei homolateralen Personen eine Umbahnung zu bewirken.

Wenn Sie am Anfang mit dem Rubbeln der Knöpfe nicht zurechtkommen, dann können Sie es schon weglassen. In diesem Fall sollten Sie aber unbedingt im Wechsel X II X turnen, wie oben erklärt.

Diese Möglichkeiten haben Sie also:

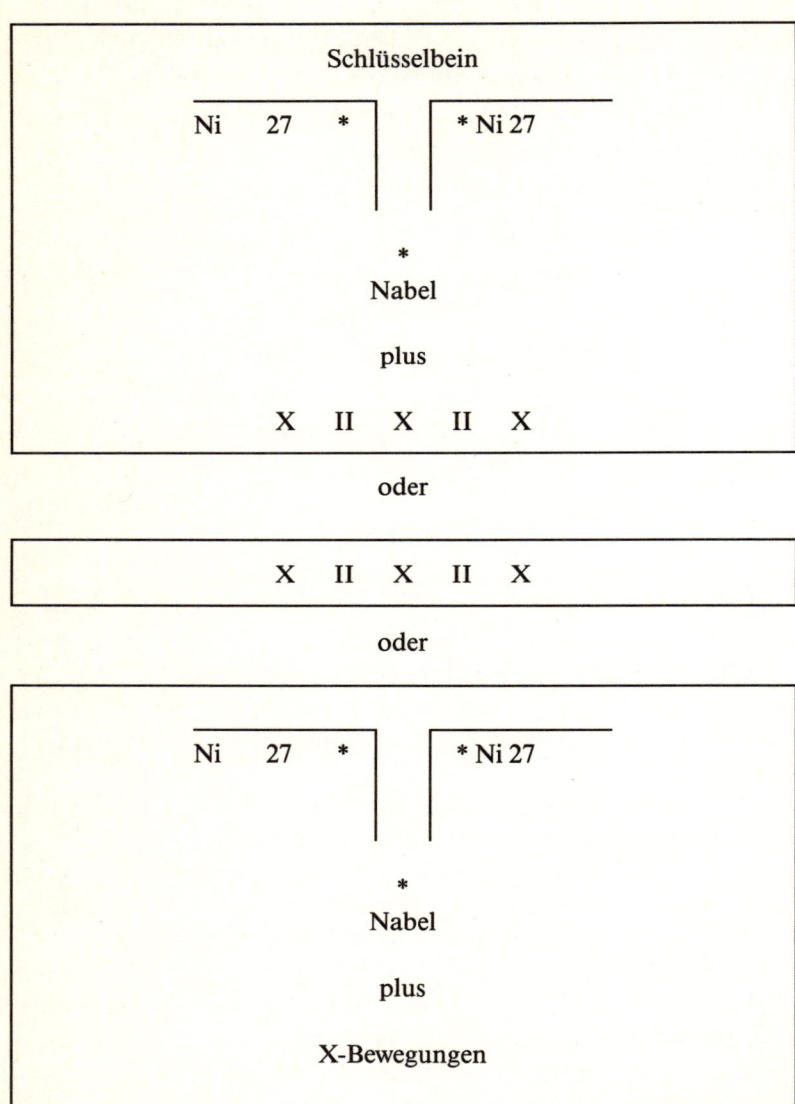

oder

oder

Hier sind noch einige Varianten von Überkreuzbewegungen, mit denen Sie die tägliche Gymnastik abwechslungsreicher gestalten können:

Problem: Das Überqueren der Mittellinie beim Lesen und Schreiben gelingt nicht.
Das äußert sich in einer Schrift, die gegen Mitte der Zeile unsicher wird, der überhaupt der Fluß fehlt; außerdem in fehlendem Leseverständnis und mangelnder Merkfähigkeit des Gelesenen.

Rechte und linke Hemisphäre sind verbunden durch das Corpus Callosum, ein Bündel von Nervenfasern, über das Informationen aus der einen Hälfte der anderen zukommen und umgekehrt. Um erfolgreich lernen zu können, brauchen wir beide Gehirnhälften zur gleichen Zeit und nicht abwechselnd nur die eine oder nur die andere.

Wenn wir nun lesen oder schreiben, so beginnen wir auf der linken Seite des Blattes, im linken Gesichtsfeld. Die rechte Gehirnhälfte ist dominant. In der Mitte des Blattes überlappen einander die Sehbereiche der beiden Augen. Hier kommt es − wie bei einem Staffellauf − zur Stabübergabe oder sagen wir besser: Es sollte dazu kommen! Das rechte Gesichtsfeld − und mithin das linke Gehirn − sollte langsam die Führung übernehmen.

Dazu ist es nötig, daß in diesem mittleren Bereich zunächst beide Sehbereiche der Augen gleichwertig zusammenarbeiten und auch die Informationen beider Gehirnhälften zusammenfließen zu einem Bild.

Das läßt sich ebenfalls wieder gut vergleichen mit einem Staffellauf, bei dem der nächste Läufer ein Stück mit demjenigen läuft, der den Stab abgibt und erst dann alleine weiterläuft, wenn die Übergabe geklappt hat.

Homolaterale Menschen haben jedoch gerade mit dieser Koordination Schwierigkeiten, weil ihnen nur eine einseitige Arbeitsweise zugänglich ist. Die Folge ist also wieder ein Abschalten, dieses Mal an der Mittellinie, mit darauffolgender Verwirrung: das bedeutet entweder die Unfähigkeit, beim Schreiben die Buchstaben richtig zu reproduzieren oder ein Unvermögen, Gelesenes zu verstehen und sich einzuprägen.

Oft beginnt die Schrift dann gegen Mitte der Zeile zu regelrecht »auseinanderzufallen«, manches wird spiegelbildlich geschrieben. Beim Lesen kann es dann plötzlich zu Reversionen (Rechts-Links-Verdrehungen) kommen.

Das gesamte Gesichtsfeld		
Linker Bereich	Mitte	Rechter Bereich
linkes Gesichtsfeld beider Augen	Beide Augen vollständig	rechtes Gesichtsfeld beider Augen
rechtes Gehirn	beide Gehirne	linkes Gehirn

Korrektur: Die liegende Acht

Die liegende Acht wird zuerst mit der Schreibhand so breit wie möglich auf eine Tafel oder in die Luft gezeichnet. Nach 8 bis 10 Achterschwüngen wird auf die andere Hand gewechselt, zum Schluß kommen beide Hände gleichzeitig dran.

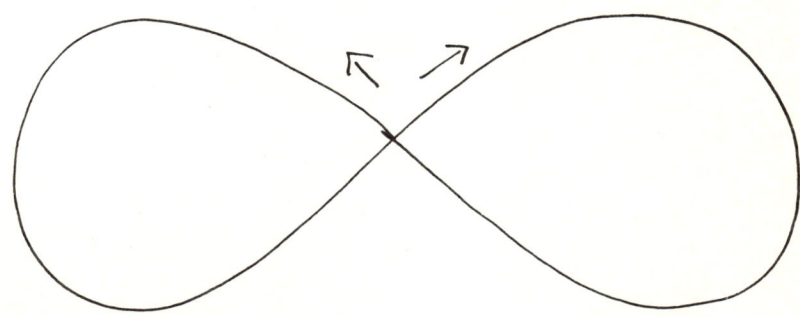

Wichtig:

Die liegende Acht geht in der Mitte aufwärts und am Rand abwärts, auf keinen Fall andersherum, denn eine Abwärtsbewegung in der Mitte ist energieschwächend!

Sollten Sie das seltsam finden, dann denken Sie doch einmal daran, wie Sie es empfinden, wenn Sie jemand von oben nach unten mustert.

Unangenehm?

Schwächend?

Nun – das ist derselbe Effekt wie bei einer abwärts geschwungenen Acht, nur wird er da vielleicht nicht auf Anhieb so empfunden. Ich muß allerdings sagen: wenn ich jemanden sehe, der die liegende Acht abwärts schwingt, dann geht mir das buchstäblich »durch Mark und Pfennig«, es ist mir körperlich unangenehm.

Noch eine Erklärung, warum Abwärtsbewegungen in der Körpermitte schwächend sind:

Dort verläuft **von unten nach oben** ein wichtiger Meridian, das Zentralgefäß. Wenn wir ihn in der Flußrichtung, also aufwärts, nachfahren, so wirkt das stärkend, während Abwärtsbewegungen gegen die Flußrichtung schwächend wirken.

Noch ein praktischer Tip:

Vielen Kindern wird es am Anfang schwerfallen, liegende Achten in die Luft zu zeichnen. Das Tafelzeichnen, das in so einem Fall einfacher wäre, weil das Kind nur eine vorgezeichnete Acht nachschwingen müßte, hat sich bei mir nicht so bewährt: Es gibt dabei ungeheuer viel Kreidestaub auf dem Boden und außerdem ist auch die Tafel nicht immer frei. Darüber hinaus hat man zu Hause auch meist keine Tafel.

Ich habe jedoch eine sehr praktische Lösung gefunden, und zwar habe ich mit Tesakrepp auf den hölzernen Unterbau der Wandtafel eine große liegende Acht geklebt. Wenn die Tafel hochgeschoben wird, ist diese Acht wunderbar zugänglich. Das läßt sich auch sehr gut im Kinderzimmer an einem freien Wandstück machen. Ich gebe nun dem Kind, das gerade zum Üben dran ist, einen Backpinsel (der ist so schön groß und handlich) und lasse es damit die Acht nachfahren. Erst wird der Pinsel mit der Schreibhand, dann mit der anderen und schließlich mit beiden Händen gehalten.

Diese Übungsmöglichkeit steht immer zur Verfügung, nichts muß extra hergerichtet werden, das ist sehr praktisch.

Problem: Gesprochenes wird schlecht verstanden.
Fragen dazu können nicht beantwortet werden. Kinder verstehen beim lauten Lesen nicht, was sie selber sagen und erinnern sich auch nicht daran.

Das, was wir hören, setzt sich aus vielerlei Komponenten zusammen. Da gibt es Sprachmelodie, Rhythmus, sprachliche Inhalte, Musik und vieles andere. Für alle sprachlichen Geräusche ist das rechte Ohr das bevorzugte, weil es in direkter Verbindung mit der linken, sprachlich-analytischen Hemisphäre steht, während für nichtsprachliche Geräusche, Musik und Rhhythmen in erster Linie das linke Ohr − und dementsprechend die rechte Hemisphäre − zuständig ist.

Diese spezifischen Zuständigkeiten machen uns weiter nicht zu schaffen, solange beide Ohren angeschaltet sind und wir unsere akustischen Signale sowohl rechts als auch links empfangen können.

Kommt es jedoch zum Kurzschluß eines oder sogar beider Ohren, werden unsere Möglichkeiten zu lernen und zu verstehen drastisch eingeschränkt.

Dieses Abschalten der Ohren geht oft einher mit Situationen, die uns Angst machen, in denen wir etwas zu hören bekommen, was wir nicht hören wollen, vielleicht sogar angebrüllt oder beleidigt werden.

In der Psychologie kennt man das Phänomen der »muttertauben« Kinder, die vor lauter Ermahntwerden einfach abschalten und gar nichts mehr mitbekommen.

Ich hatte vor einigen Jahren einen Schüler, nennen wir ihn Jens, der ständig Probleme mit den Eustachischen Röhren hatte, auch schon mehrere Male eine Paukendrainage bekommen hatte. Die Mutter bat mich, ihn ganz nach vorne zu setzen, weil er so schlecht höre. Da Jens ein recht problematischer Schüler war, kam die Mutter öfter zu mir, um sich auszusprechen. Dabei erlebte ich auch, wie sie mit ihrem Kind umging: zwar durchaus liebevoll, aber ständig appellierend und ermahnend.

Im Laufe eines solchen Beratungsgespräches wollte ich ihr dann einen kleinen Hinweis auf eine mögliche andere Sichtweise von Jens' Ohrenproblemen geben und meinte: »Wenn Jens so hartnäckig seine Ohren verschließt, dann könnte es doch auch sein, daß er etwas nicht hören will.« Doch da stieß ich bei der Mutter auf gar kein Verständ-

nis, und sie meinte ganz entschieden: »Nein, das sind die Eustachischen Röhren, das hat der Doktor gesagt!«
Wie auch immer: Die kinesiologischen Übungen scheinen Jens sehr gutgetan zu haben, denn er hörte alles, was ich sagte, auch als ich ihn auf einen anderen Platz etwas weiter hinten setzte. Außerdem wurde die Paukendrainage, die er zu Beginn der ersten Klasse noch einmal bekommen hatte – es war immerhin seine fünfte – auch seine letzte.

Korrektur: Elefanten-Achter und Denkmütze

Beim **Elefanten-Achter** wird ein Arm an das Ohr auf der gleichen Seite gelegt, also rechter Arm an das rechte Ohr. Ich sage zu den Kindern immer: Der Arm ist am Ohr festgewachsen.

Die Augen sollen auf einen Punkt weiter vorne schauen. Nun wird die liegende Acht mit dem ganzen Körper geschwungen. Arm, Kopf und Schulter werden zwar vom Körper in die Achterbewegung mitgenommen, führen aber selber keine Bewegung aus. Darauf müssen Sie achten, denn es fällt den meisten Schülern sehr schwer, vor allem jenen, die ein schlechtes Gedächtnis haben, Ihre Arbeitsanweisungen nicht verstehen und nicht aufpassen und zuhören können.

Ich fasse diese Kinder immer an beiden Seiten – etwas über der Taille – an und führe sie, damit sie den Körper überhaupt im Achter schwingen können. **Das ist wirklich wichtig:** Arme, Kopf und Schultern bleiben steif. Der Körper führt die Bewegung aus!

Die Denkmütze:

Diese Übung habe ich erst verstanden, als sie mir in einem Kurs gezeigt wurde. Ich hoffe, es gelingt mir nun, Ihnen verbal zu vermitteln, was da gemacht werden soll. Das Ganze hört sich viel komplizierter an, als es eigentlich ist.

Behandelt wird hierbei der Ohrenrand, an dem sich jede Menge Akupunkturpunkte befinden. Wenn Sie ihn aufmerksam betrachten, werden Sie feststellen können, daß er eine gewisse Ähnlichkeit mit einem Embryo hat, wobei der eingerollte Ohrenrand die Wirbelsäule repräsentiert und das Ohrläppchen den Kopf.

Wir wecken nun alle diese Punkte, indem wir **von oben beginnend** den eingerollten Ohrenrand zwischen Daumen und Zeigefinger sanft nach hinten ziehen, so, als wollten wir ihn »glattbügeln«. Dann rutschen wir mit den Fingern weiter und bügeln die nächste Stelle des Ohrenrandes nach hinten. Das machen wir solange, bis wir bei den Ohrläppchen angekommen sind. Die werden dann noch kräftig gerubbelt, und das Ganze beginnt von vorne.

Dieses »Aufsetzen der Denkmütze« soll einige Male wiederholt werden.

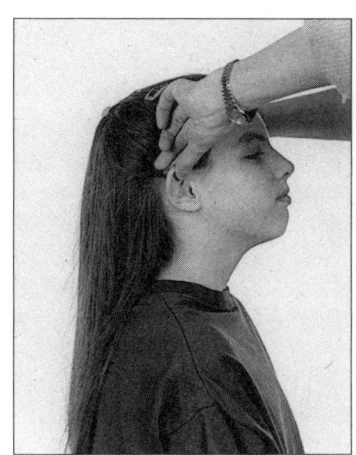
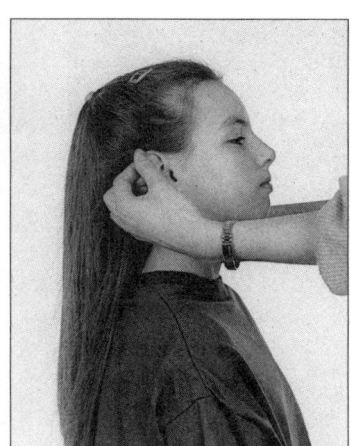
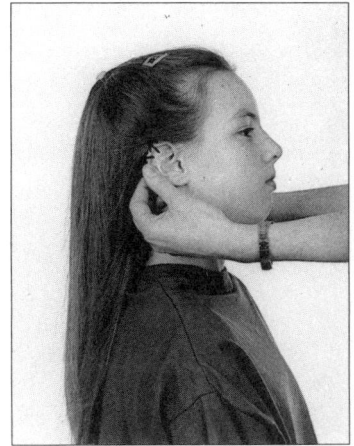
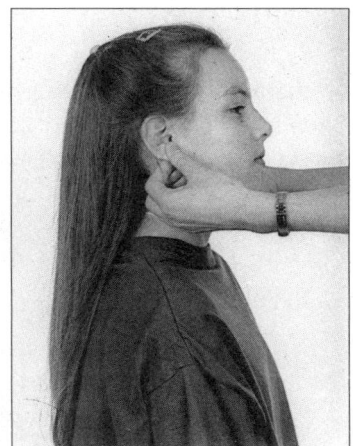

Problem: Das Lesen bereitet Streß und ist stockend. Buchstaben werden vertauscht. Es fehlt an Sinnverständnis.

Hier haben wir es mit einer Variante des bereits oben geschilderten Problems beim Überqueren der Mittellinie zu tun. Ich verwende die folgende Korrektur immer dann, wenn ich merke, wie Kinder beim Lesen plötzlich abschalten und in einen homolateralen Modus rutschen. Das kann durch ein schwieriges Wort ausgelöst werden oder auch dadurch, daß das Kind plötzlich das Gefühl hat, es müßte eigentlich flotter lesen, weil sonst die Zuhörer ungeduldig werden. Das sind aber nur einige wenige Beispiele. Sie merken es auf alle Fälle daran, daß ein Kind beim Lesen plötzlich steckenbleibt. Auch Kinder, die generell stockend lesen, profitieren von dieser Übung, die dann zusätzlich zu der oben angeführten Achterübung gemacht werden soll.

Korrektur: Gehirnknöpfe rubbeln plus Augenachter

Während die Gehirnknöpfe gerubbelt werden – Hand an den Nabel! –, schaut das Kind mit seinen Augen einer in der Luft vorgestellten liegenden Acht nach.

Weil das gerade für dyslektische Kinder nicht leicht ist, gebe ich dabei immer Hilfestellung. Das heißt, daß ich diese Übung nicht von allen gemeinsam turnen lasse, sondern sie bei einzelnen Schülern dann anwende, wenn Not am Mann ist.

So schaut meine Hilfestellung aus:

Das Kind legt eine Hand auf den Nabel.

Ich rubble ihm mit einer Hand die beiden Gehirnknöpfe und zeichne mit der anderen vor seinen Augen eine große liegende Acht in die Luft. Oft nehme ich in die Hand, die den Achter zeichnet, ein rotes Rechenplättchen oder einen leuchtendroten Stift, damit das Achterschauen leichterfällt.

Achtung: Kontrollieren Sie dabei unbedingt, ob die Augen auch dem Achter folgen! Meistens gibt es irgendeine Stelle, an der sie aus der Bewegung »herauskippen«, indem sie entweder ein Stück weiterhüp-

fen, zurückgehen oder gleich an einer ganz anderen Stelle weitermachen. Das sind dann die Augenbewegungen, die Streß verursachen
und besonders gründlich durchgeführt werden müssen, um »entschärft« zu werden.

Bei dieser Übung ist einiges an artistischer Verrenkung Ihrerseits
nötig, damit Sie alles »voll im Griff« behalten.

Problem: Die Augen schalten ab.
**Das kann sich äußern in Fehlern beim Abschreiben aber auch wieder
in ungenauem und stockendem Lesen.**

Es ist ja nicht so einfach, daß es für **ein** Problem immer nur eine mögliche Ursache gäbe. Deshalb ist es auch sehr sinnvoll, täglich ein Programm aus mehreren Übungen durchzuführen.

Zu den Augen ist nun folgendes zu sagen:

Ich stelle beim Muskeltest eigentlich immer fest, daß Schüler mit
Lernproblemen auch bestimmte Augenrichtungen haben, auf die sie
schwach testen.

Vereinfacht dargestellt gibt es 9 Blickrichtungen: 8 nach den verschiedenen Seiten und eine geradeaus.

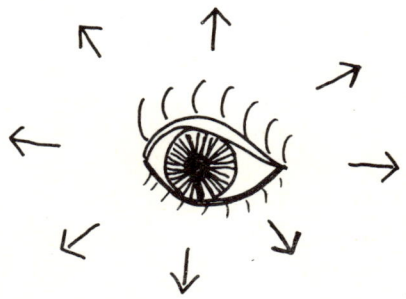

Ein wichtiger Teil unseres Gehirns – der prämotorische Bereich des Stirnlappens – ist nur für die Augenbewegungen zuständig. Im Hinterhirn befinden sich die Bereiche, die für visuelle Verarbeitung und Erinnerung sorgen.

Die mit dem Sehen verbundenen Funktionen beanspruchen in unserem Gehirn mehr Raum als beispielsweise das Schmecken, Hören oder Riechen.

Wir dürfen daraus schließen, daß dieser Sinn eine ganz besondere Bedeutung für uns hat. »Sehen« wird in unserer Sprache ja oft synonym für »Erkennen, Auffassen« gebraucht:

Das sehe ich genauso.

Ich sehe den Zusammenhang nicht.

Siehst du?

Dabei ist die Beweglichkeit der Augen von großer Bedeutung. Sehen wird durch Bewegung stimuliert. Wenn wir einige Zeit unbewegt auf einen Fleck starren, verschwimmt das Gesehene, wir nehmen nicht mehr richtig wahr, es kommt zu einem blinden Fleck.

Und was passiert, wenn ein Dyslektiker, der unbedingt lesen können **will**, auf die Buchseite starrt, um endlich entziffern zu können, was dasteht?

Er fixiert die Buchstaben und Wörter solange, bis er wirklich nichts mehr erkennen kann und alles vor seinen Augen verschwimmt.

Nun kann es sein, daß so ein »blinder Fleck« im Gesichtsfeld dem dyslektischen Kind gar nicht so unwillkommen ist. Denn da wir immer bestrebt sind, unser Gesicht zu wahren, ist es uns natürlich nur recht, wenn wir eine Möglichkeit finden, unser Versagen zu rechtfertigen. Und ein physischer Defekt, der uns das Lesen unmöglich macht, eignet sich dafür hervorragend. Für den können wir ja schließlich nichts, oder?

Das Dumme an diesen Entscheidungen ist nur, daß sie auch dann noch aufrechterhalten werden, wenn der Grund für sie längst weggefallen ist, denn da wir sie nicht bewußt getroffen haben, können wir sie auch nicht bewußt rückgängig machen. Das heißt, daß Augenprobleme andauern können, auch wenn wir inzwischen irgendwie das Lesen gelernt haben und vielleicht schon erwachsen sind.

Wenn Sie mehr über diese Zusammenhänge zwischen emotionalen Ursachen und physischen Sehproblemen erfahren wollen, dann sollten Sie unbedingt von Janet Goodrich lesen: Natürlich besser sehen[38].

Wir wollen uns nun anschauen, was wir tun können, um den Energiefluß zwischen Augen und Gehirn zu verbessern.

Korrektur: Augenpunkte stimulieren und Augenbewegungen, Kopf in den Nacken legen, Augenachter

Augenpunkte stimulieren und Augenbewegungen

Die Augenpunkte befinden sich am Hinterhaupt, jeweils 3,5 bis 4 cm von der Mittellinie nach außen in Vertiefungen über dem Hinterhaupthöcker.

Den Hinterhaupthöcker können Sie mühelos ertasten, wenn Sie mit Ihren Händen vom Nacken nach oben streichen. Die Vertiefungen mit den Augenpunkten befinden sich darüber.

Den Kindern zeige ich das allerdings vereinfacht – und trotzdem wirkt es, wie ich immer wieder feststelle!

Hier also das einfachere Modell:

Legen Sie Ihre Hände so auf die beiden Ohren, daß die Handflächen die Ohren bedecken und die Finger nach hinten zeigen und sich in der Mitte des Hinterkopfes treffen.

Nun bedecken Sie mit vier Fingern einer jeden Hand einen Bereich, den ich nicht als Augenpunkt, sondern als Augenfeld bezeichne. Die Augenpunkte sind auf jeden Fall darin enthalten.

Jetzt schieben Sie mit Ihren Fingern die Haut auf den Augenfeldern sanft nach oben und unten, hin und her. Dadurch stimulieren Sie die Augenpunkte.

Wichtig:

Nicht mit den Fingerspitzen rubbeln, sondern mit den Flächen der acht Finger sanft massieren!

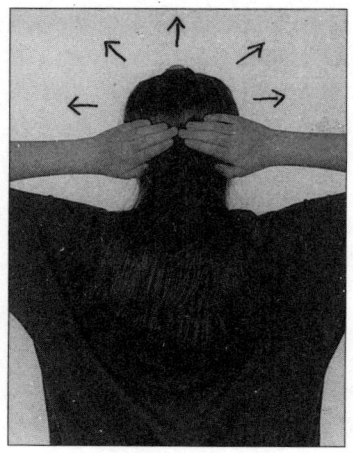

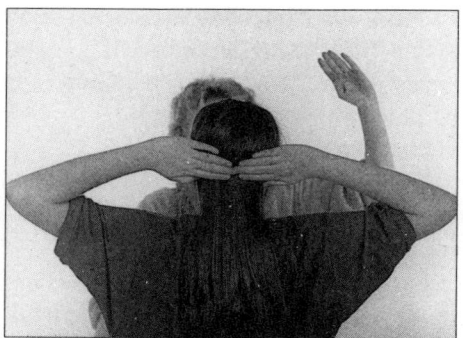

Während Sie nun Ihre Augenfelder massieren, schauen Sie eine Zeitlang in jede der neun Blickrichtungen, die ich oben angeführt habe.

Wenn ich durch den Muskeltest herausgefunden habe, welche Richtung energieschwach ist, korrigiere ich natürlich nur diese. Aber es ist auf keinen Fall falsch, alles zu machen.

Kopf in den Nacken legen und Augenachter

Wir setzen uns gerade auf einen Stuhl und lassen den Kopf so weit wie möglich locker in den Nacken hängen. Durch das Beugen des Nackens werden die Augenmuskeln aktiviert. Die beiden Hände legen wir seitlich an den Hals.

Wir atmen tief durch und stellen uns vor, wie sich unser Nacken öffnet und die Energie ungehindert in beiden Richtungen fließen kann.

Dann malen wir mit einem imaginären Stift eine liegende Acht an die Decke und folgen ihr mit den Augen.

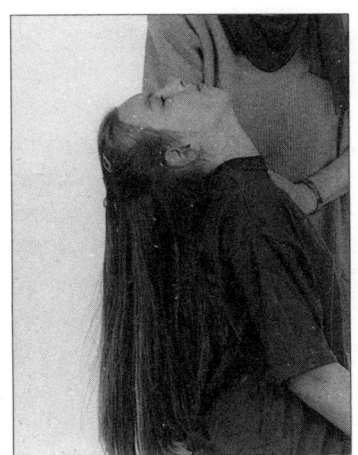 

Ein praktischer Tip:
Die liegende Acht aus der Vorstellung an die Decke zu malen und ihr mit den Augen zu folgen erfordert natürlich einige Konzentration.

Deshalb habe ich in meinem Klassenzimmer einen großen Schmetterling aus Tesakreppstreifen an die Decke geklebt, an dessen Flügelrändern die Kinder entlangschauen sollen. Das erleichtert die Sache erheblich.

Problem: Bestimmte Buchstaben oder Ziffern verursachen Streß

Ich stelle immer wieder fest, daß es – das ist natürlich bei den einzelnen Kindern unterschiedlich – beliebtere und weniger beliebte Buchstaben oder Zahlen gibt. Warum das so ist, kann ich nicht genau sagen.

Ich kann hier nur ein kleines Erlebnis erzählen, das ich hatte, als ich mit einer Kollegin austestete, welche Zahlen bei ihr Streß verursachten. Es waren vier verschiedene, und sie konnte auch sofort etwas damit anfangen: aus ihnen setzte sich nämlich ihr Geburtsdatum zusammen. Das war für sie aber mit erheblichem Streß belastet, denn sie war kurz vor Ende des Krieges im Osten Deutschlands geboren worden, und ihre Mutter hatte mit dem Säugling vor den anrückenden Russen fliehen müssen. Das bedeutete natürlich eine beträchtliche Erschwernis der ohnehin schlimmen Situation.

Meine Kollegin erzählte dann auch, daß ihr als Kind oft gesagt worden sei, wie schwierig es doch gewesen wäre, für sie auf der Flucht zu sorgen und Nahrung für sie zu beschaffen. Kurzum: Das führte dazu, daß sie sich selber eigentlich als recht überflüssig und zur Unzeit geboren empfand.

Interessant ist, daß sie beim Testen überhaupt nicht an diese weit zurückliegenden Ereignisse dachte. Trotzdem gab uns ihr Unbewußtes genau diese Zahlen preis.

Bei Kindern kann man oft beobachten, daß sie sich die gelernten Buchstaben merken können, bis sie an einem bestimmten Zeitpunkt des Leselehrgangs plötzlich durcheinanderkommen, alles verwechseln und auch das bisher Gekonnte nicht mehr verfügbar haben. Dafür gibt es nun mehrere mögliche Ursachen. Eine davon dürfte sicher das im ersten Teil angesprochene zu schnelle Durchnehmen der einzelnen Buchstaben sein.

Es kann aber auch aus anderen Gründen ein bestimmter Buchstabe, seine Form oder das, was er für das Kind bedeutet, Streß hervorrufen.

Durch den Muskeltest können wir solche »Übeltäter« zwar genau identifizieren. Aber wir können auch so bemerken, an welcher Stelle das Kind aus dem Leselehrgang »aussteigt«, und hier ist auch die

Ursache zu suchen. Außerdem wissen die Betroffenen meistens selber sehr gut, welcher Buchstabe ihnen auf die Nerven geht. Sie können sich nur nicht erklären, warum. Doch das ist hier auch Nebensache. Hauptsache ist, daß wir ihn wirkungsvoll »entschärfen« können. Sie werden gleich erfahren, wie.

Vorher möchte ich jedoch gerade zu der Problematik »Streßbuchstaben« noch von einem Mädchen erzählen, das derzeit in meine zweite Klasse geht.

Nadja − so will ich sie hier nennen − lernte die ersten Buchstaben völlig problemlos. Sie machte auch schon Fortschritte beim Zusammenlesen. Die Mutter hatte mir erzählt, daß Nadjas älterer Bruder große Probleme beim Lesenlernen gehabt habe und auch jetzt − er ist inzwischen fast erwachsen − noch nicht besonders gut und nur sehr ungern liest. Sie erwartete deshalb von vornherein bei der kleinen Tochter Schwierigkeiten.

Und siehe da: Kaum hatten wir das E, unseren 7. Buchstaben, gelernt, fing Nadja an, auch die anderen sechs durcheinanderzubringen. Außerdem konnte sie überhaupt nicht mehr zusammenlesen, obwohl sie eine Woche vorher Wörter wie Moor, Tom, rot, Tor, Marmor usw. noch tadellos lesen und verstehen konnte.

Hier haben wir eine geradezu klassische Situation, wie sie sich oft in Schulklassen abspielt. Was wird in so einem Fall für gewöhnlich unternommen? Mehr geübt, sich mehr angestrengt, und was es an so unerfreulichen Dingen noch gibt. Der Nutzen daraus hält sich allerdings sehr in Grenzen und steht − für mich zumindest − in keinem Verhältnis zu dem geleisteten Aufwand.

Deshalb will ich Sie jetzt auch nicht länger auf die Folter spannen und Ihnen endlich verraten, wie es mit Nadja weitergegangen ist und vor allem, was Sie tun können, wenn Sie vor dem gleichen Problem stehen.

Nadja kam mit ihrer Mutter in meine Sprechstunde. Der Muskeltest führte zu dem gleichen Ergebnis, zu dem wir schon durch Überlegen gekommmen waren: Das E verursachte Streß.

Immer, wenn so ein Streßbuchstabe nun auftaucht, rutschen die betroffenen Schüler in einen homolateralen Modus, sie schalten ab.

Das heißt, wenn Sie sich noch einmal an den Abschnitt über den neurologischen Überkreuzfluß erinnern, daß nur eine Gehirnhälfte zur Verfügung steht und zwar, da es hier um bewußte Anstrengung geht, die linke.

Daraus erklärt sich auch, daß die Fähigkeit des Zusammenlesens verschwindet, denn dafür ist die rechte Hemisphäre zuständig.

Das E wurde nun bei Nadja mit den entsprechenden kinesiologischen Übungen entstreßt. Als Hausaufgabe machte sie diese Übungen – die insgesamt nur ca. fünf Minuten in Anspruch nehmen – noch zwei Wochen lang, täglich einmal. Von da an konnte sie dem Leselehrgang mühelos folgen, und es kam ihr kein weiterer unangenehmer Buchstabe mehr in die Quere.

Ich möchte noch einmal betonen, daß es wirklich nicht unbedingt nötig ist, den Muskeltest zu beherrschen, um gestreßte Buchstaben eindeutig festzulegen. Im Zweifelsfall entstressen Sie lieber einen Buchstaben mehr. Das schadet auf keinen Fall!

Und hier ist endlich die Übung, die solche Wunder bewirken kann.

Korrektur: Entstressen von Buchstaben oder Zahlen

Die Buchstaben werden bei dieser Korrektur über den Körper integriert und verankert.

Das sind meine Übungsanweisungen dazu:

- Schreibe ein großes und kleines E mit dem rechten Zeigefinger in die linke Handfläche, jedes dreimal.
- Schreibe das E nun genauso mit dem linken Zeiger in die rechte Handfläche, dreimal.
- Lege deine Hände so zusammen, daß die beiden Daumen und Zeigefinger ein dreieckiges Guckloch bilden. Schau mit beiden Augen durch dieses Guckloch und schreibe damit großes und kleines E je dreimal in die Luft, während du mit den Augen mitgehst.

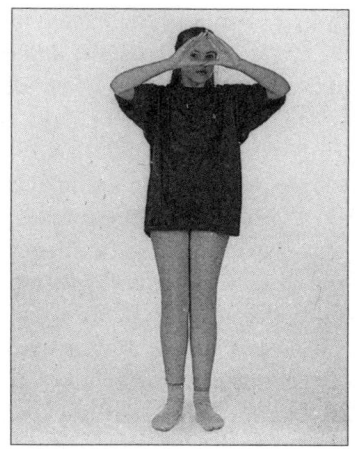

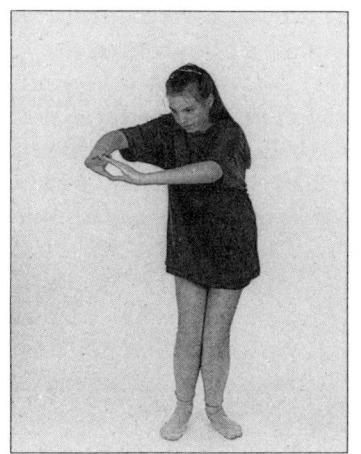

- Mache das gleiche noch einmal, nur daß die E jetzt größer geschrieben werden, und zwar so groß, daß du dabei in die Knie gehen mußt.
- Stelle dich nun breitbeinig hin und schreibe die E so groß, wie du nur kannst, so breit und hoch, wie du reichen kannst. Unten stoßen sie am Boden an. Wichtig: Schaue dabei durch das Guckloch.
- Schreibe jetzt wieder die mittelgroßen E, bei denen du in die Knie gehen mußt.
- Schreibe die kleinen E.
- Schreibe die E wieder in deine beiden Handflächen.
- Nun verkleinere das Format der E noch weiter: Schreibe sie zuerst auf einen ganzen Din-A-4-Bogen und fahre sie einige Male nach.
- Falte den Bogen einmal zusammen und wiederhole das.
- Falte den Bogen noch einmal zusammen.
- Das kannst du wiederholen, bis der Bogen so klein gefaltet ist, daß es nicht mehr weiter geht.
- Schließe die Augen, halte deine Streßpunkte (s. S. 185 ff.) und schreibe in Gedanken auf eine »Zaubertafel« dreimal die beiden E. Dabei kannst du eine Zauberkreide benutzen, die die Farbe wechselt oder leuchtet oder Funken sprüht wie ein Sternwerfer usw.

Bevor Sie stöhnen, daß das so kompliziert ist, schauen Sie lieber erst noch auf die Skizze unten. Da finden Sie den ganzen Prozeß gehirnfreundlich dargestellt und auf einen Blick überschaubar. Außerdem passiert sowieso immer das gleiche, nur in verschiedenen Größen, das kann man sich gut merken!

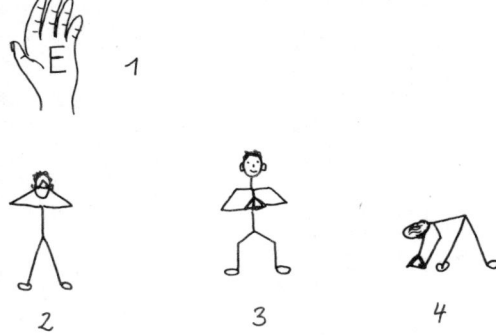

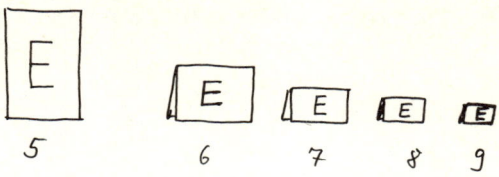

- -

in die Hand

1

klein	mittel	groß
2	3	4

mittel	klein	in die Hand
3	2	1

ganzer Bogen	halber Bogen	Viertelbogen
5	6	7

Achtelbogen	und immer kleiner
8	9

Streßpunkte plus Zaubertafel

Anmerkung zu dieser Übung: Wenn Sie glauben, daß Ihnen die Zeit für alles nicht reicht, können Sie gleich bei den ganz großen Buchstaben anfangen und dann weitermachen wie oben:
groß – mittel – klein usw.

Problem: Streß oder Ärger, welcher Art auch immer

Sicher kennen Sie diese Situation: Die Kinder kommen herein, entweder aus der Pause oder vom Spielen, wenn sie am Nachmittag zuhause sind. Es hat Ärger gegeben. Vielleicht fließen sogar Tränen.

Oder: In der Schule bleibt ein Kind mit seiner Arbeit stecken, kommt einfach nicht weiter, verliert beim Diktat oder in einer Probearbeit die Nerven.

Oder: Sie reden am Abend mit Ihrem Kind. Es erzählt Ihnen von einer unerfreulichen Begebenheit in der Schule. Sie wollen es gerne trösten, aber wie?

Diese Situationen haben eines gemeinsam: Die Betroffenen fühlen sich subjektiv unwohl, auch wenn der objektive Anlaß das vielleicht gar nicht in dem Maße rechtfertigt. Gefühle werden mobilisiert, man kann keinen Abstand zu der Situation gewinnen.

Hier kann meiner Erfahrung nach immer Abhilfe geschaffen werden durch das Berühren der Stirnbeinhöcker.

Außerdem ist es auch in weniger dramatischen Situationen sehr angenehm und wohltuend: Es wirkt entspannend, ausgleichend und harmonisierend, und wer könnte das nicht brauchen!

An dieser Stelle ist wieder ein kurzer Exkurs nötig:
Der Chiropraktiker Dr. Bennett[39] entdeckte in den dreißiger Jahren, daß es zu allen Organen Reflexpunkte am Kopf gibt und daß ein Berühren dieser Punkte die Blutzufuhr zu den entsprechenden Organen steigert. Dr. Goodheart stellte fest, daß er schwache Muskeln stärken konnte durch ein Stimulieren der entsprechenden Bennett-Reflex-Zonen.

Und noch etwas müssen Sie wissen, um verstehen zu können, warum das Berühren dieser Punkte ausgleichend wirkt.

Wir haben bisher immer von der Integration der rechten und linken

Gehirnhälfte gesprochen. Hier sollen Sie nun etwas über die Funktionen von Vorderhirn und Hinterhirn erfahren.

Wenn Sie sich eine vertikale Linie denken, die in der Mitte eines Ohres hochgeht, über den Kopf — wie ein Kopfhörer — hinüberreicht und auf der anderen Seite in der Mitte des Ohres wieder hinunterführt, dann haben Sie die Vertikale Aurikular-Linie, die VAL, wie es abgekürzt heißt.

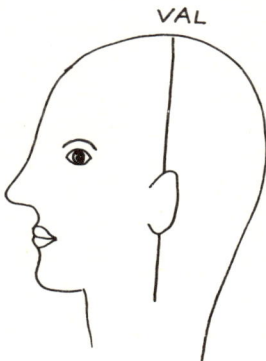

VAL

Vor der VAL liegt das Vorderhirn, dahinter das Hinterhirn.

Wir schenken unsere Aufmerksamkeit hier nur den Bereichen, um die es im Zusammenhang mit Streß geht. Da haben wir vor der VAL — direkt hinter der Stirn — die Zone für Bewußtes Assoziatives Denken — ZBAD. Ich benutze jedoch lieber die englische Abkürzung CAT — Conscious Associational Thinking Area —, die finde ich gehirnfreundlicher.

CAT ist vorurteilslos, kennt keine Meinungen, Einschränkungen und Wertungen, ist im Hier und Jetzt, ohne vergangene oder aktuelle Emotionen. Mit CAT erfahren wir die Realität, wie sie ist, und wir können das Beste daraus machen, ohne durch vergangene Erfahrungen gehemmt oder in unserem Aktionsspielraum beschnitten zu werden.

Wenn CAT künstlich stimuliert wird, dann sehen die Versuchspersonen Licht. Und so müssen wir uns das vorstellen: Wenn wir CAT benutzen können, dann geht uns oft ein Licht auf!

Leider ist uns jedoch der Zugang zu dieser Gehirnregion nur selten uneingeschränkt möglich. Sonst wäre es ja ganz leicht, unser Verhalten einfach aufgrund von Einsichten und Erkenntnissen so zu ändern, wie es für uns das Beste ist.

Unter emotionaler Belastung kommt es jedoch zu einem »Kurzschluß«, der Zugang zum Vorderhirn ist uns versperrt, und wir agieren aus dem Hinterhirn. Dort sitzen unsere »aus den Höhlen« mitgebrachten Verhaltensmuster, z.B. die Kampf-oder Flucht-Reaktion, die bei Streß auftritt:

● Die periphere Durchblutung wird schlechter, das Blut dicker, beides für den Fall einer Verletzung; damit erstens nicht soviel Blut verloren wird und es, wenn doch, zweitens schneller gerinnt.
● Die Hauttemperatur sinkt, Hände und Füße werden kälter.
● Blut wird in die langen Körpermuskeln und in die Lungen gepumpt, damit wir schnell fliehen können.
● Hormone werden ausgeschüttet, die den Körper in Alarmbereitschaft versetzen, die Arterien zusammenziehen, das Herz schneller schlagen lassen.
● Die Zahl der weißen Blutkörperchen steigt, für den Fall, daß Infektionen bekämpft werden müssen.
● Die Pupillen erweitern sich, um das Blickfeld zu vergrößern.
● Die Nebennierenrinde produziert Kortikoide, die bewirken, daß die Thymusdrüse schrumpft, die Lymphknoten atrophieren, Entzündungsreaktionen gehemmt werden und Zucker zur Bereitstellung von Energie produziert wird[40].

Da Streßreaktionen unspezifisch sind, spielt es keine Rolle, ob wir wirklich einer körperlichen Gefahr ausgesetzt sind oder ob diese körperlichen Reaktionen völlig unnötig, ja sogar schädlich sind.

Nun ist unser Körper überschwemmt und vergiftet von Streßhormonen, ohne daß wir diese durch Bewegung, Kampf oder Flucht abbauen, und es kommt zu einer Situation, die wir alle kennen: Wir haben zunächst einmal totale **Mattscheibe**! Alles ist wie weggeblasen, wir erinnern uns nicht einmal an die selbstverständlichsten Dinge.

Das ist der ideale Zustand, um bei einer Prüfung durchzufallen!

Korrektur: Berühren der Streßpunkte

Um nun bestehenden Streß abzubauen oder auch um das Entstehen von Streß überhaupt zu verhindern, können wir die Stirnbeinhöcker berühren, das sind die neurovasculären Punkte – positive Punkte nennt sie Dennison –, die CAT stimulieren und uns Zugang zu ruhigem, klarem Denken ohne Vorurteile und Emotionen verschaffen.

Sie finden sie, wenn sie von der Mitte der Augenbrauen senkrecht hochgehen, ungefähr auf halber Höhe zwischen diesen und dem Haaransatz.

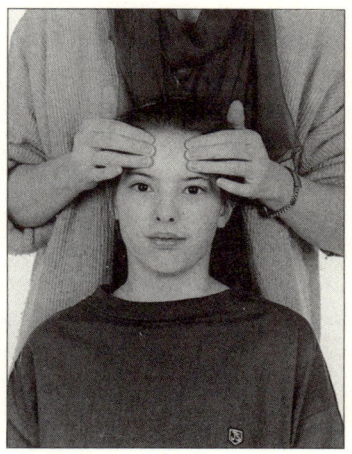

Bei den meisten Menschen sind diese Höcker leicht zu tasten, weil sie wirklich etwas herausstehen.

Berühren Sie die beiden Streßpunkte jeweils mit einigen Fingerkuppen – es geht auch Daumen auf der einen Seite, zwei Fingerkuppen auf der anderen oder einfach die ganze Hand auf die Stirne legen. Ich mache es am liebsten so wie auf dem Foto abgebildet.

Die Testperson soll ruhig und tief durchatmen, nicht die Luft anhalten!

Unter den Fingerkuppen werden Sie ein leichtes Pulsieren fühlen. Je größer der Streß, desto unterschiedlicher fühlt es sich auf den beiden Seiten an. Eine Harmonisierung ist dann erreicht, wenn die Pulse auf beiden Seiten synchron schlagen. Das geht in den meisten Fällen sehr schnell und dauert weniger als eine Minute. Es kann aber auch schon einmal bis zu zehn Minuten dauern.

Wenn eine bestimmte Situation »entschärft« werden soll, ist es gut, wenn Sie, während Sie die Streßpunkte halten, mit dem Kind darüber reden.

Ein praktischer Tip:

Sie können diese Technik auch hervorragend für sich selber anwenden. Dann setzen oder legen Sie sich bequem hin, halten sich die Streßpunkte und gehen im Geiste noch einmal das Ärgernis durch, das Sie gerne loswerden wollen.

Ich spiele dann in Gedanken immer alles noch einmal durch und zwar so, wie ich es bessergemacht hätte. Ich korrigiere also auf diese Weise manche Erfahrungen.

Einige meiner Schülermütter haben diese Technik auch für sich selber übernommen und finden sie sehr hilfreich.

Machen Sie sich allerdings nicht zu große Hoffnungen, wenn sie sie bei Ihrem eigenen Kind anwenden wollen. Eigenartigerweise übernehmen die Kinder nämlich von ihrer Lehrerin so manches, was sie ablehnen, wenn es von den Eltern kommt. Zeigen Sie also lieber der Lehrerin Ihrer Kinder dieses Buch, vielleicht läßt sie sich für alternative Methoden erwärmen!

Eine weitere Möglichkeit:

Wenn Sie Streß abbauen wollen, der in der Vergangenheit entstanden ist, legen Sie eine Hand so auf die Stirn, daß die Streßpunkte berührt werden und die andere auf den Hinterkopf. Dort sind unsere Erinnerungen und Gefühle zu Hause, die wir im Licht von CAT »entschärfen« wollen.

Also: Bei gegenwärtigem Streß genügen die Stirnbeinhöcker, bei vergangenem Streß auch noch den Hinterkopf berühren!

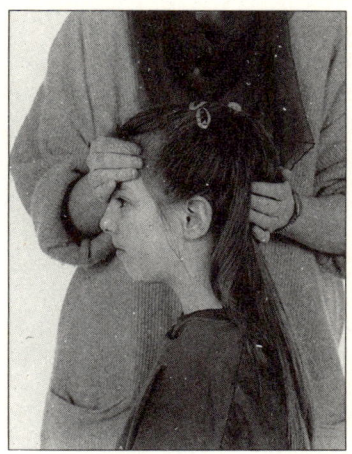

Problem: Die Seiten werden verwechselt. Rechts und Links, Oben und Unten werden vertauscht.

Wer kennt sie nicht: Die Kinder, die ständig b und d verwechseln, ei statt ie lesen und E statt 3 schreiben? Doch auch das Vertauschen von n und u ist nicht gar so selten.

Es geht hier um Seitenunsicherheiten. Dabei können Sie übrigens einiges von dem anwenden, was Sie schon wissen, denn die Rechts-Links-Unsicherheit korrigieren wir über die Gehirnknöpfe und die liegende Acht.

Außerdem gibt es besonders für das d-b-Problem eine fantastische Möglichkeit, es wirkungsvoll und nachhaltig zu beseitigen.

Dazu muß ich wieder etwas Grundsätzliches ausführen. Es ist eine bekannte Tatsache, daß kleine Kinder Kreise zunächst im Uhrzeigersinn malen und daß sie irgendwann — das ist für gewöhnlich ungefähr mit 6 Jahren der Fall — anfangen, entgegen dem Uhrzeigersinn zu malen.

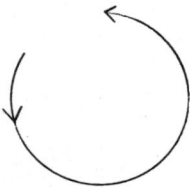

Aus meiner Arbeit mit Schulanfängern weiß ich, daß die Kinder, die im Uhrzeigersinn malen und schreiben, auch diejenigen sind, denen das Lesen- und Schreibenlernen eher schwerfällt.

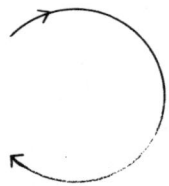

Es scheint also diese Selbstverständlichkeit, mit der schulreife Kinder plötzlich beginnen, ihre Kreise andersherum zu ziehen, eine neurophysiologische Bedeutung zu haben.

Paul Dennison erklärt das damit, daß diese Bewegung entgegen dem Uhrzeigersinn ein Bewegen der Energie der rechten Gehirnhälfte nach links sei und daß diese damit anzeige, sie sei bereit, die Kontrolle über das Schreiben zu übernehmen, so daß die linke Hälfte frei werde, sich mit dem Inhalt der verbalen Botschaft zu befassen.

Wenn wir nun die Buchstaben aus dem Bewegungsfluß der liegenden Acht heraus schreiben, dann gibt es zwei Sorten: diejenigen, die mit einer Kreisbewegung beginnen, liegen auf der linken Seite der Acht, die gegen den Uhrzeigersinn geschwungen wird;

diejenigen, die mit einer Abwärtsbewegung beginnen, liegen auf der rechten Seite, weil der anschließende Kreis oder Bogen jetzt im Uhrzeigersinn ausgeführt wird.

Aber auch i, t und ähnliche Buchstaben gehören auf die rechte Seite.

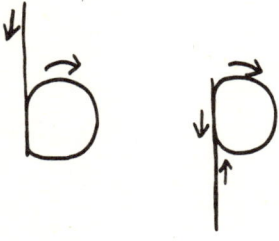

Das sieht dann so aus, wenn alles in die liegende Acht integriert wird:

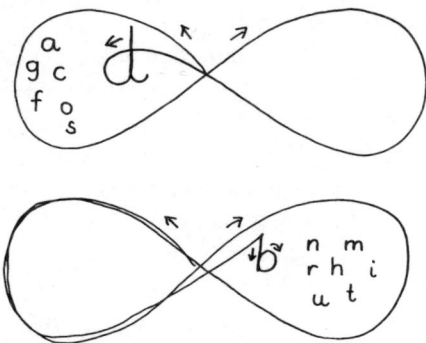

Vor diesem Hintergrund müssen Sie die Korrektur der
d-b-Verwechslung sehen.

Doch zunächst beschreibe ich Ihnen die Korrektur, die generell bei
Reversionen angebracht ist.

Korrektur bei Rechts-Links-Verwechslungen

Gehirnknöpfe rubbeln
plus
mit den Augen liegende Achter schauen

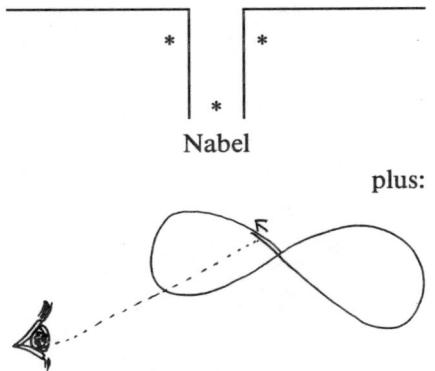

Nabel

plus:

Die b-d-Verwechslungen gehören thematisch auch zu den Reversionen, also zu den Seitenunsicherheiten. Sie stellen nur eine spezifische Erscheinungsform dieser Gattung dar, die allerdings recht häufig vorkommt.

Nach dem gleichen Muster, wie es hier für b und d gezeigt wird, können auch Verwechslungen von ie und ei, E und 3 usw. korrigiert werden.

Korrektur bei b-d-Verwechslungen

1. Schritt

Lassen Sie den Schüler auf einem quergelegten DIN-A-4-Blatt eine von Ihnen vorgezeichnete liegende Acht mehrmals nachfahren. Wenn er dann richtig flüssig in der Bewegung ist – so ca. nach drei Achterschwüngen – soll er aus dieser Bewegung heraus ein »d« in die linke Seite der Acht hineinschwingen. Links deshalb, weil das »d« ja mit einem Kreis gegen den Uhrzeigersinn beginnt. Wenn er das »d« schreibt, soll er dazu deutlich sprechen: »d«.

Das wird mehrere Male wiederholt.

2. Schritt

Auf demselben Blatt wird die Acht wieder mehrere Male nachgefahren und dann aus dem Achterschwung heraus ein »b« in die rechte Seite hineingeschrieben. Rechts deshalb, weil das »b« mit einem Abstrich beginnt, an den sich eine Kreisbewegung im Uhrzeigersinn anschließt. Dazu wird wieder deutlich gesprochen »b«. Auch das soll mehrere Male wiederholt werden.

Es genügt übrigens, die d-b-Verwechslungen über die Kleinbuchstaben zu korrigieren, auch wenn die Großbuchstaben ebenfalls davon betroffen sind. Hier scheint wieder auf assoziativem Weg eines am anderen zu hängen und damit vernetzt zu sein. Aber egal, aus welchem Grund auch immer: Wenn die Kleinbuchstaben sicher unterschieden werden können, dann werden auch die Großbuchstaben nicht mehr verwechselt.

Ein praktischer Tip:

Ich halte in meiner Klasse immer einen Stoß hektographierter Achterblätter bereit, auf die ich auch schreibe, wie der Achter hinzulegen ist – es ist angegeben, wo »oben« ist – und bei denen ich die Aufwärtsrichtung in der Mitte durch Pfeile anzeige.
Sie sind vielseitig verwendbar:
- Ich gebe diese Blätter manchen Schülern, bevor sie schreiben, damit ihr Schreibschwung flüssiger wird. Das ist besonders dann hilfreich, wenn wir mit der Schreibschrift anfangen, aber auch immer wieder zwischendurch.
- Jeder Buchstabe, der Probleme macht, kann über die liegende Acht wirkungsvoll gespeichert werden.
- Denken Sie auch an diese Übung, wenn die Ziffer »3« falschherum geschrieben wird.
- Und natürlich eignet sich diese Übung hervorragend für die Korrektur des d-b-Problems.

Übrigens:
Wenn – wie bei b-d – über den Achter bestimmte Buchstaben gesichert werden sollen, dann schreibe ich sie einmal vor, wie sie in den Achter hineingehören. Der Schüler braucht sie bei der Korrektur dann nur jeweils nachzufahren.

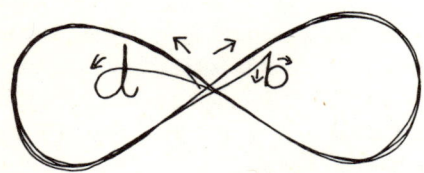

Und noch etwas:
Sie können diese Achterübung sehr gut durch die andere ergänzen, die Sie bereits kennen:
Gehirnknöpfe rubbeln
plus
mit den Augen Achter schauen

Verwechslungen von Oben und Unten

Auch hier sollten Sie wieder etwas über die Zusammenhänge wissen, die bei diesen Verwechslungen eine Rolle spielen.

Da wir auf der Erde leben, sind wir durch ihre Schwerkraft festgehalten. Das Gefühl für sie gibt uns die Gewißheit, wo oben und unten ist. Auch mit geschlossenen Augen können wir uns orientieren. Eine gute Erdung gibt uns die Sicherheit, nicht »abzuheben«. Zuviel Erdgebundenheit bedeutet jedoch Einengung und Schwerfälligkeit und verhindert Höhenflüge, die durchaus auch zum menschlichen Leben gehören sollten.

Bevor die Kinder nun in die Schule kommen, sollen sie die Wirklichkeit dreidimensional erfahren und lernen, sich sicher in dieser Dreidimensionalität zu bewegen.

Erst wenn die grundlegenden primären Erfahrungen gemacht sind, können sie den Sprung von der Drei- in die Zweidimensionalität bewältigen, der beim Umgang mit der symbolisierten Wirklichkeit, wie sie auf dem Papier oder der Wandtafel dargestellt wird, erfolgen muß.

Um nun auf dem Papier oben und unten auseinanderhalten zu können, muß ich erst einmal gut geerdet sein.

Dafür gibt es ebenfalls Akupunktur-Punkte, die ich rubbeln kann: die Erdknöpfe, wie Dennison sie nennt.

Das ist übrigens dieselbe Korrektur, wie sie auf S. 195 f. genau erklärt ist.

Korrektur bei Oben-Unten-Verwechslungen

Erdknöpfe rubbeln:
Der eine Knopf, der gerubbbelt wird, befindet sich unter der Unterlippe, genau in der Mitte; der zweite, der wieder nur gehalten wird, befindet sich am oberen Schambeinrand – ich lasse immer ca. eine Handbreit unter dem Nabel halten. Das kommt ziemlich genau hin und nutzt erprobtermaßen sehr gut.

Ich verzichte ganz bewußt darauf, bei diesem Punkt sehr genau zu sein, weil man da schnell an irgendwelche Tabus rührt, und das wäre der Sache auf keinen Fall dienlich. Finden Sie diesen Standpunkt verklemmt? Dann sollten Sie erst einmal das gehemmte Gekichere vieler Erstkläßler hören, wenn nur von etwas so Einfachem wie »Regeln beim Benutzen der Toilette« die Rede ist:

Gerade die verhaltens- und lerngestörten Kinder haben zu natürlichen Körpervorgängen ein ganz gestörtes Verhältnis. Sie fangen sofort an herumzukaspern, weil sie es nicht aushalten, über »so etwas« völlig normal zu reden. Wenn wir nun daran denken, daß zwischen der Einstellung zu unseren eigenen kreativen Schöpfungen und der unseren Ausscheidungen gegenüber ein enger Zusammenhang besteht, dann wundert es uns sicher nicht mehr, daß es eine echte Kunst ist, gerade diesen Kindern Freude an ihrer Arbeit zu vermitteln.

Also: Nehmen Sie es mit dem Schambeinpunkt nicht so genau, es funktioniert auch ein paar Zentimeter weiter oben.

Und wenn Sie gesehen hätten, wie großzügig Paul Dennison das Auffinden der Akupunkturpunkte handhabt, dann würden Sie sicher alle unnötigen Befürchtungen ablegen, Sie könnten irgendwo die falsche Stelle erwischen.

Außerdem werden gerade die Erd- und Raumknöpfe nicht von allen Kinesiologen auf die gleiche Weise gerubbelt. Gordon Stokes und Daniel Whiteside legen zum Beispiel die Hand auf den Nabel und rubbeln mit zwei Fingern die Punkte über und unter den Lippen gleichzeitig. Aber das sei hier nur der Vollständigeit halber erwähnt.

Beim Rubbeln bzw. Halten der Erdpunkte sollen die Augen abwechselnd nach oben und nach unten schauen. Sie können sich auch an einer vertikalen Kante entlangbewegen.

Wenn ich mit einzelnen Kindern arbeite, nehme ich zur optischen Unterstützung wieder etwas Rotes in die Hand und führe die Bewegungen aus, denen sie mit den Augen folgen sollen.

Die Orientierung im Raum ist allerdings erst vollkommen, wenn ich mich auch in der dritten Dimension, der räumlichen Tiefe, zurechtfinde, die durch vorne und hinten repräsentiert wird.

Dafür gibt es die »Weltraumknöpfe«. Den Begriff »Welt«-Raumknöpfe finde ich für Kinder deutlicher als nur »Raum«-Knöpfe, weil »Raum« ja auch synonym mit »Zimmer« gebraucht wird und deshalb nicht so deutlich die Assoziation von »Raum an sich, räumlicher Beziehung«, vermittelt wie »Welt«-Raum.

Rubbeln der Weltraumknöpfe

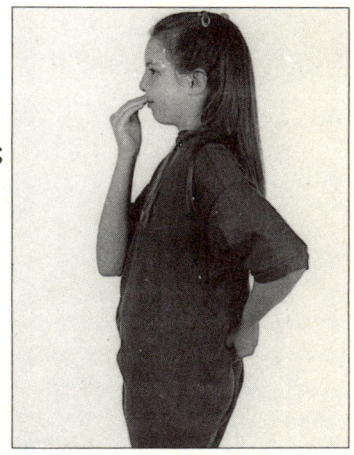

Beide Knöpfe werden gerubbelt:
einer über der Oberlippe, genau in der Mitte;
der andere am Steißbein.

Zusammenfassung:

Sie können sich nun ganz leicht merken, welche Punkte wo liegen, denn ihre Anordnung am Körper entspricht genau der Dimension, für die sie zuständig sind.

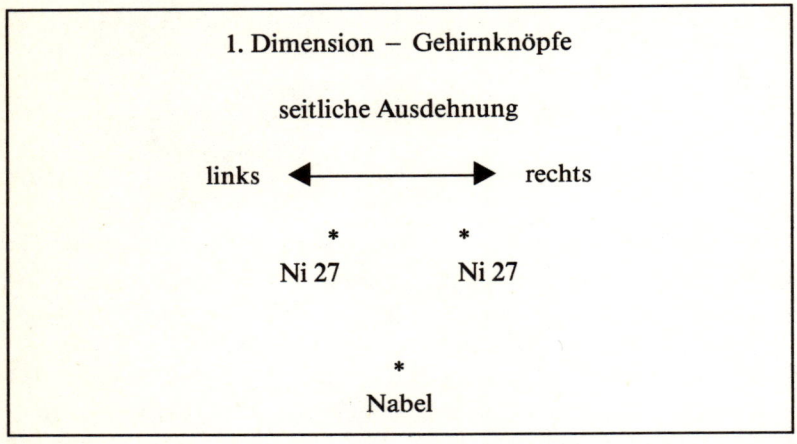

1. Dimension − Gehirnknöpfe

seitliche Ausdehnung

links ◀━━━━━━━▶ rechts

*   *
Ni 27   Ni 27

*
Nabel

2. Dimension – Erdknöpfe

verikale Ausdehnung

oben

unten

*

Unterlippe

*

Handbreit unter dem Nabel

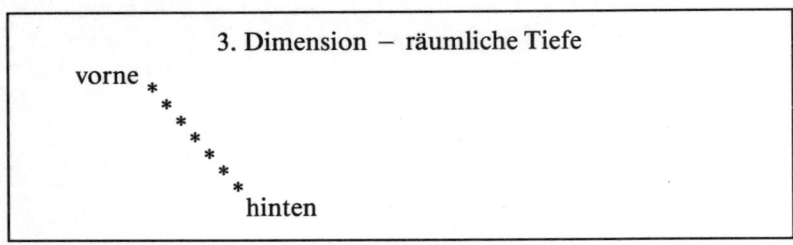

Sie haben nun kinesiologische Übungen kennengelernt, die meiner Erfahrung nach sehr vielen Schülern bei grundlegenden Problemen helfen.

Einige weitere Übungen möchte ich Ihnen jetzt nur noch sehr kurz vorstellen, ohne so genau wie vorher auf die Hintergründe einzugehen. Die wichtigsten Zusammenhänge habe ich ja ziemlich ausführlich erklärt.

Im Anschluß daran folgt noch einmal eine Auflistung aller Übungen.

Noch einige kinesiologische Übungen

Entspannung von Nacken und Schultern

Massiere mit einer Hand den Trapezmuskel auf der gegenüberliegenden Seite, er verläuft vom Nacken zu den Schultern. Drehe dabei den Kopf langsam in alle Richtungen.

Wiederhole das gleiche auf der anderen Seite.

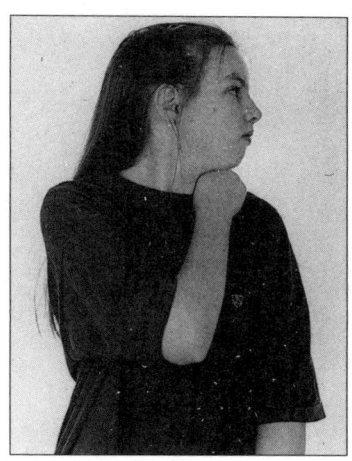

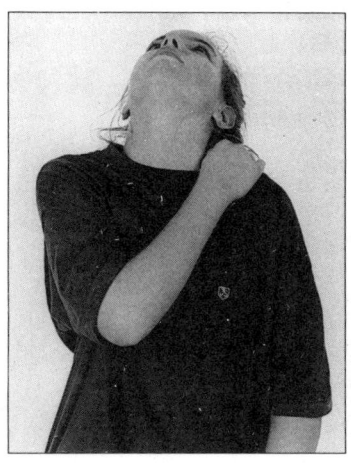

Entspannung von Unterkiefer und Augen

Energie-Gähnen: Öffne den Mund ganz weit — echt aufreißen! —, klopfe und massiere das Kiefergelenk und gähne dazu ausgiebig.

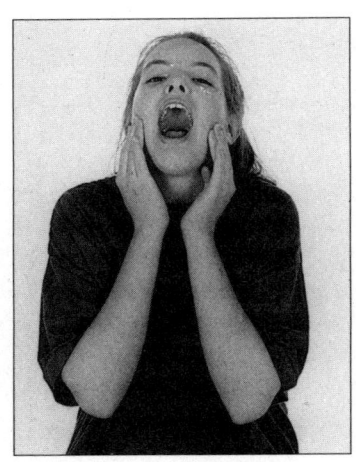

Ionenausgleich zur Sauerstoffversorgung des Gehirns und zur besseren Informationsübertragung im Körper

Wechselatmung: Das rechte Nasenloch zuhalten, durch das linke einatmen.

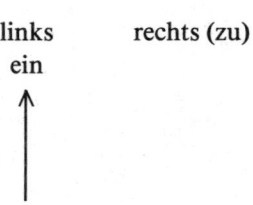

Dann das linke Nasenloch zuhalten und durch das rechte ausatmen. Durch das rechte Nasenloch wieder einatmen.

links (zu)   rechts

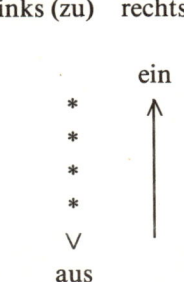

Wieder das rechte Nasenloch zuhalten und durch das linke ausatmen.
Durch das linke Nasenloch einatmen.

Das wird noch einige Male wiederholt. Ich beatme immer jedes
Nasenloch dreimal, aber auch dafür gibt es keine festen Regeln.

**Zum leichteren Überqueren der Mittellinie, zur Entspannung der
Augen- und Nackenmuskeln**

Nackenrollen: Im Stehen ausatmen, dabei Kopf nach vorne auf das
Brustbein, beim Einatmen Kopf wieder hoch, alles dreimal, also:

ausatmen − Kopf nach vorne
einatmen − Kopf hoch
ausatmen − Kopf nach vorne
einatmen − Kopf hoch
ausatmen − Kopf nach vorne
einatmen − Kopf hoch

Das gleiche noch je dreimal mit dem Kopf nach hinten, nach links
und nach rechts. Dabei immer beim Ausatmen Kopf beugen (nach
hinten, links oder rechts), beim Einatmen Kopf aufrichten.

Danach noch den Kopf langsam im Nacken rollen, dreimal rechtsherum, dreimal linksherum (Reihenfolge ist egal). Dabei nicht den Atem anhalten! Wenn Spannungen gespürt werden, anhalten und langsam weiterbewegen!

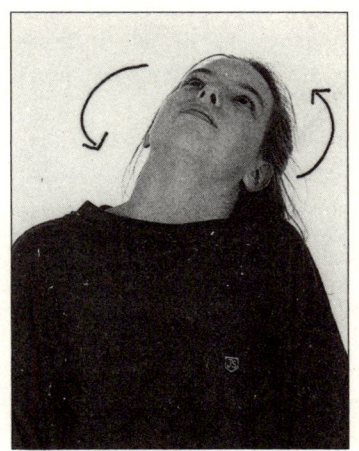

Zur Schaffung einer positiven Lernatmosphäre, wenn die Kinder »überdreht« sind, zum Neutralisieren negativer äußerer Einflüsse (Lärm, Streit, Rockmusik, schlechte Ernährung, Wetter, usw.)

Methode Wayne-Cook (heißt so nach ihrem Erfinder):

Es gibt für diese Übung zwei Arten. Ich finde die erste die einfachere und nehme diese immer, wenn ich den »Wayne-Cook« mit der ganzen Klasse mache.

In der Einzelarbeit bevorzuge ich dagegen die zweite Art und teste dann auch immer aus, welche Seite die richtige ist (s. unten).

Wayne-Cook erste Art:
Schritt eins:
Wir sitzen mit gekreuzten Knöcheln. Die Hände verschlingen wir folgendermaßen:
Arme ausstrecken, an den Handgelenken kreuzen, Handflächen nach innen drehen und gegeneinanderlegen.
Finger verschränken.

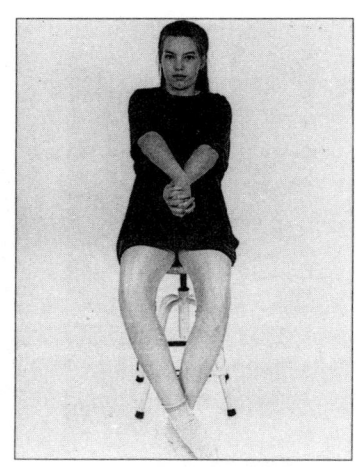

Die verschränkten Hände erst nach innen und dann nach oben drehen.

Augen schließen, Zunge an den Gaumen hinter die Zähne legen. Tief durchatmen.

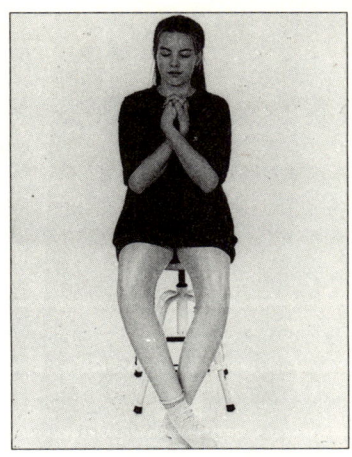

So bleiben wir eine Minute ruhig sitzen.

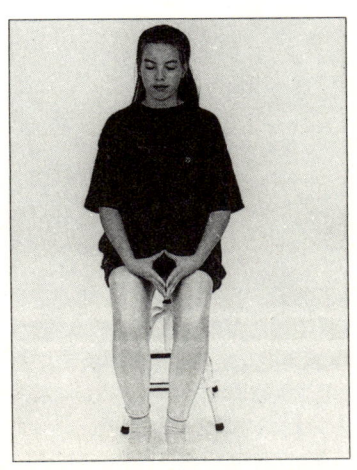

Schritt zwei:
Arme und Beine werden auseinandergenommen.
Wir stellen die Füße nebeneinander auf den Boden.
Die Hände legen wir so aneinander, daß sich nur die Fingerspitzen berühren.
Augen zu, Zunge an den Gaumen, tief atmen.

So bleiben wir wieder eine Minute sitzen.

Wayne-Cook zweite Art:

Schritt eins:
Wir legen das rechte Bein auf das linke Knie.
Die linke Hand umfaßt den rechten Fußknöchel.
Die rechte Hand hält den Fußballen des rechten Fußes.
Unsere zwei Arme, der Körper und das rechte Bein bilden so eine Acht.
Wir schließen die Augen, legen die Zunge an den Gaumen, atmen ruhig und bleiben eine Minute so sitzen.

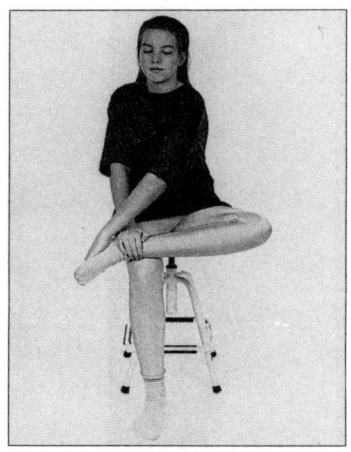

Natürlich können wir auch das linke Bein auf das rechte Knie legen. Dann geht es eben genau andersherum: rechte Hand an linken Knöchel, linke Hand an linken Fußballen.

Schritt zwei geht genauso wie bei der ersten Art.

Ganz strenggenommen müßte man hier mit dem Muskeltest bestimmen, ob das rechte Bein über das linke gelegt werden soll oder umgekehrt. Ich lasse die Kinder einfach immer die Seite wählen, die ihnen angenehm ist, die sich »gut anfühlt«, denn ich kann unmöglich bei 25 Schülern den Muskeltest durchführen. Und nachdem ich mit dieser Methode positive Erfahrungen gemacht habe, kann es auch auf diese Weise nicht ganz falsch sein.

Die Übungen auf einen Blick

Gehirnknöpfe, Erd- und Weltraumknöpfe S. 155, 195	Ausgleich der beiden Gehirnhälften, bessere Erdung, allgemeine Harmonisierung, gegen Rechts/Links- und Oben/Unten-Verwechslungen
X-Bewegungen im Wechsel mit II-Bewegungen: X II X II X S. 158–161	Automatisierung des neurologischen Überkreuzflusses; Integration der beiden Gehirnhälften
Liegende Achten in die Luft malen S. 163, 164	Überqueren der Mittellinie beim Lesen und Schreiben
Denkmütze S. 168, 169	um gut zuhören zu können und aufmerksam zu sein
Elefanten-Achter S. 167	um sich Zahlen und Buchstaben besser merken zu können, für die Aufmerksamkeit und das Gedächtnis
Buchstaben in die liegende Acht integrieren S. 188 ff	zur Verbesserung des Schreibflusses, um Buchstaben genau auseinanderzuhalten, gegen Seitenverwechslungen

Gehirnknöpfe rubbeln plus Augenachter S. 170	gegen Lesestreß, wenn stockend gelesen und die Reihenfolge der Buchstaben vertauscht wird, bei fehlendem Sinnverständnis
Augenpunkte stimulieren und Augenbewegungen S. 173	wenn die Augen abschalten, bei fehlerhaftem Abschreiben und ungenauem Lesen
Kopf in den Nacken legen und Augenachter S. 175	s. oben
Entstressen von Buchstaben und Zahlen S. 178 ff	wenn einzelne Buchstaben oder Zahlen Probleme machen, »unsympathisch« sind
Streßpunkte halten S. 185–187	hilfreich bei Lern- und sonstigem Streß aller Art
Methode Wayne-Cook S. 204, 206	zur Schaffung einer positiven Lernatmosphäre, zum Ruhigwerden, zum Abschalten negativer äußerer Einflüsse
Trapezmuskel massieren S. 199	Entspannung von Nacken und Schultern

Einige Menü-Vorschläge für tägliche Übungen

Sie können sich diese Menüs fotokopieren, auf Karteikarten kleben und auf Ihrem Pult oder zu Hause bereitlegen. Dann brauchen Sie nicht lange zu überlegen, welche Übungen Sie nehmen könnten. Das ist gerade für den Anfang wichtig.

Gehirnknöpfe rubbeln

X-Bewegungen nach Musik

Denkmütze aufsetzen

liegende Achten in die Luft malen

Gehirnknöpfe rubbeln

Erdknöpfe rubbeln

Im Wechsel nach Musik
X − II − X − II − X − Bewegungen

Elefanten-Achter
Energie-Gähnen

Gehirnknöpfe rubbeln
Erdknöpfe rubbeln
Weltraumknöpfe rubbeln

Nackenrollen

Trapezmuskel massieren

nach Musik X-Bewegungen

im Sitzen Kopf in den Nacken legen
und Augenachter

Gehirnknöpfe rubbeln
Erdknöpfe rubbeln
Weltraumknöpfe rubbeln

Trapezmuskel massieren

nach Musik X – II – X – II – X – Bewegungen

Wechselatmung
Denkmütze

Gehirnknöpfe rubbeln
Erdknöpfe rubbeln
Weltraumknöpfe rubbeln

Elefantenachter

X – Bewegungen nach Musik

Augenfelder massieren und Augenachter

Energie-Gähnen

Gehirnknöpfe rubbeln
Erdknöpfe rubbeln
Weltraumknöpfe rubbeln

liegende Achten in die Luft malen

Denkmütze

nach Musik X-Bewegungen

Methode Wayne-Cook

Gehirnknöpfe rubbeln plus Augen nach
rechts und links bewegen

Erdknöpfe rubbeln plus Augen nach
oben und unten bewegen

Weltraumknöpfe rubbeln

Elefanten-Achter

Trapezmuskel massieren

Nackenrollen

X-Bewegungen nach Musik

Klangtherapie im Unterricht

Ich habe bereits kurz über den Schaden gesprochen, der durch die vielen akustischen Reize verursacht wird, denen wir heutzutage einfach ausgesetzt sind, ob wir das wollen oder nicht.

Nun können wir zwar unsere Umgebung nicht soweit verändern, daß schädliche Impulse ausgeschaltet werden. Wir können aber sehr wohl ein Gegengewicht zu diesen setzen.

Es ist meines Erachtens überhaupt ein sehr fruchtbarer Ansatz, daran zu arbeiten, den eigenen Energiepegel und die eigene Widerstandskraft zu stärken, statt nur über ungünstige Lebensbedingungen zu lamentieren. Eine Möglichkeit hierfür bietet uns auch die Klangtherapie [41].

Ich zitiere Ihnen einige Abschnitte aus dem Buch von Johannes Holler, »Das Neue Gehirn«, wo ein paar technische Einzelheiten über die Klangtherapie beschrieben werden:

»*Aufbauend auf den Erkenntnissen von Professor Dr. A. Tomatis hat das Klangstudio Lambdoma unter Leitung von Ingo Steinbach durch eigene, jahrelange Forschungen im Bereich der Psycho-Akustik und der natürlichen Wahrnehmung eine Klangtherapie entwickelt, die mit Hilfe hochwertiger elektronischer Geräte eine hohe Wirkungsbreite und Intensität erreicht.*

Das Ohr übt nicht allein die Funktion des Hörens aus. Bereits Tomatis stellte experimentell fest, daß besonders die hohen Töne eine belebende Wirkung auf den gesamten Organismus ausüben. Doch ein weiterer Punkt verdient noch besondere Beachtung. Hören ist nicht nur die Aufnahme von Klängen und Geräuschen, Hören dient auch der Orientierung im Lebensraum. Das Ohr ist der empfangende, aufnehmende Pol in unserem Leben. Wissenschaftler sprechen davon, daß der Mensch räumlich hören kann, sie sind der Ansicht, daß dieses Vermögen auf Lautstärke und Intensitätsunterschieden basiert. Doch die psychologischen Aspekte des Hörens gehen wesentlich weiter. Interessanterweise ist gerade im Bereich der hohen Töne die Dichte der reizaufnehmenden Haarzellen auf der Basilarmembran am größten. In den hohen Tönen steckt auch die Information; wenn wir mit einem Filter die Obertöne der Sprache abschneiden würden, wäre das Ergebnis nur noch ein unverständliches Gemurmel. Je differenzierter und feiner die Information, desto höher sind die Töne, die zu ihrer Übertragung notwendig sind.

Aus diesen und anderen Informationen ergibt sich schnell ein dichtes Netz von Zusammenhängen, das zwingend auf die große Bedeutung der räumlichen Orientierung im Zusammenhang mit der Obertontherapie hinweist. Bereits im Gedankengut von Tomatis sind die Begriffe Horchen und Lauschen zu finden, auch von seinen Schülern werden sie gerne und oft gebraucht.

Bei der Lambdoma Klangtherapie finden diese Gedanken ihre technische Entsprechung. Das Konzept des lauschenden Hörens in einem natürlichen Raum ist geboren. Hinter dieser Entwicklung steht eine besondere (natürlich stereophone) Aufnahme- und Verarbeitungstechnik, die durch die fortschreitenden technischen Möglichkeiten und viel Erfahrung und Wissen im Hinblick auf Einzelheiten ermöglicht wurde. Die Lambdoma Klangtherapie entsteht auf Basis des elektronischen Hüllkurvenmodulators, eines neuen Gerätes, das nach diesen Erkenntnissen konstruiert worden ist.«[42]

Diese Kassetten setzt man in der Einzeltherapie erfolgreich nicht nur bei Gehörschäden ein, sondern auch bei Hyperaktivität, Legasthenie, psychischen Störungen aller Art usw.

Meine Erfahrungen damit beziehen sich in erster Linie auf den Einsatz in der Klasse. Während Erwachsene die Klangtherapie-Kassetten über Kopfhörer anhören müssen, genügt es bei Kindern bis zu etwa 9 Jahren, wenn man sie über gute Lautsprecher leise abspielt, die auch hohe Frequenzen (möglichst bis 20.000 Hz) wiedergeben können.

Ich lege also die Kassetten immer ein, wenn alle mit einer stillen Arbeit beschäftigt sind, zum Beispiel mit Schreiben oder Rechnen. Die Wirkung ist ausgesprochen wohltuend. Es entsteht im Zimmer eine Atmosphäre von Stille und Sammlung, die jeder, der zu uns hereinkommt, sofort als etwas Besonderes empfindet.

Nach den positiven Erfahrungen, die ich − zunächst mit meinen eigenen, von mir gekauften Kassetten − gemacht habe, wurden in diesem Jahr von unserem Lehrmitteletat an der Schule einige Kassetten-Sets angeschafft.

Und das, was ich über die »atmosphärische« Wirkung gesagt habe, wird inzwischen von einer Kollegin bestätigt, die auch damit angefangen hat, während stiller Arbeiten die Klangtherapie einzusetzen.

Wir brauchen uns gar nicht zu wundern, daß die Kinder positive Reaktionen zeigen, wenn sie mit aufbauenden, energiespendenden Klängen in Berührung kommen.

Denn ob sie es nun wahrnehmen oder nicht: sie leiden alle unter dem modernen Lärmterror.

Doch meine Erfahrung ist die: je niedriger der Energiepegel bereits ist und je mehr Schaden bereits verursacht wurde, desto weniger zeigen die körpereigenen Alarmanlagen an.

Und weil so vielen Menschen überhaupt nicht mehr bewußt ist, was sie schwächt und ihnen die Energie raubt, darum können sie sich natürlich auch nicht mehr dagegen wehren.

Ich ertrage es zum Beispiel nicht, mir in einem Geschäft etwas zum Anziehen zu kaufen, in dem laute Rock- oder Popmusik läuft. Ist das der Fall, dann bitte ich regelmäßig darum, die Musik doch leiser zu stellen. Wird das nicht gemacht — was allerdings nur sehr selten vorkommt! — dann verlasse ich das Geschäft einfach wieder.

Nun passiert es mir des öfteren, daß eine Verkäuferin mir sagt, sie sei froh, daß ich mich über den Lärm beschwert hätte, denn sie fühle sich dadurch auch gestört. Wenn ich im Bekanntenkreis von meinen »Anti-Lärm-Kampagnen« erzähle — die ich übrigens mit Vehemenz auch in Restaurants führe! — dann höre ich immer wieder so ähnliche Sätze wie diesen:

»Ja, mich stört das schon auch, wenn irgendwo so laute Musik ist. Aber ich mag da nichts sagen, weil die einen immer gleich so anschauen, als würde man spinnen!«

Da kann ich nur sagen: Lärmgeschädigte aller Länder, vereinigt euch!

Um nun wieder zu den Kindern zurückzukommen:

Viele von ihnen sind ja nicht nur dem Lärm unserer Städte ausgeliefert, sondern auch einer ganz beachtlichen häuslichen Geräuschkulisse. In sehr vielen Elternhäusern ist es nämlich üblich, den ganzen Tag entweder Radio oder Fernseher laufenzulassen. Und was wird angehört? Meistens irgendeine Schlagersendung oder das schreckliche Programm Bayern 3 — für mich geradezu ein Horrorprogramm!

Beim Fernsehen ist es nicht besser: Ganz abgesehen von der eigenen Problematik, die damit verknüpft ist, sind sehr viele Filme begleitet von einer alles andere als harmonischen Musik!

Und genauso, wie Kinder nach langem Fernsehen oft aggressiv und kaum zu bändigen sind oder nach dem Genuß von Süßigkeiten und »junk food« hyperaktiv herumhampeln, so zeitigt es eben auch umgekehrt eine deutliche Wirkung, wenn sie durch das Anhören heilsamer und aufbauender Klänge wieder ins Lot gebracht werden und statt »außer« sich wieder »in« sich sein können.

Wenn Sie mehr über die Hintergründe und Anwendungsmöglichkeiten der Klangtherapie wissen wollen, sollten Sie das Buch von Ingo Steinbach: »Klangtherapie«[43] lesen.

Ich möchte Ihnen zum Abschluß noch von einer sehr beeindruckenden Erfahrung mit einem einzelnen Kind berichten.

Es handelt sich um Georg, den Sie ja schon aus dem Abschnitt über das langsame, am Schüler orientierte Lesenlernen kennen.

Er hat im vergangenen Jahr sehr beachtliche Fortschritte gemacht. Da bei unseren kinesiologischen Sitzungen jedoch immer wieder seine Ohren schwach testeten, kam ich plötzlich auf die Idee, es bei ihm mit einem intensiveren Einsatz der Klangtherapie zu versuchen. Glücklicherweise hatte kurz vorher die Schule eine Reihe von Kassetten angeschafft, so daß es möglich war, ihm welche für zu Hause auszuleihen.

Da ich durch die Kinesiologie festgestellt hatte, daß bei Georg die Gehirnhemisphären vertauscht sind – er hat das analytische Gehirn rechts und das Gestalthirn links – muß er den Kopfhörer seines Walkmans verkehrtherum aufsetzen: wo »Rechts« steht, ist das linke Ohr und wo »Links« steht, das rechte.

Ich gab ihm eine Stunde tägliche Hörzeit als Hausaufgabe.

Nach ungefähr zwei Wochen stellte ich fest, daß er deutlich flüssiger schreiben konnte und auch im Rechnen selbständiger arbeitete. Während er vorher nur unter großer Mühe nach Diktat Wörter oder Zahlen auf Papier bringen konnte, gelingt ihm das nun wesentlich leichter. Wir schreiben jede Woche eine Geschichte, und das macht er seit geraumer Zeit mit. Seit er die Kassetten hört, geht das selbständiger und mit viel weniger Fragen. Seine letzte Geschichte war 45 Wörter lang, und er schrieb sie fast alle allein, ohne meine Hilfe!

Ich habe den Eindruck, daß das tägliche Anhören der Therapiekassetten bei ihm eine Art »Quantensprung« bewirken wird.

Um Genaueres sagen zu können, muß ich noch etwas abwarten, denn das macht er erst seit sechs Wochen. Doch auch die Eltern haben deutliche Veränderungen an ihm festgestellt. Sie finden, daß er schneller auf Fragen reagiert und mehr von dem mitbekommt, was man ihm sagt oder erklärt.

Aber auch für die Klangtherapie gilt: Probieren geht über Studieren! Fragen Sie Ihren Schulleiter, ob nicht einige Kassetten angeschafft werden könnten! Meine Empfehlung zum Anfangen:

Das Set: Klangtherapie Basis B.

Noch ein Wort zum Schluß

Um den Kreis zu schließen, möchte ich noch einmal das aufgreifen, was ich am Anfang dieses Buches angesprochen habe:

Meine Absicht ist es, all jenen, die sich mit Lust, Frust oder Problemen des Lesenlernen beschäftigen, Hilfen an die Hand zu geben.

Das bedeutet für Eltern:

- Sie können mit Ihrem Kind Gehirngymnastik machen.
- Sie können einzelne Buchstaben, die Ihrem Kind Streß bereiten, »entschärfen«.
- Sie können trockene, linkshirnige Symbole durch Bilder und Geschichten zum Leben erwecken und dadurch interessant machen.
- Und schließlich: Sie können manches von dem verstehen, was in einem Kind vorgeht, wenn es mit den überaus komplizierten Vorgängen des Lesens und Schreibens einfach »nicht so läuft!«
- Dadurch wiederum können Sie Ihrem Kind auch eher helfen, als wenn Sie versucht sind, ihm die Schuld an seinen Schwierigkeiten zu geben.

Das bedeutet für Lehrer:

- Sie wissen nun, wie wichtig ein gehirnfreundliches Vorgehen ist.
- Sie haben eine Reihe von Möglichkeiten kennengelernt, wie man linkshirniges Lernen und rechtshirnige Aktivitäten verbinden kann.
- Sie können Ihren Leseunterricht Schritt für Schritt reformieren.
- Sie haben genügend über neurophysiologische Zusammenhänge erfahren, um mit Lernstörungen besser umgehen zu können.
- Durch regelmäßige Gehirngymnastik und gehirnfreundlichen Unterricht werden Sie bei vielen Kindern verhindern, daß Lernstörungen überhaupt auftreten.
- Wenn Sie auch nur einige Vorschläge in die Tat umsetzen, werden Sie und Ihre Schüler mehr Spaß an der Schule haben!

Das bedeutet für alle, die therapeutisch arbeiten:

● In dem Abschnitt über gehirnfreundliches Lernen sind viele Möglichkeiten erwähnt, die sich besonders gut in der therapeutischen Einzelarbeit einsetzen lassen.

● Sie können mit Ihrem Patienten einige Übungen aus dem Gehirnturnen machen. Sie werden feststellen, daß gerade lerngestörte Kinder und Erwachsene auch mit den grundlegenden kinesiologischen Übungen beträchtliche Schwierigkeiten haben.

● Wenn Sie besonders an den Bewegungen, die schwerfallen, weiterarbeiten, werden Sie feststellen, daß mit einer Verbesserung des Bewegungsablaufs auch eine Verbesserung verschiedener Funktionen verbunden ist.

Nun bin ich wirklich am Schluß des Buches angekommen. Ich wünsche Ihnen allen, seien Sie nun Eltern, Lehrer oder Therapeuten, viel Spaß, Schwung und Begeisterung für Ihre Aufgabe. Denn es ist so wichtig, unseren Kindern von Anfang an zu zeigen:

Lesen kann fantastisch sein!

ANHANG 1

Buchstabengeschichten

Sieben weiße Nordpolhasen

Wißt ihr eigentlich schon, daß die Erde in Wirklichkeit gar nicht so flach ist, wie sie uns vorkommt, sondern rund, fast so rund wie ein Ball?

Und dieser Ball ist oben und unten von einer dicken Eiskappe bedeckt. Die obere Eiskappe heißt Nordpol, die untere Südpol.

Die sieben kleinen weißen Schneehasen, von denen ich euch erzählen will, lebten am Nordpol mit ihrem Hasenvater und ihrer Hasenmutter.

Ihr Hauptvergnügen war es, draußen in Eis und Schnee herumzurennen, auf die Eisberge zu klettern und hinunterzurutschen. Dazu brauchten sie keinen Schlitten und keinen Bob, denn sie hatten ja ihr weiches, weißes Fell. So weiß war ihr Fell, daß man sie in dem ganzen Eis und Schnee gar nicht sehen konnte.

Die Hasenmutter, die wie die meisten Mütter ein wenig ängstlich war, lief oft vor das Haus, um nach ihren Kindern Ausschau zu halten. Doch wo waren sie? Sie konnte sie einfach nicht ausfindig machen. Ihr Fell war zu weiß! Das bereitete ihr große Sorgen, denn sie glaubte immer, es sei ihnen etwas zugestoßen. Wenn ihre Kinder nur dunkles Fell hätten oder wenigstens hellbraunes! Dann könnte sie immer sehen, wo sie wären und brauchte keine Angst um sie zu haben!

Doch eines Tages hatte sie eine glänzende Idee, eine wirklich wunderbare Idee: Sie strickte für jedes ihrer Kinder einen knallbunten Schal. Diese Schals mußten sie sich nun immer umbinden, wenn sie nach draußen liefen.

Den kleinen Nordpolhasen gefielen ihre bunten Schals. Sie wärmten auch so angenehm. Und die Hasenmutter konnte sich jederzeit vergewissern, daß alle ihre Kinder wohlauf und quietschfidel waren.

In der Geschichte von Zara Zefirotti geht es ebenfalls um Tiere, allerdings um Haustiere. Besonderen Spaß machte den Kindern auch die Sprachspielerei, die darin vorkommt.

Zara Zefirotti

Tommi und Marion besitzen zwei Meerschweinchen, die sie sehr lieb-
haben: den Meerschweinchenmann Micky und die Meerschweinchen-
frau Olga. Im Sommer dürfen die beiden nachmittags immer im Garten frei herumlaufen. Nein, du mußt keine Angst haben, daß sie aus-
reißen könnten. Sie sind so zahm, daß sie sofort kommen, wenn man
ihre Namen ruft.Aber eines Tages ist es doch passiert: Als es abends
Zeit wird, die beiden ins Haus zu bringen, kommt nur Micky. Olga ist
verschwunden! Die Kinder laufen im Garten herum, rufen nach ihr,
schauen unter jeden Busch, aber zwecklos: Olga ist und bleibt verschwunden!

»Vielleicht hat sie jemand gestohlen?« meint Tommi. »Vielleicht hat
sie sich verletzt und kann nicht mehr laufen?« meint Marion.
Die Kinder nehmen sich vor, am nächsten Tag gleich weiterzusuchen.
Da ist gottseidank Samstag, und sie haben den ganzen Tag Zeit, nach
Olga Ausschau zu halten. Doch auch heute haben sie keinen Erfolg:
Nirgends ist auch nur die kleinste Spur von Olga zu sehen. Da hat
Marion eine Idee: »Wir könnten doch Frau Zefirotti fragen!« meint
sie. »Ob das den Eltern recht wäre?« gibt Tommi zu bedenken. Frau
Zefirotti ist nämlich Wahrsagerin. Sie kann den Leuten aus der Hand
lesen oder die Zukunft aus dem Kaffeesatz weissagen. Für schwierige
Fälle hat sie auch noch eine Kristallkugel, in der sie alles sehen kann.
Ein bißchen unheimlich ist den Kindern schon bei der Vorstellung, zu
ihr zu gehen. Aber sie sind so traurig wegen Olga, daß sie gar nicht
mehr lange überlegen. Zwei Häuser weiter wohnt Frau Zefirotti im
dritten Stock einer alten Villa.

Zaghaft öffnen die Kinder die schwere Haustür. Die Treppe knarrt
so unheimlich. Am liebsten würden sie wieder umkehren. Aber was
wird dann mit Olga? Nein, Frau Zefirotti ist ihre letzte Chance.
Schließlich sind sie oben angekommen. Der sauber geputzte Klingel-
knopf aus Messing blinkt freundlich, und auf einem ebenfalls ganz
blanken Namensschild steht mit verschnörkelter Schrift:

Zara Zefirotti
Wahrsagerin

Gerade als Tommi zögernd die Hand ausstreckt, öffnet sich sie Tür
und eine freundliche Dame fragt die Kinder: »Wollt ihr zu mir?«

Sie schaut gar nicht so unheimlich aus, wie sich die Kinder das vorgestellt haben. Eigenartig schon, ja, aber nicht unheimlich und schon gar nicht böse: Sie hat violette Locken und lange violette Fingernägel. Ihre Augenlider sind mit irgendeinem Glitzerzeug bemalt. Sie trägt einen schillernden Rock, der mit allerlei magischen Zeichen bestickt ist. Auf ihrer Bluse ist ein großes Z aus bunten Perlen aufgenäht.

Marion hat sich als erste wieder gefaßt. »Ja, es ist nämlich wegen ...« »Ich weiß schon«, unterbricht sie die freundliche Dame. »Kommt nur herein!« Die Kinder folgen ihr in ein Zimmer, das zwar auch seltsam, aber gar nicht unheimlich wirkt. Sie setzen sich, und Zara Zefirotti holt aus einem Schrank einen großen, runden Gegenstand, der sorgsam in schwarzen Samt gehüllt ist. Ob das die Kristallkugel sein soll? Da sehen die Kinder schon, daß sie richtig geraten haben. Es ist die Kristallkugel. Sie wird von der Wahrsagerin vorsichtig auf ein ebenfalls schwarzes Samtkissen gelegt, und dann konzentriert sie sich so sehr, daß sie ihre Besucher völlig vergessen zu haben scheint. Nach einer Weile sagt sie: »Ja, genau! Das ist es!« Sie wendet sich wieder den Kindern zu. »Jetzt weiß ich, wo euer Meerschweinchen ist. Ihr braucht keine Angst zu haben! Es ist ihm nichts passiert!« fügt sie schnell hinzu, als sie sieht, wie Marion ängstlich nach Tommis Hand faßt. »Es geht ihm sogar sehr gut! Eure Olga hat vier prächtige Kinder bekommen! Sie hat ihre Kinderstube in eurer Gartenhütte eingerichtet, ganz hinten im Eck, wo die zusammengelegten Säcke auf dem Boden liegen. Und die Schubkarre steht auch noch davor.« Die Kinder sind zuerst sprachlos, doch dann wollen sie von Frau Zefirotti noch alles mögliche wissen. Doch die sagt: »Jetzt habe ich keine Zeit mehr. Es ist schon gleich Mittag, und da will ich meine Spaghotti essen.« »Spaghotti?« wundern sich die Kinder. »Warum nicht Spaghetti?« »Weil die nicht so gut zu meinem Namen passen«, erklärt Zara Zefirotti und bringt die Kinder zur Tür.

Die springen erleichtert die Treppe hinunter, laufen zu Hause gleich in den Schuppen, und wirklich: Da liegt Olga ganz glücklich mit ihren vier Jungen .

Und während Frau Zefirotti ihre Spaghotti ißt, laufen die Kinder gleich zu den Eltern, erzählen ihnen ihr Abenteuer und zeigen Olgas Junge her.

Wir haben so viele Geschichten, daß es mir direkt schwerfällt, noch eine letzte für Sie auszuwählen.
Da gibt es zum Beispiel noch:

Dora Dussel, die schusselige Ente, die im Wald ein Märchenbuch findet, das Lesen lernt und eine Entenschule aufmacht.

Fredi Frosch, der in einem Einweckglas wohnt und so gerne geküßt werden möchte, weil er fest davon überzeugt ist, eigentlich ein Prinz zu sein.

Bruno Brezel, den Dackel, der so lang ist, daß er sich nur noch zusammengerollt wie eine Brezel hinlegen kann, und der schließlich mit seinem Herrchen als Attraktion im Zirkus auftritt.

Ottos tolle Oma, die ein bißchen zaubern kann und ihrem Enkel aus einer schlimmen Patsche hilft.

Ella Elefant, die den anderen Elefanten zeigt, wie sie sich mit ihrem Rüssel abduschen können.

Tom Trampeltier, der immer so viel Lärm macht und seiner Mutter entsetzlich auf die Nerven geht und eines Tages doch die Kuschelbären vor den bösen Brüllbären rettet.

Roland, den rasenden Rennfahrer, der mit seinem Go-cart so wild herumrast, daß ihn eines Tages dessen Räder überholen.

Eine meiner Lieblingsfiguren ist der dicke König Karl, dessen Geschichte ich hier zum Abschluß erzählen will.

König Karl sitzt in der Klemme

Heute erzähle ich euch eine Geschichte von einem König. Könige kennt ihr ja alle aus den Märchenbüchern: Sie sind oft grausam und blutrünstig, oft aber auch weise und gerecht.

Dieser hier, von dem unsere Geschichte handelt, war ein richtig lieber König, der seine Untertanen milde regierte und zu allen Menschen gut und freundlich war. Eine große Schwäche allerdings hatte er: Er war geradezu wild auf Süßigkeiten aller Art. Kuchen, Eiscreme und Kompott liebte er, und wenn er irgendwo eine Sahnetorte sah, war er nicht mehr zu halten. Deshalb war er im Lauf der Jahre auch ziemlich rundlich geworden. Wenn er lachte – und das tat er gern und oft –, dann klirrten Gläser und Besteck auf dem Tisch. Einmal war bei seinem dröhnenden Gelächter sogar schon ein Bild von der Wand gefallen.

Das hätte ja nun weiter niemanden sonderlich gestört. Doch der König war nicht nur immer dicker, sondern auch immer kurzatmiger geworden, und das gefiel weder dem königlichen Leibarzt noch Ihrer Majestät, der Königin.

Eines Tages, als er wieder einmal die Treppe zum Thronsaal hinaufkeuchte und nach jeder dritten Stufe stehenbleiben mußte, um zu verschnaufen, sagte die Königin energisch: »Karl, da muß etwas geschehen, und zwar sofort!« Sie ließ gleich den Leibarzt rufen, der den König von allen Seiten mit seinem Stethoskop behorchte, immer wieder den Kopf schüttelte, irgendwelche lateinischen Ausdrücke vor sich hinmurmelte und schließlich auch feststellte: »Da muß etwas geschehen, und zwar sofort!«

Doch was nun geschah, war das Schlimmste, was König Karl passieren konnte: Er bekam eine Diät verordnet. Süßigkeiten wurden ihm restlos gestrichen, nur sonntags durfte er ein kleines Schüsselchen Pudding essen. Ein Schüsselchen Pudding! Was war das schon! Wo er doch sonst ganze Sahnetorten verschlungen hatte!

Da war es nun mit der Fröhlichkeit des Königs gründlich vorbei. Er schlich im Schloß herum – nur noch ein Schatten seiner selbst. Eines Abends, als er wach im Bett lag – der Hunger und die Sehnsucht nach seinen geliebten Süßigkeiten ließen ihn nicht schlafen – beschloß er, sich heimlich auf die Suche nach etwas Eßbarem zu

machen. Ganz, ganz leise schlich er sich aus dem königlichen Schlaf-
gemach, um nur ja die Königin nicht zu wecken. Er tappte in den
dunklen, langen Gängen herum, denn auch ein Licht anzumachen
wagte er nicht, und fand endlich die königliche Speisekammer. Dort
drinnen zündete er eine Kerze an und glaubte, seinen Augen nicht
trauen zu können.

Was gab es da nicht alles: Üppige weiße, rosarote und schokofar-
bene Sahnetorten, aufgestellt in Reih und Glied wie Soldaten auf
einem Kasernenhof, ganze Bretter voller cremegefüllter Mohrenköpfe,
buntglasierte Plätzchen, die sich in großen Schüsseln türmten.

Der König wußte gar nicht, wo er zuerst hinlangen sollte. Zum Auf-
takt verschlang er zwei Sahnetorten, dann ließ er sich eine Schüssel
mit Butterplätzchen schmecken und zum Schluß verspeiste er noch
genüßlich ein halbes Dutzend Mohrenköpfe. Dann war er so voll, daß
nicht das kleinste Löffelchen Pudding mehr Platz gehabt hätte und
schlich − besser gesagt: wankte − zufrieden zurück in sein Bett.

Am nächsten Tag war er glänzender Stimmung. Die Königin, die
sich wegen der völlig veränderten Wesensart ihres Gemahls schon Sorgen gemacht hatte, dachte erleichtert: »Er scheint sich an die Diät zu
gewöhnen.«

Die Laune des Königs blieb von nun an glänzend, denn tagsüber aß
er folgsam seine Diät, und nachts schlich er in die Speisekammer und
stopfte sich dort mit Süßigkeiten aller Art voll.

Etwas allerdings machte die Königin stutzig: Der König nahm trotz
der strengen Diät kein bißchen ab. Ja − er schien im Gegenteil immer
noch runder zu werden! Konnte denn das mit rechten Dingen zuge-
hen? Die Aufklärung des Rätsels ließ nicht lange auf sich warten.
Eines Tages, als die Königin gerade in der Küche saß, um mit der
Köchin den Diätplan des Königs für die nächste Woche zu besprechen, hörte sie, wie eine Küchenmagd zur anderen sagte: »Es ist doch
nicht zu glauben. Jede Nacht verschwinden aus der Speisekammer
Torten und Kuchen. Mir wird richtig angst bei dem Gedanken, daß
sich im Schloß Diebe herumschleichen.«

Da war der Königin alles klar: Es gab keine Diebe, sondern nur
einen Dieb , König Karl!

Sie setzte sich sofort mit dem Leibarzt zu einer geheimen Unterre-
dung zusammen. Die beiden schmiedeten einen Plan.....

In der folgenden Nacht wartete der König wieder, wie immer, bis die Königin tief und fest schlief. Dann machte er sich auf seine gewohnte Wanderung zur königlichen Speisekammer. Dort gönnte er sich zuerst wieder eine von den köstlichen Sahnetorten. Doch gerade als er mitten im vergnügtesten Schmausen war, ging plötzlich ein Licht an, und eine Stimme, die er nur allzugut kannte, sagte vorwurfsvoll: »Aber Majestät!«

Der König erschrak fürchterlich, als der Leibarzt plötzlich vor ihm auftauchte und ließ vor Schreck die Sahnetorte fallen, die er in der Hand hielt. Sie klatschte genau auf seine nackten Füße. Schuldbewußt hörte er sich an, was ihm der Leibarzt zu sagen hatte. Dann machte er sich niedergeschlagen auf den Rückweg. Seine sahnebekleckerten Füße hinterließen ihre Spuren auf den roten Teppichen, mit denen alle Gänge des königlichen Schlosses ausgelegt waren.

Auch die seidenen Bettlaken des königlichen Bettes bekamen ihren Teil an Sahnecreme und Schokostreuseln ab. Doch das war dem König, der für gewöhnlich ziemlich ordentlich war, in seinem Kummer völlig egal.

Den ganzen nächsten Tag blieb er schlecht gelaunt. Die Königin sagte von der leidigen Angelegenheit kein Sterbenswörtchen zu ihm. Sie wechselte nur hin und wieder mit dem Leibarzt einen bedeutungsvollen Blick.

Am Abend wälzte sich der König unruhig im Bett herum. Er wollte den Leibarzt überlisten, deshalb brach er nicht zur selben Zeit wie sonst auf, sondern wartete, bis die große Turmuhr zwölfmal schlug. »Jetzt ist dem Doktor bestimmt die Lust zum Warten schon vergangen«, dachte er und machte sich zufrieden auf den Weg.

Doch mit seiner Zufriedenheit war es gleich vorbei, denn als er die Speisekammertür öffnen wollte, war sie verschlossen. So eine Gemeinheit!

Da brach nun eine harte Zeit für den armen König Karl an:
Keine Torten, kein Kuchen, nur Diät, Diät und nochmals Diät!

Doch nach einigen Monaten fühlte er sich plötzlich besser. Er mußte jetzt nicht mehr so oft verschnaufen, wenn er die Treppe hinaufstieg. Abermals einige Monate später konnte er sogar wieder reiten, das hatte ihm ja früher großen Spaß gemacht. Und nach einem Jahr Diät war der König fast wieder so schlank wie zu der Zeit, als er seine Königin geheiratet hatte. Jetzt merkte er erst, wie wohl er sich fühlte, weil er wieder flink und beweglich war.

Auf seine geliebten Süßigkeiten brauchte er dennoch nicht ganz zu verzichten.

Jeden Mittwoch und jeden Sonntag nämlich bekam er zwei Stück Sahnetorte und drei Kugeln Eis.

ANHANG 2

Wörterlisten

Wie Sie sehen, stehen oben immer die Buchstaben, aus denen sich die
Wörter auf dem betreffenden Blatt zusammensetzen.

A M O R T W E L

L l

Roller
Lotte
leer
Meer
Retter
Tal
wart mal
rate mal
Maler
Trommel
Motor
Lama

AMORTWELK

K k

kalt
Kamm
Keller
Karl
Mark
Werk
Korken
Kram
Krake
Krawatte
Kamel
Markt
Karte
Kater

Ein praktischer Tip:

Die Listen sollen – vor allem am Anfang – nicht zu umfangreich sein, damit jeder die Chance hat, sie zu bewältigen. Nachdem ich zunächst in meiner Begeisterung des Guten zuviel getan und alle Wörter »hineingepackt« hatte, die ich nur finden konnte, setze ich jetzt auf die ersten Listen nicht mehr als ca. 10 Wörter und steigere die Anzahl dann langsam auf 20 – 25 pro Blatt.
Das reicht zum Üben und hat außerdem den Vorteil, daß ich beim Kontrollieren schneller die Runde machen kann.

ANHANG 3

Lesekurs

* Welches Wort paßt zum Bild?

Neben verschiedenen Bildern stehen jeweils drei Wörter, nur eines davon stimmt mit dem dargestellten Gegenstand überein. Das passende Wort soll angekreuzt werden.
Gleiche Anfangsbuchstaben erschweren ein bloßes Raten.

Gegenstände, die sich gut für solche Abbildungen eignen:
Apfel, Birne, Banane, Ananas, Baum, Blume, Rose, Haus, Stuhl, Tisch, Bett, Lampe, Schrank, Teppich, Türe, Fenster, Dach, Schornstein, Ampel, Auto, Rad, Roller, Ball, Buch, Stift, Tafel, Katze, Hund, Maus, Wurm, Lamm, Schaf, Pferd, Kuh, usw.

* Welcher Satz paßt zum Bild?

Eine Variation der oben angeführten Übung. Hier soll von drei Sätzen der richtige angekreuzt werden.
Die einfachere Möglichkeit bezieht sich wieder nur auf dargestellte Gegenstände:
Das ist eine Schale.
Das ist eine Schule.
Das ist eine Schere.
Nach dem gleichen Muster kann auch die richtige Erklärung für eine auf dem Bild dargestellte Handlung angekreuzt werden:
Otto klettert auf die Leiter.
Otto trägt die Leiter zum Baum.
Otto holt die Leiter aus dem Auto.

Sätze, die sich für solche Arbeitsblätter eignen:

Die Vase steht auf dem Schrank.
Die Vase steht neben dem Schrank.
Die Vase steht vor dem Schrank.

Die Katze sitzt auf dem Baum.
Die Katze springt vom Baum.
Die Katze klettert auf den Baum.

Opa fährt mit dem Auto.
Opa wäscht das Auto.
Opa repariert das Auto.

Auf der Wiese stehen drei Kühe.
Auf der Wiese schlafen drei Kühe.
Auf der Wiese laufen drei Kühe.

* Zu einem Wort wird das passende Bild gemalt

Auf dem Blatt sind verschiedene leere Zettel, Bilderrahmen, Felder
usw. zu sehen. Unter jedem steht ein Wort, z.B. Tiger, Ball, Leiter,
Brille, Roller usw.
Dazu wird nun das passende Bild gemalt.
Hierfür eignen sich gut die auf S. 232 (Welches Wort paßt zum Bild?)
angeführten Wörter.

* Zu einer Wortgruppe wird das passende Bild gemalt

Das ist wieder die Abwandlung der vorigen Übung. Hier wird das
Substantiv durch ein Adjektiv ergänzt, also:
ein roter Apfel, ein blauer Ball, ein dicker Mann, usw.

* Zu einem Satz wird das passende Bild gemalt

Nach dem gleichen Prinzip können auch kompliziertere Bilder gemalt werden:

Rudi fährt mit dem Roller.

Rudi fährt mit dem Fahrrad.

Rudi fährt mit dem Auto.

oder

Ich gehe in den Wald. Da gibt es viele Pilze.

Ich sehe einen roten Vogel. Er sitzt auf einem Baum.

Weitere Möglichkeiten für Arbeitsblätter, auf denen mehrere Felder für Bilder abgeteilt sind:

Ich gehe in den Wald (1. Bild).
Dort sehe ich einen Hasen (2. Bild).
Der Hase macht ein Männchen (3. Bild).
Dann läuft er weg (4. Bild).

Rudi und Otto fahren mit dem Roller (1. Bild).
Da fängt es zu regnen an (2. Bild).
Rudi und Otto gehen ins Haus (3. Bild).
Drinnen spielen sie mit der Eisenbahn (4. Bild).

Susi spielt mit ihrer Puppe (1. Bild).
Da kommt Oma (2. Bild).
Susi und Oma gehen in die Stadt (3. Bild).
Susi bekommt ein Eis (4. Bild).

* Es gibt auch noch andere Möglichkeiten für Blätter, zu denen gemalt werden soll.

Hier einige Beispiele:

Lies! Was ißt Rita? Male!

Rita ißt eine Banane.
Rita ißt eine Wurstsemmel.
Rita ißt Schokolade.
Rita ißt einen Kaugummi.
Rita ißt zwei Kekse.

Lies! Was ist alles in Mutters Tasche? Male!

In Mutters Tasche sind viele Sachen.
Da sind:
fünf Bananen
drei Semmeln
ein Stück Butter
ein Brot

Lies! Was machen Vater und Mutter? Male!

Vater wäscht sein Auto.

Mutter stellt die Blumen auf den Tisch

Dann geht Mutter in den Garten.

* Stimmt das? Schreibe ja oder nein!

Ich bin ein Junge. ....

Ich bin ein Mädchen. ....

Ich habe blonde Haare. ....

Ich habe einen Hund. ....

Ich habe eine Katze. ....

Ich fahre gerne mit dem Rad. ....

Eine Katze kann bellen. ....

Ein Fisch kann fliegen. ....

Eine Katze kann auf Bäume klettern. ....

Ein Vogel kann fliegen. ....

Ein Schaf hat Federn. ....

Ein Elefant ist groß und grau. ....

Ein Auto braucht Benzin. ....

Das Auto hat zwei Räder. ....

Das Auto hat ein Lenkrad. ....

Ein Auto kann fliegen. ....

In einem Auto ist es naß. ....

Ein Auto hat einen Motor. ....

* Angefangene Bilder werden fertiggemalt.

Auf dem Blatt ist bereits etwas zu sehen, zum Beispiel ein Haus. Nun geht es darum, das Bild so zu vervollständigen, wie es im Lesetext angegeben ist.

Bei einem Haus könnte das so aussehen:

Male das Bild fertig:

Das ist ein Haus. Male ein Dach auf das Haus.
Das Haus hat vier Fenster und eine Tür.
Das Haus hat einen Schornstein.
Aus dem Schornstein kommt Rauch.
Aus einem Fenster schaut ein Kind heraus.

* Streiche die falschen Sätze durch!

Hier stehen unter einem kurzen Erzähltext Aussagen zum Text. Davon
sind einige richtig, einige falsch. Die falschen sollen durchgestrichen
werden:

Silke feiert mit ihren Freundinnen Fasching.
Sie ist als Prinzessin verkleidet.
Ihre Freundinnen sind auch verkleidet.
Alle trinken Saft und essen Kuchen.
Sie sind sehr lustig.

Streiche die falschen Sätze durch:

Die Geschichte erzählt von Susi.
Die Geschichte erzählt von Silke.
Silke feiert mit ihren Freundinnen ein Grillfest.
Silke feiert mit ihren Freundinnen Fasching.
Alle essen Kuchen.
Alle essen Würstel.

Auch das ist eine Variante dieser Möglichkeit:

Mein Freund Rudi

Rudi ist mein bester Freund.
Er hat einen großen schwarzen Hund.
Der Hund heißt Teddy.
Er kann durch einen Reifen springen.

Lies! Streiche durch, was falsch ist!

Die Geschichte erzählt von

Rudi.
Otto.

Rudi hat einen

schwarzen Hund.
braunen Hund.

Der Hund springt durch

einen Reifen.
ein Fenster.

* Beantworte Fragen zu der Geschichte!

Ein schöner Tag
Der Vater sagt zu Erik: Heute gehen wir beide zum Schwimmen.
Wir gehen an den Fluß.
»Fein!« ruft Erik. Im Fluß schwimme ich am liebsten!

Wer geht mit Erik zum Schwimmen? ....
Wo schwimmt Erik am liebsten? ....
Wo schwimmst Du am liebsten? ....

* Lies! Male die Bilder fertig! Wie geht die Geschichte aus?

Hier sind auf einem Arbeitsblatt mehrere Bilder, unter denen je ein
Satz steht. Die Bilder sollen nun so vervollständigt werden, daß sie
zum Satz passen. Das letzte Bild ist leer und auch ohne Text. Da soll
sich jeder ausdenken, wie die Geschichte weitergeht.

* Lies! Male alles, was in der Geschichte steht.

Auf einem Bauernhof lebt eine Katzenfamilie: Mama und drei Kinder. Die Katzenmama bringt gerade eine Maus nach Hause. Zwei junge schwarz-weiße Katzen spielen mit einem roten Ball. Eine kleine graue Katze liegt auf der Bank vor dem Haus in der Sonne. Ein frecher Spatz sitzt neben ihr.

ANHANG 4

Kindergeschichten

Markus als Herold

Bei unserem Theater ist Markus ein Herold.
Das ist ein Bote des Königs.
Er hat drei wichtige Auftritte.
Zuerst muß er das Stück ansagen.
Dann muß er verkünden, daß der, der die Königstochter zum
Lachen bringt, sie heiraten darf.
Zum Schluß muß er die Hochzeit verkünden.
Das Fräulein sagt:
Markus ist unser Herold, der immer hin und her rollt.
Da müssen alle lachen.

Na sowas!

Seit einer Woche hat die Familie von Seppi einen jungen Dackel.
Er heißt Sissi.
Am Dienstag ging Seppi ins Bad, um vom Waschbecken Wasser
zu holen. Da sah er gerade noch, wie Sissi aus dem
Waschbecken sprang. Er sagte: Sissi, was machst du denn da?
Aber er dachte sich noch nichts dabei.
Als er aber dann das Wasser aufdrehen wollte, sah er, was
Sissi im Waschbecken gemacht hatte:
Sie hatte **pipi** ins Waschbecken gemacht!
Seppi mußte lachen.
Der Dackel war ja kein Hund, sondern ein **Ferkel**!

So eine Aufregung!

Letzten Freitag gab es in unserer Klasse große Aufregung.
Veronika hatte so starke Bauchschmerzen, daß der Doktor
geholt werden mußte. Er sagte: Veronika muß ins Krankenhaus.
Der Krankenwagen kam, und das Fräulein fuhr mit Veronika
ins Krankenhaus.
Dort wurde ein Darmverschluß festgestellt.
Die Ärzte konnten Veronika helfen.
Am Montag durfte sie wieder heim.

ANHANG 5

Texte zu Entspannungsübungen

Besuch bei Ella Elefant

Wir schließen die Augen und atmen aus.
Einatmen – ausatmen – einatmen.
Stelle dir nun beim Ausatmen vor, daß du alles wegatmest, was dich stört. Du atmest es weg als graue Luft.
Beim Einatmen atmest du gute weiße Energie ein.
Atme die graue Luft aus – und weiße Energie ein – und die graue Luft aus – und weiße Energie ein.
Atme nun ruhig weiter und stelle dir vor, wie du die graue Luft ausatmest und die weiße Luft einatmest.

Kurze Pause – etwa eine halbe Minute.

****

Und nun konzentriere dich auf deinen rechten Arm und denke: Mein rechter Arm wird schwer. Mein rechter Arm wird schwer und schwerer. Ganz schwer wird mein rechter Arm.
Ich spüre, wie das schwere Gefühl von der Schulter abwärts läuft, bis zu den Ellbogen, bis zu den Händen und Fingerspitzen.
Mein rechter Arm ist jetzt ganz schwer, ganz schwer, ganz schwer. Ich spüre, wie schwer meine rechte Hand auf meinem Knie liegt.
Konzentriere dich jetzt auf deinen linken Arm und denke:
Mein linker Arm wird schwer. Mein linker Arm wird schwer und schwerer. Ganz schwer wird mein linker Arm.
Ich spüre, wie das schwere Gefühl von der Schulter abwärts läuft, bis zu den Ellbogen, bis zu den Händen und Fingerspitzen.
Mein linker Arm ist jetzt ganz schwer, ganz schwer, ganz schwer. Ich spüre, wie schwer meine linke Hand auf meinem Knie liegt.

****

Und nun gehen wir auf unsere Wiese. Du bist barfuß, und du spürst an deinen nackten Fußsohlen das Gras.

Die Sonne scheint. Du legst dich auf die Wiese und schaust in den Himmel. Rechts und links von deinem Gesicht siehst du die Grashalme, wie sie im Wind schaukeln. Du spürst die warme Sonne auf deinem Gesicht.

Am Himmel siehst du eine kleine weiße Wolke. Sie kommt näher und immer näher. Plötzlich fliegt sie tiefer, genau auf dich zu. Du stehst auf, und da ist auch schon die Wolke. Du setzt dich auf sie hinauf, und schon fliegt sie wieder höher und höher. Ganz leicht fühlst du dich auf der Wolke. Sie ist weich und kuschlig. Die Wiese unter dir ist schon ganz klein. Du siehst Dörfer und Städte. Jetzt fliegt die Wolke über das Meer. Es wird immer wärmer.

Nun siehst du wieder Land. Dort ist das Gras nicht grün, sondern gelb von der Hitze. Riesige Bäume wachsen da.

Die Wolke fliegt jetzt wieder tiefer. Am Ufer eines breiten Flusses setzt sie dich ab. Du schaust dich um, und da siehst du Ella Elefant, die mit ihren Kindern im Fluß badet. Auch viele andere Elefanten sind dort. Du hast überhaupt keine Angst und gehst zu ihnen hin. Du verstehst auch ihre Sprache. Ella lädt dich ein, auf ihren Rüssel zu klettern. Da kannst du schaukeln.

Du hast viel Spaß mit den Elefanten. Spiele solange mit ihnen, bis du meine Stimme wieder hörst.

Pause – ungefähr eine Minute.

Und nun mußt du dich von den Elefanten wieder verabschieden. Sie sagen: »Komm bald wieder zu uns.«

Da ist auch schon deine Wolke. Du steigst auf und fliegst ab. Die Elefanten winken dir mit ihren Rüsseln nach.

Die Reise geht wieder über das Meer. Schon ist Land in Sicht. Unter dir liegen Dörfer und Städte. Jetzt kannst du auch schon deine Wiese erkennen. Die Wolke fliegt langsam tiefer, immer tiefer.

Nun bist du auf deiner Wiese angelangt und steigst ab. Die Wolke fliegt wieder davon.

Du gehst über die Wiese heimwärts. In einem Augenblick werde ich bis fünf zählen. Dann wirst du die Augen öffnen, bist hellwach, gesund und fühlst dich wohl.

Eins, zwei – tief durchatmen.
Drei, vier – bewege dich ein bißchen, und fünf – die Augen auf.

Die Reise ans Ende des Regenbogens

Wir schließen die Augen und atmen aus.
Einatmen – ausatmen – einatmen.
Stelle dir nun beim Ausatmen vor, daß du alles wegatmest, was dich stört. Du atmest es weg als graue Luft, und du atmest gute weiße Energie ein.
Atme graue Luft aus und weiße Energie ein – und graue Luft aus – und weiße Energie ein.
Atme nun ruhig weiter und stelle dir vor, wie du die graue Luft ausatmest und die weiße Luft einatmest.
Kurze Pause – ungefähr eine halbe Minute.

****

Und nun gehe auf unsere Wiese. Du bist barfuß und spürst das Gras an deinen Fußsohlen. Die Sonne scheint, es ist warm, und du fühlst dich wohl.
Schaue hinauf zum Himmel. Er ist klar und blau. Dort am Himmel werden wir jetzt miteinander einen Regenbogen bauen.
Zuerst erscheint ein schöner roter Bogen am Himmel. Schau dir das Rot genau an, es ist so rot wie eine reife Tomate.
Unter dem roten Bogen erscheint jetzt ein zweiter Streifen. Er ist orange. Der Bogen am Himmel hat also schon zwei Farben: rot und orange. Schau dir jetzt das Orange gut an. Es ist warm und golden.
Der Regenbogen bekommt einen dritten Streifen. Unter dem Orange erscheint jetzt ein gelber Bogen, strahlend hell und gelb und leuchtend. Schau dir dieses wunderschöne Gelb an.
Und jetzt betrachte deinen Regenbogen. Er hat drei Farben: rot, orange und gelb.
Unter dem Gelb erscheint jetzt ein grüner Bogen, so grün wie eine Wiese. Spüre, wie schön und friedlich dieses Grün aussiet, so richtig zum Wohlfühlen.

Der Regenbogen bekommt wieder eine Farbe dazu, ein tiefes Blau, so blau wie das Meer. Schau dir jetzt alle Farben an: Zuerst kommt Rot, dann Orange, dann Gelb, dann Grün und zum Schluß Blau.
Und jetzt erscheint die letzte Farbe an deinem Regenbogen, ein kräftiges Violett, so violett wie blühende Veilchen.
Dein Regenbogen ist fertig. Schaue ihn dir noch einmal an.
Der oberste Streifen ist rot, dann kommt Orange, Gelb, Grün, Blau, Violett.

****

Während du den Regenbogen anschaust, beginnt er an beiden Enden zu wachsen, bis er mit beiden Seiten auf der Wiese steht. Nun schaut er aus wie ein riesiges Regenbogentor.
Du gehst auf das eine Ende zu. Es liegt vor dir wie eine breite bunte Straße. Du gehst auf die rote Spur und bist plötzlich ganz eingehüllt in rote Farbe. Du atmest die Farbe ein. Dein ganzer Körper schimmert rot. Du spürst, wie diese Farbe dir Kraft gibt.
Jetzt wechselst du hinüber auf die orange Spur. Du bist voller Orange, du atmest die Farbe ein, dein Körper schimmert orange. Du spürst, wie das Orange dich fröhlich macht.
Jetzt gehst du eine Spur weiter und bist nun auf der gelben Straße. Atme das Gelb ein. Sieh, wie dein ganzer Körper die Farbe aufnimmt. Das Gelb gibt dir Kraft zum Denken. Dein Kopf wird ganz klar und kann gut denken. Spüre, wie schön das ist.
Gehe hinüber auf die grüne Spur. Du wanderst in der grünen Farbe, atmest sie ein und fühlst dich ganz friedlich. Du hast einen gesunden Körper. Es geht dir gut.
Jetzt bist du auf der blauen Spur. Alles um dich herum ist blau, dein Körper nimmt die Farbe an und schimmert ganz blau. Du fühlst dich sicher. Nichts kann dir passieren.
Das letzte Stück gehst du auf der violetten Straße. Um dich herum ist alles violett, die Farbe hüllt dich ein. Du spürst, daß du ein Stück von unserer Erde bist, aber auch ein Stück vom ganzen Weltall. Du hast alle anderen Wesen lieb, und alle haben dich lieb.
Nun bist du am Ende des Regenbogens angekommen. Dort liegt eine Zaubertafel. Auf ihr erscheint jeder Buchstabe, den du dir wünschst.

Wir wünschen uns jetzt erst einmal einen Buchstaben gemeinsam. Das ist das G. Das große und das kleine G erscheinen jetzt auf der Zaubertafel. Sie schillern in allen Regenbogenfarben. Schau dir das an.
Du kannst auch die Farben der Buchstaben verändern. Tu das und laß sie in deinen Lieblingsfarben leuchten.
Kurze Pause.
Jetzt erscheint dein Lieblingsbuchstabe auf der Zaubertafel.
Kurze Pause.
Immer, wenn du nicht weißt, wie ein Buchstabe ausschaut, brauchst du nur auf deine Zaubertafel schauen. Dort kannst du ihn sehen. Auf dem Boden neben den Regenbogen liegt noch ein Geschenk für dich. das darfst du mitnehmen.
Und jetzt ist es Zeit, wieder zurückzugehen. Du läufst über den Regenbogen, deine Beine sind ganz leicht und bewegen sich ganz schnell. Das ist ein wunderbares Gefühl.
Schon bist du wieder auf unserer Wiese. Du gehst heimwärts.
In einem Augenblick werde ich bis fünf zählen. Dann wirst du die Augen öffnen, bist hellwach und fühlst dich wohl.
Eins, zwei – tief durchatmen.
Drei, vier – bewege dich ein bißchen und fünf, die Augen auf.

Besuch beim Schatzhüterzwerg

Wir schließen die Augen und atmen aus.
Einatmen – ausatmen – einatmen.
Stelle dir nun beim Ausatmen vor, daß du alles wegatmest, was dich stört. Du atmest es weg als graue Luft. Beim Einatmen atmest du gute weiße Energie ein. Atme die graue Luft aus – und weiße Energie ein – und graue Luft aus – und weiße Energie ein. Atme nun ruhig weiter und stelle dir vor, wie du die graue Luft ausatmest und die weiße Luft einatmest.

Kurze Pause – ungefähr eine halbe Minute.

****

Nun gehe wieder auf unsere Wiese. Du bist barfuß. Heute regnet es, und du spürst an deinen Fußsohlen das nasse Gras. Gehe über die Wiese zu unserem Bach. Dort, unter einem Busch am Ufer, siehst du plötzlich eine Tür im Boden, die du vorher noch nie bemerkt hast. Du machst sie auf und siehst eine Treppe, die in die Erde führt. Ich werde jetzt von zehn bis eins rückwärts zählen. Bei jeder Zahl, die ich nenne, steigst du eine Treppenstufe hinab. Bei eins kommst du unten an.

Zehn − neun − acht − sieben − sechs − fünf − vier − drei − zwei − eins.

Du bist am Fuß der Treppe angelangt und stehst wieder vor einer Tür.

****

Du öffnest sie und kommst in einen wunderschönen großen Raum, der direkt in einen Felsen hineingebaut ist. In dem Raum funkelt ud glitzert es so, daß du erst einmal deine Augen schließen mußt.

Als du sie langsam wieder öffnest, siehst du, wo das Funkeln herkommt:

Auf dem Boden liegen Berge von Edelsteinen, die in allen Farben funkeln. Da gibt es Rubine, rot wie Blut, grüne Smaragde, blaue Saphire, weißglitzernde Diamanten, violette Amethyste und noch viele andere Edelsteine. Plötzlich hörst du eine feine Stimme. Sie sagt: »Guten Tag. Wo kommst du denn her?« Du schaust dich um und kannst zuerst gar niemanden sehen.

Aber dann entdeckst du ein kleines Männchen, das gerade dabei ist, die Edelsteine nach ihren Farben zu ordnen. Du begrüßt den Zwerg und erzählst ihm, wer du bist. Als er hört, daß du in die Schule gehst, wird er ganz aufgeregt, weil er so gerne das Lesen lernen möchte. Er fragt dich, ob du ihm einige Buchstaben zeigen könntest.

Du setzt dich zu ihm auf den Boden. Weil es bei dem Zwerg kein Schreibzeug gibt, nimmst du einfach einige Edelsteine und legst ihm daraus einen Buchstaben. Zuerst zeigst du ihm, wie ein P geht. Du legst es aus den blutroten Rubinen. Da freut er sich, denn so fängt sein Name an. Er heißt nämlich Poldi. Also zeigst du ihm als nächsten Buchstaben gleich ein O. Das legst du aus lauter goldfarbenen Edelsteinen. Der Zwerg sagt, es sind Zitrine. Dann legst du aus grünen Smaragden ein L. Schau dir an, wie deine drei Buchstaben funkeln:

das rote P, das goldgelbe O und das grüne L. Jetzt kommt ein D.
Dafür nimmst du die blauen Saphire. Und zum Schluß zeigst du dem
Zwerg, wie ein I geht. Du legst es aus den violetten Amethysten.
Jetzt kann Poldi seinen Namen lesen. Er ist ganz glücklich und
schenkt dir zum Dank fünf Edelsteine, von jeder Sorte einen: einen
roten Rubin, einen goldgelben Zitrin, einen grünen Smaragd, einen
blauen Saphir und einen violetten Amethyst.
Du mußt wieder gehen und verabschiedest dich von Poldi. Aber du
versprichst ihm, bald wiederzukommen und ihm andere Buchstaben
zu zeigen, damit er bald die Namen seiner wunderschönen Edelsteine
lesen kann.
Jetzt öffnest du die Tür, die zu der Treppe führt. Ich werde von eins
bis zehn zählen, und mit jeder Zahl, die ich nenne, steigst du eine
Stufe höher.
Eins – zwei – drei – vier – fünf – sechs – sieben – acht – neun
– zehn.
Nun kommst du wieder hinaus auf unsere Wiese. Es hat zu regnen
aufgehört. Aber das Gras ist noch feucht. Du gehst über die Wiese
heimwärts.
In einem Augenblick werde ich bis fünf zählen. Bei fünf wirst du die
Augen öffnen, bist hellwach, gesund und fühlst dich wohl.
Eins, zwei – tief durchatmen.
Drei, vier – bewege dich ein bißchen und fünf – die Augen auf.

Literaturliste

1) *Jürgen Hüholdt: Wunderland des Lernens, Verlag für Didaktik, Bochum, 1984*

2) *Thomas R. Blakeslee: Das Rechte Gehirn, Aurum Verlag, Freiburg im Breisgau, 1988*

3) *Verschiedene Bücher über Gehirnforschung:*
   John C. Eccles: Das Gehirn des Menschen, R.Piper & Co. Verlag, München, 1990
   Frederic Vester: Denken, Lernen, Vergessen, dtv, München 1978
   Johannes Holler: Das Neue Gehirn, Verlag Bruno Martin, Südergellersen, 1989, 2. aktualisierte Auflage 1991

4) *Selma Lagerlöf: Geschichten zur Weihnachtszeit, Gütersloher Verlagshaus, 1986*

5) *Gordon Stokes, Daniel Whiteside: One Brain, Verlag für Angewandte Kinesiologie, Freiburg 1990*

6) *Bayerisches Lesebuch für das zweite Schuljahr, Bayerischer Schulbuchverlag, München, 1954*

7) *Bücher über Montessori- und Freinet-Pädagogik:*
   Maria Montessori: Kinder sind anders, dtv/Klett-Cotta, München 1987
   Theodor Hellbrügge: Unser Montessori-Modell, Fischer Taschenbuch Verlag, Frankfurt am Main, 1984
   Elise Freinet: Erziehung ohne Zwang, dtv/Klett-Cotta, München 1986

8) *Bayerisches Lesebuch, s.oben*

9) *F. Schilling: Marburger Graphomotorische Übungen, verlag modernes lernen, Dortmund, 1983*

10) *Rüdiger Dahlke, Mandala- Malblock, Edition Neptun*
    Aus dem Buch »Mandalas der Welt« von R.Dahlke, erschienen im Hugendubel Verlag, München
    Vorsicht beim Bestellen: Der Malblock steht nicht im Katalog! Er ist bei der Buchhandlung Hugendubel in München erhältlich oder direkt zu bestellen!

11) *Inge Maria Frühwirth, Simile Serie, Jugend und Volk Verlag, Wien*

12) *Sieglinde Baumgartl/Heinz Vogel: miniLÜK Leseübungen 1, Heinz Vogel Verlag, Braunschweig, 1987*

13) *Christina Buchner: Schreibvergnügen, Oldenbourg Verlag, München, 1990*

14) *Sten Nadolny: Die Entdeckung der Langsamkeit, R.Piper & Co. Verlag, München, 1984*

15) *zitiert in: Vera Birkenbihl, Stroh im Kopf, mvg-Verlag, Landsberg am Lech, 1988*

16) *zitiert in: Vera Birkenbihl, a.a.O.*

17) *Fritjof Capra: Wendezeit, Scherz Verlag, Bern, München, Wien, 1983*

18) *Vera Birkenbihl: a.a.O.*
   Originalzitat zu S. 76:
   Ein Zweibein sitzt auf einem Dreibein und ißt ein Einbein. Da kommt ein
   Vierbein und nimmt dem Zweibein das Einbein weg. Da nimmt das Zwei-
   bein das Dreibein und schlägt das Vierbein.

19) *Vera Birkenbihl, a.a.O.*

20) *Hans Brügelmann, Heiko Balhorn (Hrsg.): Das Gehirn, sein*
   Alfabet und andere Geschichten, Faude Verlag Konstanz, 1990

21) *Susanne Fischer-Rizzi: Dufterlebnisse, Joy Verlag GmbH, Isny, 1989*
   Weitere Bücher über Aromatherapie:
   Robert B. Tisserand: Aroma-Therapie, Verlag Hermann Bauer, Freiburg
   im Breisgau, 1988
   Maggie Tisserand: Die Geheimnisse wohlriechender Essenzen, Windpferd
   Verlag, 1989
   Dr.Med Beate Rieder und Fred Wollner: Duftführer, Fred Wollner,
   D-9861 Börwang

22) *Maureen Murdock: Dann trägt mich meine Wolke...., Hermann Bauer*
   Verlag, Freiburg im Breisgau, 1989

23) *Ostrander/Schroeder: Leichter lernen ohne Streß – Superlearning, Gold-*
   mann Verlag, 1987

24) *Franz Petermann, Ulrike Petermann: Training mit aggressiven Kindern,*
   Psychologie Verlags-Union, 1988

25) *Rudolf Müller: Frühbehandlung der Leseschwäche, Beltz Verlag, Wein-*
   heim und Basel, 1987

26) *Theodor Hellbrügge, a.a.O.*

27) *Frederick S. Perls: Das Ich, der Hunger und die Aggression, dtv/Klett-*
   Cotta, 1989

28) *Neil Postman: Das Verschwinden der Kindheit, Fischer Taschenbuch Ver-*
   lag, Frankfurt am Main, 1987
   Neil Postman: Wir amüsieren uns zu Tode, S. Fischer Verlag, Frankfurt
   am Main, 1985

29) *Marie Winn: Die Droge im Wohnzimmer, Rowohlt Verlag, Reinbek bei*
   Hamburg, 1980

30) *Lotte Schenk-Danzinger: Pädagogische Psychologie, Österreichischer*
   Bundesverlag für Unterricht, Wissenschaft und Kunst, Wien, 1972

31) *Reinhart Lempp: Hat das Kind denn einen Hirnschaden?, Kösel Verlag,*
   München, 1985

32) *Hertha Hafer: Die heimliche Droge – Nahrungsphosphat, Heidelberg,*
   1984

33) *Jutta Hartmann: Zappelphilipp Störenfried, Beck Verlag, München, 1987*

34) *Patricia Joudry: Hören wie Pan, Verlag Bruno Martin, Südergellersen,*
   1987

35) *Paul Dennison: Befreite Bahnen, Verlag für Angewandte Kinesiologie,*
   Freiburg im Breisgau, 1987

36) *John F. Thie: Gesund durch Berühren, Sphinx Medien Verlag, Basel, 1989*

37) *John Diamond: Der Körper lügt nicht: Verlag für Angewandte Kinesiologie, Freiburg im Breisgau, 1990*

38) *Janet Goodrich: Natürlich besser sehen, Verlag für Angewandte Kinesiologie, Freiburg im Breisgau, 1990*

39) *in John Thie: a.a.O.*

40) *Wayne W. Topping: Stress Release, Verlag für Angewandte Kinesiologie, Freiburg im Breisgau, 1988*

41) *Klangtherapie-Kassetten: Basis A, Basis B, Aufbau A, Aufbau B, erhältlich bei: Verlag Bruno Martin, Auf der Höhe 10, D-2121 Südergellersen, Tel. 04135/414*

42) *Johannes Holler, Das Neue Gehirn, Verlag Bruno Martin, Südergellersen, 2. Auflage 1991*

43) *Ingo Steinbach: Klangtherapie, Verlag Bruno Martin, Südergellersen, 1990*

ARBEITSMATERIAL UND BEZUGS-QUELLEN

Material für die ersten Schulwochen:
Marburger Graphomotorische Übungen, siehe Anm. 9)
R.Dahlke: Mandala-Malblock, siehe Anm. 10)
Inge Maria Frühwirth: Simile Serie, siehe Anm. 11)

Viele Kopiervorlagen für Lesen, Rechtschreiben und Rechnen
gibt es bei:
Verlag Sigrid Persen,
Dorfstraße 14
D-2152 Horneburg
In diesem Buch wurde hingewiesen auf:
Heiner Müller
Lesepuzzles und Lesedominos
Bergedorfer Kopiervorlagen 19
Verlag Sigrid Persen, s.oben

Mini-Lük Kontrollkästen und Arbeitshefte sind erhältlich über den
Buchhandel und auch über den Wehrfritz Versand, der diese Materia-
lien in seinem Grundschulkatalog abbildet und beschreibt:
Wehrfritz GmbH
8634 Rodach bei Coburg
August-Grosch-Str: 28-38
Postfach 1107
Tel.: 09564 / 82-0 (Sammelrufnummer)
Der Wehrfritz Versand führt übrigens auch Montessori-Material, die
Bergedorfer Kopiervorlagen und die Simile Serie.
Den Katalog müssen Sie mit Schulstempel bestellen.

Für den Fall, daß Sie die Mini-Lük Hefte über den Buchhandel bestellen, wollen, hier einige genaue Titel:
Sieglinde Baumgartl und Heinz Vogel:
* Erstes Lesen
* Leseübungen 1
* Leseübungen 2
* Leseübungen 3
alle im Heinz Vogel Verlag, Braunschweig

Klangtherapie, lieferbare Kassetten und CD's

Für den Einsatz der Klangtherapie empfehlen wir eine Grundausstattung bestehend aus je einer BASIS- und AUFBAU-Box. Diese können Sie selbst zusammenstellen. Sie haben die Wahl zwischen zwei BASIS-Boxen und drei AUFBAU-Boxen mit je 2 Kassetten:

BASIS A: Musik auf Flöte, Harfe und Cello (Romantik + Classic); BASIS B: Ausgewählte Stücke klassischer Musik; AUFBAU A: Orgelmusik (Bach + Mozart); AUFBAU B: Musik von Mozart und Zeitgenossen; AUFBAU C: Heilung, Musik in Reiner Stimmung. Ab 1992 sind auch CDs lieferbar.

Sie können so z. B. eine Grundausstattung mit den Boxen BASIS A und AUFBAU B zusammenstellen. Sie können aber auch einfach mit einer BASIS-Box anfangen und eine AUFBAU-Box später bestellen. Jede Box kostet DM 128,– plus Versandkosten.

Aus dem Lambdoma – »concept of syn-energy« können Sie derzeit drei Kassetten und/oder Compact Discs wählen: MYSTERIUM DES WASSERS ALPHA UND OMEGA, NATUR-KLANG-SYNERGIE (MC: DM 58,–, CD: DM 62,–).

Diese Aufnahmen verbinden Klangtherapie mit der Möglichkeit zu tiefer Entspannung durch eine neuartige, komplexe Multi-Frequenz-Technik. Sie ergänzen das Klangtherapie-Programm um eine tiefere Dimension. Das »concept of syn-energy« kann aber auch alleine zur Streßreduktion und Tiefenentspannung mit der heilsamen Wirkung der Klangtherapie eingesetzt werden – gut für gestreßte Lehrer!

Fordern Sie den kostenlosen Gesamtkatalog an. Dort finden Sie ausführliche Beschreibungen der Klangtherapie-Aufnahmen, weiterer Klangtherapie- und Gehirntrainingskassetten, neue Bücher und alle Bestellinformationen. Falls Sie den Katalog nicht abwarten wollen, können Sie natürlich auch sofort bestellen. In diesem Falle fügen Sie Ihrer Bestellung einen Euro-Scheck bei (Versandkosten DM 7,– incl. Transport-Versicherung). Schnelle Lieferung garantiert (durch UPS, auf Wunsch per Post).

VERLAG BRUNO MARTIN GMBH · Auf der Höhe 10
D-2121 Südergellersen · Tel.: 0 41 35-4 14, FAX: 0 41 35-77 45